KB142531

죽음의 키보드

죽음의 키보드

MICHAEL TSOKOS

법의학의 성지,
독일 최고의 전문가가 들려주는 강력범죄의 세계

DIE KLAVIATUR DES TODES

미하엘 초코스 지음 | 박병화 옮김

어떤 사람은 어둠 속에 있고
또 어떤 사람은 빛 속에 있어서
어둠 속에서 보지 못하는 것을
빛 속에서 보기 때문이다.

베르톨트 브레히트, 『서푼짜리 오페라』

차례

프롤로그

당신은 〈CSI: 마이애미〉 〈본즈〉 〈크로싱 조던〉 〈포스트모템〉 같은 TV 시리즈를 즐겨보는가? 구찌 구두를 신은 매력적인 여성 수사관이 미국 대도시 진창의 하수도를 뒤지다가 진흙 더미에 파묻힌 시체 한 부분을 잡아당기는 순간 찾아오는 전율을 즐기는가? 따뜻한 거실에서 텔레비전 앞에 앉아, 너무 혐오스러운 장면이 나오면 언제든 채널을 돌리기 위해 리모컨을 붙잡은 채 느끼는 짜릿함을 말이다.

당신은 〈타트오르트Tatort〉('범행 현장'이라는 뜻으로 1970년부터 제작되어 지금까지 방영되는 독일의 범죄 수사 드라마)를 볼 때, 삐딱한 법의학자가 시체에 손을 대는 순간 수사반장에게 곧바로 정확한 사망 시점이나 사인死因을 말해주리라 기대하는가? 모든 범죄를 세밀하게 설명하거나 사건 해결에 결정적인 힌트를 내놓는 (대개 좀 신경질적인) 범죄학자의 팬인가?

그렇다면 이 책을 펼친 건 잘한 일이다. 이 책은 모살Mord, 謀殺(계획적으로 다른 사람을 살해하는 행위로, 독일 형법에서는 이를 충동적인 '고살'과 구분한다)과 고살Totschlag, 故殺 을 주로 다룬다. 또 범행 현장에서, 부검 테이블에서, 실험실이나 법정에서 진행되는 범죄 수사와 관련된 이야기도 있다. 이를 위해 나노그램 단위에서 중독을 증명해주는 최신 화학, 그러니까 독물학 같은 첨단 기술이나 몇 번의 클릭으로 시신의 어느 부위에 탄환이 박혔고 또 어떤 뼈가 부러졌는지 알려주는 '사후 다중 컴퓨터 단층촬영' 같은 방법도 소개하려 한다. 책에 나오는 이야기는 상상력이 풍부한 소설가나 시나리오 작가가 쓴 픽션이 아니다. 이 책에서는 오로지 내가 묘사하는 상태 그대로 발생한 현실의 범죄 사건만을 다룬다.

이 세계를 방문한 것을 환영한다. 흉악한 범죄와 잔인한 폭력으로 가득한 세계, 조사가 시작되면서 놀라운 반전이 펼쳐지는 세계에 온 것을.

사실, 존재할 수 없는 것은 존재하지 않는다.

1장

죽음의 키보드

텔레비전에서와는 달리 실제 법의학자는 지극히 정상적인 사람들이다. TV 드라마의 스타처럼 초자연적인 능력이 있거나 전설적인 기벽을 갖고 있지도 않다. 신체적으로 두드러진 특징도 없고, 대화할 때 신랄하게 비꼬지도 않는다. 우리의 직업이 심하게 좌절할 정도의 일은 아니기 때문이다.

아무튼 우리는 지극히 정상적이다. 우리는 아주 특수한 전문 지식을 지니고 그와 관련해 다양한 사인을 밝혀낸다. 이건 세상에서 극소수의 사람에게만 있는 지식이다. 그리고 이런 능력은 여러 가지 면에서 바람직하게 쓰인다.

우리 법의학자들은 '죽음의 키보드'를 다룰 줄 안다. 분명히 말하지만, 죽음에는 아주 특수한 키보드가 장착되어 있다. 지금부터 내가 포괄적으로 보여주려고 하는 죽음의 목록이 너무 학술적이고 삭막해 보일지도 모른다. 그러나 일상적인 사인이 열거된 그런 목록만으로는 죽음의 갖가지 얼굴과, 이를 둘러싼 복잡하기 그지없는 상황을 결코 제대로 볼 수 없다. 개개인은 저마다 독특하며, 개별적인 죽음 하나하나도 마찬가지로 독특하기 마련이다. 빠르건 느리건 사람을 저승으로 보낼 수 있는 방법은 수천 가지가 넘는다. 하지만 이 많은 방법을 사망 유형별로 구분하면 '자연사' '비자연사' '사인불명' 딱 세 가지로 압축된다. 법의학자가 담당하는 것은 뒤의 두 가지다.

누군가 체내의 고통으로, 예컨대 심근경색이나 암 혹은 폐기종 등으로 사망할 때 우리는 이를 '자연사'라고 부른다. 이때의 죽음은 '내인'에 의한 것이다. 이런 죽음은 주변인도 전혀 예측할 수 없게 갑작스럽게 나타날 수도 있고 오래전부터 천천히 극심한 고통을 수반하면서 예고된 것일 수도 있다.

외부적인 힘에 따른 죽음은 '비자연사'에 해당한다. 칼이나 총에 의한 폭력 범죄든, 자동차에 치이거나 감전되는 사고든 상관없다. '비자연사'에는 자살도 포함된다. 어쨌든 '내부적' 요인, 즉 질병의 결과에 따른 것이 아니고 '외부적' 요인에 따른 사건이다. 이런 죽음은 반드시 조사될 필요가 있다. 처음에는 경찰, 그다음에는 법의학자를 통해서.

의사가 부검할 시점이나 경찰이 사망 사건 수사를 개시할 때까지 사인이 '자연사'인지 '비자연사'인지 규명되지 않으면 그것은 '원인이 불확실한' 혹은 '설명할 수 없는'(이 둘은 동의어로 사용된다) 사망 유형이라고 불린다. 부검이나 수사 시점까지 당사자가 심각한 병을 앓았던 적이 있는지 없는지, 시신 발견 지점이 실제로 사망한 장소인지 아닌지 등이 파악되지 않을 때가 있다. 이때 법의학자는 검시를 통해 그것이 외부적으로 발생한 사건인지(비자연사), 내인에 따른 일(자연사)인지 설명해야 한다.

물론 사망이라고 해도 경찰이나 검찰은 범죄가 끼어들지 않는 한 관심을 두지 않는다. 이런 경우 사망에 대한 조사는 공식적으로 시작되기도 전에 중단된다. 이와 반대로 폭력 범죄나 사고가 죽음의 원인으로 드러나면 즉시 수사가 개시된다. 의심할 여지가 없는 자살의 경우, 안락사 등 다른 측면이 개입된 것이 아닌 한 역시 조사는 중단된다.

따라서 법의학은 전반적인 죽음의 조사가 시작될 때 중요한 고정 나사의 역할을 한다고 볼 수 있다. 그렇기에 국가와 기관, 개인의 이해관계와 무관하고 시스템적으로 원활하게 작동하는 '객관적인 법의학'은 법치 국가에서 필수적인 도구다.

〈CSI: 과학수사대〉 같은 프로그램은 시청자에게 미국 법의학자들이 법의학 지식이나 기술 등에서 가장 앞서간다는 인상을 준다. 사실은 전혀 그렇지 않다. 과거 역사로 보나 현대의 실상을 보나 법의학의 뿌리는 독일에 있다.

이미 16세기 카를 5세 황제 치하에서는 모살이나 고살, 상해치사, 유아 살해, 의료 과실 같은 형사 사건에 의료 전문 지식의 도입을 규정하는 것이 법령으로 반포됐다. 이는 오늘날 법의학에서도 일상적으로 매달리는 사건들이다. 최초의 독일 형법과 함께, 법의학도 의학의 가장 오래된 하위 분야로서 만들어졌던 것이다.

오스트리아에도 현대 법의학의 뿌리가 있다. 독일과 오스트리아는 19세기 말과 20세기 초, 수많은 대학 의학부에 법의학(당시까지는 '법정의학Gerichtsmedizin'으로 통용됐다) 교수직을 설치했다. 대학 연구소들을 의학부에 합병하는 방식이었다.

독일 내 의과대학에서 직업적으로 명성을 쌓고 교수로서도 고위직에 오르고 싶은 의사가 있다면, 최소 1~2년은 미국의 유명 대학병원에서 근무 경력을 쌓아야 한다. 이런 추세는 대부분 의료 과목에 통용되지만 법의학에는 해당되지 않는다. 독일 법의학이 여전히 국제적인 표준 역할을 하기 때문이다. 독일처럼 의료 현장을 중심으로 많은 연구가 이루어지는 나라는 없다. 국제적인 법의학 전문지는 독일 저자들이 주도하고 있으며, 권위 있는 법의학지의 발행인 역시도 대부분이 독일인이다. 우리 연구소에는 미국을 비롯한 전 세계에서 객원 연구원들이 찾아온다. 그들은 수개월씩 여기서 체류하며 최신 기술을 배우고, 이 기회를 통해 자신들의 나라에서 인정받고자 한다.

법의학은 독일이 세계적으로 앞서가는, 많지 않은 분야 중 하나다. 현장 활동은 어떤가? 현대적인 법의학 연구소라면 다양한 영역을 두루 담당하고 있다. 법의학의 핵심 기능 중 하나는 해부실이 딸린 '법의병리학Forensische Pathologie' 분야다. 해부실에서는 보통 여러 테이블에서 동시적으로 검시가 이루어진다. 규모가 큰 연구소의 해부실에는 '법의영상학Forensische Bildgebung' 시설이 딸려 있다. 이곳에서는 검시에 앞서 '사후 다층 컴퓨터 단층촬영'으로 시신을 검사한다. 과거의 법의학은 주로 문서와 구술을 통해 검사 결과를 제출했다. 예컨대 20~30페이지 정도로 작성할 수 있는 해부 관찰 기록(프로토콜)을 법정에 제출하거나, 전문가가 법정에 출두해 구술로 설명했다. 이와 달리 현대의 방사선 진단 방식이나 컴퓨터 단층촬영은 객관성과 검증 가능성이 뛰어나고, 우리가 발견한 것들의 새로운 증거 가치를 제공하기도 한다. '법의독물학Forensische Toxikologie' 부서는 사인(동시에 사망 유형도)이 확실히 밝혀지지 않거나 중독 의심이 있을 때 체액과 조직 표본을 검사한다. 법정이나 운전면허 발급 당국에서 피의자의 약물 반응에 대한 증거를 요구할 때면 살아 있는 사람의 혈액과 소변을 검사하고, 모발을 뽑아 분석하기도 한다.

내가 속한 '법의유전학Forensische Genetik' 부서에서는 DNA 프로필을 추출한다. 뼈대만 남은 시신에서 신원을 확인하기도 하고, 범행 현장에서 발견된 담배꽁초나 성범죄 이후의 질 도말 표본 혹은 교통사고 때 펼쳐진 에어백에서 DNA 증거를 찾아내 경찰이 범인을 체포할 수 있게 하기도 한다.

법의학에서 살아 있는 사람도 조사한다는 것을 아는 사람은 별로 없다. 이런 일은 '병상법의학Klinische Rechtsmedizin' 분야에 해당한다. 폭행 치상 사건의 경우, 범행에서 살아남은 사람이 조사 대상이 된다. 우리는 전문가로서 법정에서 유효한 진술을 해야 한다. 그렇기에 수사 당국으로부터 다음과 같은 질문들을 끊임없이 받는다.

피해자라고 주장한 사람이 말한 대로 실제 범죄가 발생했는가? 스스로 진술할 수 없는(예컨대 의식불명이거나 기억 상실 상태로) 피해자의 부상이 추락이나 충격, 다시 말해 사고로 말미암은 것인가? 생후 3주짜리 딸이 기저귀 교체용 탁자에서 떨어진 사고에서 아이 아빠는 사실대로 말하고 있는가? 아이의 부상이 진술과 일치하는가, 아니면 흔들린아이증후군Schütteltrauma(부모 등 어른이 아기를 많이 흔들어 생기는 질병)에 가까운가? 강간 피해자의 몸에서 진술에 들어맞는 저항흔이나 부상이 발견되었는가?

비교적 규모가 큰 법의학 연구소에서는 의사, 화학자, 생의학자, 약사, 생물학자 등 다양한 분야의 과학자들과 해부 및 표본 담당 조수, 비서, 타이피스트, 운전사, 시간제 근무자 등 40~60명 정도의 인력이 근무한다.

법의학 연구소에는 직원과 경찰, 법원 관계자만 출입할 수 있다. 보안 출입문이 있어서 외부인이 증거가 보관된 장소에 접근하는 일을 차단한다. 그러나 모든 법의학 연구소가 이렇듯 잘 조직화되어 있는 것은 아니다.

19세기 초 수많은 독일 대도시에는 시체 공시소가 설치되었다. 산업화 과정에서 사망 사고와 자살, 범죄가 증가했기 때문이다. 시체 공시소의 주요 목적은 연고자가 실종된 가족의 신원을 확인하는 것이었다. 당시에는 현대적인 언론이 없었고, 길모퉁이에서 발견되거나 강변에서 건져 올린 시체에 신분증이 있는 경우도 드물었기 때문이다.

보통 시체 공시소는 법의학 연구소의 해부과(지금의 법의병리학과)에 속했다. 당시 여건에 비춰볼 때 공시소는 잘 꾸려진 공간이었다. 조명 장치도 좋았고 냉방 시설도 갖췄으며, 연고자들이 시신 앞을 지나가는 통로 사이에는 유리벽을 설치해놓았다.

1925년, 에곤 에르빈 키슈는 『희생자의 집 Dies ist das Haus der Opfer』이라는 르포르타주에서 베를린 시체 공시소를 다음과 같이 묘사한다.

방문자가 찾는 홀의 쇼윈도 너머 비스듬한 널판자에 이름 없는 시체들이 옷을 입은 채로 누워 있다. 보랏빛으로 무섭게 부풀어오른 익사체에는 '수문 근처 둑에서 수습' '콧부스 둑에서 수습' '노르트하펜 물속에서 인양' '샤를로텐부르크 융퍼른하이데역에서 수습'이라고 쓴 다양한 쪽지가 붙어 있고 티어가르텐에서 목매 죽은 자들도 있다. 살아 있는 방문객이 없는 것은 아니다. '시체 공시장 개장'이라는 팻말을 보고 사람들이 몰려든다. 마부는 마차를 거리에 세워둔 채 오고 초등학생들도 들어가보려 한다. 사람들은 이웃과 함께 무료 전시장을 찾는다.

- 「슈프레강의 일제 단속」

전문가로서 법정에 나가는 것 역시 우리 일이다. 부검 결과나 화학-독물학 조사 결과를 설명하기도 하고, 소견을 말하기도 한다. 사망 시간대를 압축할 때도 있고, 폭력 범죄에서 살아남은 피해자가 있을 때면 그의 생명이 위험했는지 의견을 밝히기도 한다. 우리의 조사 결과나 그에 대한 해석은 법정이 판결을 확정할 때 필요한 하나의 근거로 작용한다. 나는 언제나 이 역할을 즐겁게 받아들인다. 법정에 전문가로 설 때, 나는 자연과학자로서 자문할 뿐이지 법률적인 판결을 내리지는 않는다.

법의학을 통해 사망자를 조사하는 일은 어딘가 위안을 준다. 설사 사망자가 평소에 누구에게도 관심을 받지 못했다 해도, 그가 피해를 당했는지 아닌지 검증하는 마지막 단계가 존재하기 때문이다. 부검한 다음에 비로소 자연사가 아닌 살인으로 드러나는 일도 흔하다.

의학의 어떤 분야도 이만큼 다양하고 미묘한 차이를 통해 인간의
타락과 비극을 깊이 들여다보게 해주지 않는다.

2장

퍼즐 살인범

2011년 7월 7일 베를린, 무더위가 기승을 부리는 날이었다. 퇴직 후 연금으로 생활하는 하인츠 그라보프스키와 쿠르트 만스펠트는 슈프레 강변에서 한적한 시간을 보내는 중이었다. 강변 풀밭의 그늘진 곳을 찾은 두 사람은 접이식 의자에 앉아 낚시를 했다.

목요일이었다. 두 남자는 잉어도 송어도 낚지 못했다. 대신 강변 덤불에 걸려 있는 바퀴 달린 여행용 가방을 발견했다. "이상한걸." 하인츠 그라보프스키가 말했다. "완전히 새 가방 같은데. 누가 이런 걸 강에 버렸을까?"

두 사람은 가방을 뭍으로 끌어냈다. 가방 안에서 뭔가가 이리저리 움직이며 덜커덕거리는 소리를 냈다. 이들은 그 정체를 확인하기로 한 뒤, 칼을 사용해 손쉽게 가방을 열었다.

강물이 쏟아져 나왔다. 가방에는 빨강 테이프로 봉해진 파란색 비닐 자루가 들어 있었다. 자루 안을 들여다본 만스펠트가 뒤로 나동그라졌다.

"세상에, 이럴 수가!"

자루에는 사람의 몸통이 들어 있었다. 남성의 상체였고, 피부는 문신으로 가득했다. 그라보프스키는 경찰에 신고하기 위해 서둘러 낚싯줄과 미끼 상자를 챙겼다.

살인 사건 전담반의 도미니크 비티히 경정과 베아테 뤼케르츠 경감은 즉시 수사에 착수했다. 과학수사팀은 슈프레 강변에서 단서를 확보하기 위해 베를린 오버쇼네바이데에 있는 현장 주변을 널찍하게 차단했다. 수색대는 나머지 신체를 찾느라 강 상류와 하류 주변 수백 미터를 장시간 수색했다. 수색은 성과를 거두지 못했다. 그들은 신원 미상 남자의 머리도 팔다리도 찾을 수 없었다.

비티히 반장이 다시 한번 두 목격자로부터 발견 상황을 전해 듣는 동안, 파트너 뤼케르츠는 우리 법의학 연구소로 전화해서 아직 현장에 있는 몸통에 대한 1차 법의학 조사를 부탁했다.

나의 동료 릴리엔탈 박사는 사체 운송을 위해 직원 두 명을 데리고 동베를린 쪽으로 출발했다. 오버쇼네바이데에 도착한 뒤 이들은 열린 가방 속에 담긴 파란색 자루를 보았다.

릴리엔탈 박사는 장갑을 끼고 비닐 자루를 조심스럽게 연 다음 안쪽을 들여다보았다. 시신의 상체는 바닥에 등을 대고 있었다. 몸통은 정교하게 새긴 문신으로 뒤덮여 있었다.

"연구소로 가서 자루를 푸는 것이 좋겠어요. 단서 확보를 위해서요." 릴리엔탈 박사가 제안했다.

비티히 반장도 같은 생각이었다. "바로 부검해야 하니, 필요한 준비를 해줘요. 난 검사한테 연락해서 지시를 내리라고 할게요." 우리는 가능한 한 신속하게 희생자의 정체를 밝혀내야 했다.

뤼케르츠 경감이 상류에서 백여 미터 떨어진 낡은 건물 하나를 가리켰다. "내 생각인데 저 디스코텍 '헬하운드'가 관련됐을지도 몰라요. 로커〔가죽옷 차림에 오토바이를 타고 다니며 록 음악을 즐겨듣는 폭주족〕 동료가 토막 살인범이라 해도 이상할 건 없어요."

반장은 젊은 파트너의 의견에 동조했다. "문신이나 살해 수법이 로커 분위기와 어울리긴 해. 하지만 범인이 가짜 단서로 혼란스럽게 만들려는 걸 수도 있어."

반장은 릴리엔탈 박사와 연구소 직원들이 떠날 때 말했다.

"부검 결과를 기다릴게요."

반장도 머리와 팔다리가 없는 주검의 신원을 확인한다는 것이 무척 어렵다는 사실을 알았다. 어쩌면 전문가가 의도적으로 신체 각 부분을 제거한 것일지도 몰라. 그는 혼자 중얼거렸다. 보통은 얼굴과 치아, 손을 토대로 삼아 사체의 신원을 확인하기 때문이다.

그러나 반장은 경험 많은 형사였다. 그는 범인이 우발적으로 살인을 저지른 뒤 피해자의 시신을 나르기 쉽도록 각 부분으로 토막 낸 사건을 여러 차례 봤다. 비티히는 초동 수사 단계에서 어떤 가능성도 배제하지 않았다. 이것은 로커들이 저지른 강력 범죄일 수도 있고 흥분한 범인의 우발적 범죄일 수도 있었다.

이날 저녁 나는 릴리엔탈과 함께 부검을 시작했다. 먼저 내용물이 든 비닐 자루의 무게를 쟀다. 20킬로그램이었다. 이어 과학수사팀의 수사관 두 명이 자루에서 몸통을 꺼내 부검 테이블에 올려놓았다. 우리는 조사를 위해 따로 비닐 자루도 챙겼다.

신원 미상 주검의 가슴과 어깨에는 짙은 털이 나 있었다. 성인 남성인 게 분명했다. 나이는 20세에서 30세로 추정됐다.

남자의 머리는 목과 몸통이 이어지는 부분에서, 팔은 어깨관절 높이에서 잘려나갔다. 아래쪽은 배꼽 높이에서 잘렸으므로 골반 쪽 뼈는 아예 볼 수 없었다. 등에 드문드문 나타난 시반(사람이 죽은 후에 피부에 생기는 반점)은 더는 번지지 않아 크게 눈에 띄지 않았다. 부패 징후는 서서히 녹회색으로 변색하기 시작한 절단 부위 쪽에서만 보였다. 릴리엔탈과 나는 사망 시간이 36~48시간 전으로 추정된다는 데 의견 일치를 보았다. 하지만 이런 판단은 막연한 추측과 큰 차이가 없었다.

시신의 내장 기관 중에서는 폐와 심장만 남았고, 신장과 간은 일부분만 있었다. 흥미로운 것은 절단 부위에 다양하게 자르고 벤 흔적이 나 있었다는 점이다. 사지를 절단할 때 여러 도구를 사용했다는 뜻이었다. 그러나 절단된 피부 안쪽이나 잘라낸 피하 지방 조직 모두에서 내출혈은 발견되지 않았다. 즉 희생자는 목숨을 잃은 뒤에 절단된 것이다. 살아 있는 상태였다면 절단 부위를 흐르는 혈관에서 주위의 연조직으로 훨씬 힘차게 피가 흘러 들어갔을 것이다.

상체 앞뒤에는 다채로운 문신이 널찍이 새겨져 있었다. 출동한 경찰 사진사가 이 모습을 카메라에 저장했다. 사체의 외부를 검안할 때, 우리는 문신도 상세하게 묘사했다. 등에는 닻과 밧줄 모티프의 문신이 있었고, 그 위에 '세일러스SAILORS'라고 쓴 글씨가 보였다. 오른쪽 젖꼭지 주위에 암청색 십자가가, 왼쪽 젖꼭지 주위에는 나침반이 장식되어 있었다. 몸통 좌우에는 각각 세 개씩 해골 모티프 문신이 보였다. 배에는 손가락 네 개가 달린 손 두 개를 문신했고, 어깨에는 정교한 솜씨로 그린 단도 문신이 있었다. 칼날이 목 왼쪽을 찌르고 들어가 오른쪽으로 빠져나오는 듯한 이미지였다.

곧 목 근육에서 발생한 광범위한 내출혈이 확인되었다. 나는 소견서 기록을 위해 구술로 묘사했다. "주먹이나 둔기로 가격한 게 원인일 수도 있고 격렬한 경부 압박도 원인으로 판단된다." 우리는 기관지와 좌우 폐에서도 혈액을 찾아냈다. 식도에서는 다량의 혈액이 발견됐다.

"희생자는 사망 직전에 자신의 피를 삼켰던 게 분명해." 릴리엔탈이 말했다.

나는 동의했다. 양쪽 폐로 들어온 혈액량을 토대로 볼 때, 혈액 흡인이 충분한 사인이 될 수 있었다. 즉 피해자는 익사할 때처럼, 기도를 채운 피로 인해 아주 고통스럽게 질식사한 것이다.

피살자 부검을 시작할 때는 법의학적 소견이 이후 형사소송 절차에서 어떻게 '국면을 바꾸는' 역할을 하게 될지 좀처럼 알 수 없다. 그러나 부검 소견이 범행 과정에 대한 법률적 평가에, 또는 형량 부과에 결정적인 역할을 할 수 있음은 분명하다. 법의학적 관점으로 볼 때 범인은 피해자의 구강이나 비인강 부위를 총으로 쏘거나 칼로 찌르거나 무언가로 내리쳐서 부상을 입혔고, 이로 인해 피해자가 의식을 잃고 죽음을 맞았을 가능성이 있었다.

추가 부상이 얼마나 심하고 많은지와는 무관하게, 법의학적 수단은 범인에게서 그가 저지른 '잔인무도'한 범행 특성을 입증해낼 수 없다. 그러나 피해자에게서는 확인할 수 있다.

예상했듯이 부검으로는 사체의 신원을 알아내지 못했다. 하지만 신원 확인에 도움이 되는 몇 가지 단서는 발견했다. 같은 모티프의 문신이 많은 것으로 보아, 남자는 실제로 로커 환경에 속했을 가능성이 컸다. 선원이나 해병대 출신일 수도 있었다. 비록 뚜렷한 나치 상징은 없었지만 극우파와 연관이 있을지도 몰랐다. 극우 진영에서도 문신은 널리 성행했다. '배신자'에 대한 정치적 암살은 결코 이례적인 범행이 아니었다. 부검은 사망자의 신원을 파악하려는 과정에서, 살인전담반 수사관들에게 충분한 방향을 제공해냈다.

이튿날 수사관들은 모든 방향으로 수사에 매달렸다. 실종자 명단을 대조해보았지만 관련 사항은 발견되지 않았다. 여행 가방은 세계 어디서나 볼 수 있을 정도로 흔한 제품이었다. 디스코텍 '헬하운드'의 주인과 바 책임자를 신문해보았지만, 두 사람은 클럽에서 폭력을 용납하지 않는다고 단언했다. 격앙된 반응이 몹시 어색하게 느껴지기는 했으나, 수사관들은 디스코텍에서도 슈프레 강변 옆 건물에서도 단서를 찾지 못했다.

스킨헤드족을 수사한 결과도 마찬가지였다. 형사들은 맥주와 보디빌딩으로 몸이 부풀어오른 이들, 그러니까 몸에 문신을 새기고 언제든 폭력을 저지를 수 있는 스킨헤드족을 수없이 조사했다. 그러나 사망자의 신원이나 다른 신체의 소재, 범인에 관한 단서는 발견하지 못했다.

가방을 발견하고 이틀이 지난 토요일, 비티히 반장은 아침을 먹으며 신문을 읽는 중이었다. 오늘도 어김없이 커다랗게 「슈프레 강변의 토막 시체」라는 제목의 기사가 실렸다. 내용은 순전한 억측에 불과했다.

신문을 계속 넘겼지만, 반장의 생각은 사건 주변만 맴돌았다. 몸통이 발견되고 거의 48시간이나 지났다. 그러나 이렇다 할 흔적이나 용의자는 물론 범행 현장조차 알아내지 못했다. 노련한 수사관이라면 누구나 그렇듯이, 비티히도 이 마법의 48시간이 지나면 범죄의 전말을 설명할 가능성이 현저히 떨어진다는 사실을 알았다.

이때 작은 기사 하나가 반장의 눈에 띄었다. 하젠하이데에 있는 '헉슬리의 신세계'라는 동호회가 대규모 문신 축제를 연다는 보도였다. 이 행사에서 문신사나 신체 예술 애호가 등 수천 명이 널따란 클럽에 모여 각자의 솜씨를 전시하고, 문신의 최신 유행과 다양한 아이디어를 나눈다고 했다.

비티히는 뤼케르츠 경감에게 전화를 걸었다.

"좋은 수가 있어. 오늘 '헉슬리'에서 문신 대회를 해. 우리 팀원 몇 명을 하젠하이데로 보내는 거야. 몸통의 문신 사진을 돌리는 거지. 거기 모인 사람 중 누군가 그걸 알아볼지도 몰라."

뤼케르츠는 좀처럼 납득하지 못했다. "효과가 있을 거라 보세요? 요새 문신 안 하는 사람 별로 없다고요."

"나도 알아. 하지만 대부분이 한두 군데 수수한 문신을 하지, 민감한 부위에 하지는 않아. 그런데 이 남자는 상반신을 거의 뒤덮을 정도로 했잖아. 게다가 젖꼭지 주변에 문신하는 사람이니, 틀림없이 예외에 속하는 고객이었을 거야. 운이 따른다면 사진을 보고 누군가 알아볼 수도 있다고."

비티히도 자신의 계획에 큰 기대를 걸지는 않았지만, 시간은 계속 가고 있었다. 문신을 제외하면 사망자의 신원에 대한 어떤 단서도 확보하지 못한 상태였다. 범인에 대한 것은 말할 나위도 없었다.

반장은 수사관을 최대로 동원했다. 그들에게 확대한 문신 사진을 들린 뒤 하젠하이데로 보냈다. '건초 더미에서 바늘 찾기' 정도는 아니라 해도, 문신 애호가 수천 명 중에서 문신사 한 명을 찾는 일이 딱히 쉬워 보이지는 않았다.

토요일 점심, '헉슬리의 신세계'는 활기로 넘쳤다. 하젠하이데는 평소 한가롭고 조용한 곳이었지만, 이날만은 소름 끼칠 정도로 요란한 드럼 소리를 곁들인 헤비메탈 연주로 시끌벅적했다. 텐트 안이나 노천에서는 문신한 몸들을 볼 수 있었다. 등과 팔뚝 혹은 훨씬 민감한 부위에 새긴 최신 문신 작품들이 선을 보인 것이다. 전 세계에서 모인 문신 예술가들은 재회의 기쁨을 요란하게 즐겼다. 맥주가 흘러넘쳤고, 보드카와 위스키도 부족함이 없었다.

수사관들은 반나절 동안 축제를 돌아다녔다. 이들은 수백 번씩 사진을 내보이며 똑같은 질문을 던졌다. "이 작품의 창작자를 아는 분 없나요?" 혹은 확대한 사진을 보여주며 "이런 문신을 한 사람을 아십니까?"라고 물었다. 신중한 수사관들은 이것이 사망자의 사진이란 사실은(엄밀히 말해 '절단 부분'이긴 했지만) 말하지 않았다.

고개를 젓거나 어깨를 으쓱하는 반응만 수없이 보던 끝에, 사샤 모구르스키 형사가 드디어 한 사람을 찾아냈다. 그전까지는 외국어를 할 수 있는 형사들이 나서서 영어나 러시아어로 질문해야 했다. 문신사들의 활동 무대는 국제적인 데다가, 많은 문신사가 대회나 세련된 문신을 선보이는 스튜디오를 찾아 꾸준히 세계를 돌아다니기 때문이었다. 그러나 모구르스키의 질문을 받은 젊은 남자는 느릿느릿한 오스트리아 억양의 독일어로 대답했다.

"아, 이 사람 당연히 알죠." 그러더니 사진 왼쪽에 그려진 해골 세 개의 형상을 가리켰다. "후베르트 호이스테터예요. 틀림없습니다!" 그는 자신을 토니 가스너라고 소개하며, 스스로 "장래가 촉망되는 슈타이어마르크 지역의 문신사 후손"이라고 했다. "그러니까 이 남자를 안단 말인가요?" 모구르스키가 상대의 말을 가로막으며 물었다. "몸에 이런 문신을 한 남자를요?"

젊은 오스트리아인은 웃으면서 고개를 저었다. "호이스테터가 피부에 자기 작품을 새긴 고객이 1000명에서 2000명은 될 겁니다. 보세요, 여기 그의 서명이 있잖아요." 그는 해골 하나의 밑에 보이는 조그만 무늬를 손으로 톡톡 치며 말했다. "서로 맞물린 이중의 에이치(H), 이것이 후베르트 호이스테터를 가리키는 표시예요. 작가의 서명이죠."

그는 오른쪽 바짓가랑이를 걷어 올려 자신의 장딴지를 보여주었다. "나한테도 새겨줬죠. 그가 새긴 인어를 보세요. 꼬리 쪽에 서로 맞물린 이중의 H가 보일 겁니다."

사샤 모구르스키는 젊은 남자 뒤로 돌아가 흙바닥에 무릎을 꿇고 앉았다. 그는 곧 인어 문신에서 몸통의 해골 무늬 아래 있던 것과 똑같은 서명을 발견했다. 토니 가스너가 물었다.

"대체 경찰이 왜 그의 문신에 관심을 갖는 겁니까? 혹시 호이스테터를 쫓고 있나요?"

"그냥 물어볼 것이 있어 그래요. 오늘 '헉슬리'에서 그를 봤나요?"

"장래가 촉망되는 문신사의 후손"의 말수가 갑자기 줄었다. 그는 어깨를 으쓱하며 무어라 중얼거렸다. 모구르스키는 바로 눈치를 챘다. 호이스테터가 축제에 와 있는 게 분명했다.

경감은 수색팀장에게 전화를 걸었다. 5분 뒤, 모든 수사관이 자신의 휴대폰에 후베르트 호이스테터의 사진을 저장했다. 다시 10분이 지났을 때, 한 전시 텐트 안에서 그를 찾아냈다. 텐트 무대에서는 마이애미에서 유행하는 새 문신 스타일을 소개하는 중이었다. 빈에서 온 문신사는 묘사 수법을 유심히 관찰하고 있었다.

수사관 두 명이 슬며시 신분증을 제시하며 잠깐 밖에서 얘기 좀 하자고 말을 건넸다. 호이스테터는 전혀 놀라지 않았다. 그저 실망한 표정을 지었을 뿐이었다. 빛나는 화염 꼬리 모티프를 살필 시간을 방해받았기 때문인 듯했다.

사실 그가 놀라야 할 이유도 없었다. 그는 증인으로서 사망자의 신원 확인을 위해 신문만 받으면 됐다. 하지만 신문 중에 용의자로 바뀌는 증인도 많았다. 진술에 모순되는 점이 있을 경우에 그랬다.

한 시간쯤 뒤에 비티히가 물었다.

"당신이 이 해골 문신을 새겼나요? 그렇다면 이 남자가 누구인지 말해줄 수 있어요?"

호이스테터는 경정의 방에서 그와 마주 앉아 있었다. 그는 해골 문신 사진을 자세히 살펴보았다. 호이스테터는 20대 중반의 나이에 보통 키였고 머리칼은 연한 갈색이었다. 드러난 피부 구석구석이 문신으로 뒤덮인 걸 빼면 꽤 평범한 외모라고, 비티히는 생각했다. 그의 몸에 그려진 문신들은 뱀과 좀비, 유령선, 해골 등 다양한 형상을 담고 있었다.

"틀림없습니다. 제가 한 문신이에요. 이 남자도 알고 있고요. 레온 펠트게르트너라는 사람입니다. 벨트 위쪽의 좌우 옆구리에 세 개씩 이런 해골을 새겨줬어요." 그는 자신의 옆구리를 가리켰다. "우리는 동료예요. 3년 전까지 빈의 같은 스튜디오에서 일했으니까요."

비티히 반장은 뤼케르츠와 시선을 교환했다. 뤼케르츠 경감은 테이블 앞에 앉아 레온 펠트게르트너라는 이름을 노트북에 입력했다. 뤼케르츠는 부재 통고 사항을 확인하고는 어깨를 으쓱해 보였다. 그런 이름으로 들어온 실종 신고도 없는 데다가, 수배자 명단에서도 관련 사항은 찾을 수 없었기 때문이다.

"무슨 일인지 설명 좀 해주시겠습니까?" 호이스테터가 물었다. 여전히 불안한 기색은 보이지 않았지만, 그의 신경이 점점 날카로워졌다. "여기서 이상한 질문이나 받는 사이에 '헉슬리'의 행사를 놓치고 있잖아요!"

비티히가 말했다. "질문 하나만 더 하겠습니다. 그다음에는 가도 됩니다. 펠트게르트너 씨를 마지막으로 언제 어디서 봤나요?"

호이스테터는 이마를 찌푸리며 기억을 더듬었다. "그러니까 2년 전에 런던에서 본 게 마지막일 겁니다. 그런데 왜 이런 걸 알려고 하는 건가요? 그 사람과 얘기하고 싶다면 오늘 저녁에 '헉슬리'에 가면 됩니다. 그와 만나기로 약속했거든요."

두 수사관의 눈이 휘둥그레졌다. 뤼케르츠가 말했다.

"좋지 않은 소식을 전해야겠군요. 더는 그를 볼 수 없어요. 유감스럽게도 죽었으니까요. 여러 가지 정황으로 볼 때 살해당한 게 분명합니다."

사건은 공개 수사로 전환되었다. 사망자의 얼굴과 이름이 알려졌다. 다만 그의 피살을 둘러싼 상황은 여전히 수수께끼였다. 몸통을 제외하면 시신의 나머지 부분도 찾지 못했다.

베를린에서는 '이 남자를 보았나요?'라는 문구가 플래카드와 신문, 텔레비전 방송에 등장했다. 수사반이 오스트리아 당국으로부터 입수한 사망자의 사진도 있었다. 펠트게르트너는 20대 중반의 나이에 검은 머리, 텁수룩한 수염을 기른 모습이었다.

공개 수배는 효과적이었다. 펠트게르트너의 많은 동료와 고객, 지인이 전담반의 호소에 반응을 보였다.

비티히 반장과 수사반은 그들을 신문했다. 그들은 이 오스트리아인이 베를린 중심가에서 순조롭게 영업 중인 문신 스튜디오, '보덴자츠'와 '나델 파라디스' 두 군데에서 객원 문신사로 일했음을 알게 되었다. 증인들은 펠트게르트너가 조용하고 친절한 사람이라고 했다. 한 명은 "조금 내향적이었다"고 덧붙이기도 했다. 레온 펠트게르트너는 날씨가 어떻든 반바지와 무릎까지 올라오는 흰 양말을 신고 다녔

다고 했다. 그가 아주 온화한 사람이라는 점에서는 모든 증인의 의견
이 일치했다. 그는 로커나 네오나치 환경과는 접촉한 적도 없었다.

그가 어떻게 잔인한 폭행의 피해자가 되었는지 설명할 수 있는 사
람은 아무도 없었다.

이튿날 일요일, 수색대는 슈프레 강변을 다시 샅샅이 뒤졌다. 수색
견을 데리고 구석구석 세밀하게 살피기까지 했다. 특수 훈련을 받은
수색견은 지극히 미세한 냄새도 감지할 수 있으며, 실제로 몇 시간
뒤 단서를 하나 찾아냈다. 하류 쪽으로 1킬로미터쯤 떨어진 강변 덤
불에서 비닐 자루 두 개가 발견된 것이다. 과학수사팀의 수사관들이
즉시 자루를 열었다.

첫 번째 자루에서는 무릎에서부터 잘린 정강이가 나왔고 두 번째
자루에서는 어깨 관절에서 절단된 팔이 나왔다. 비티히 경정과 뤼케
르츠 경감은 전화로 보고를 받고서 서둘러 발견 장소로 왔다.

"몸통과 같은 문신이에요. 먼저 부검해야 한다는 건 확실하네요. 다
만 이 부분들이 레온 펠트게르트너의 신체 일부라는 사실에서 출발
해야겠지요." 뤼케르츠 경감이 말했다.

비티히 반장은 그녀의 의견에 동의했다. "이제는 잠수수색조 차례
야. 두 발견 지점 사이의 강을 수색해야겠지."

허벅지는 여전히 발견하지 못했고, 무엇보다 머리를 찾지 못했다.
그러나 두 시간의 수색 끝에 경찰 잠수부들은 진흙 바닥에 반쯤 처박
힌 가방을 하나 찾아냈다. 그들이 가방을 강변으로 건져 올렸다. 반장
은 경감을 향해 고개를 끄덕였다. 사흘 전 발견된 가방과 같은 종류

였다.

그사이에 수사관들의 연락을 받은 릴리엔탈 박사도 현장으로 갔다. 박사가 보는 가운데 가방이 열렸다. 그 안에는 레온 펠트게르트너의 허벅지 부위가 들어 있었다. 역시 문신으로 뒤덮여 있었으며, 청색 팬티를 입은 채였다.

반장이 이마를 문질렀다. 그는 피로에 절어 있었다. 이들은 실제로 사흘 밤낮을 (그사이 한 대중 연예지가 명명한 바에 따르면) '도끼 살인범' 사건에 매달렸다.

릴리엔탈이 연구소로 시신을 가져오는 동안, 비티히는 잠수수색팀장과 이야기를 나눴다. 특수수색조는 발견 지점 사이에 있는 구역을 모두 수색한 뒤였다. 수색팀장이 결론을 내렸다.

"머리가 어디 있는지는 모르지만 이쪽 슈프레 구역에 없는 것만은 분명합니다."

'어쩌면 하류 쪽으로 더 내려가서 제3의 가방에 들어 있는지도 모르지.' 반장은 생각했다.

"범인이 시내의 엉뚱한 곳에 버렸을 가능성도 있습니다."

수사는 제자리걸음이었다. 여전히 범인에 대한 단서는 나오지 않았다.

릴리엔탈과 동료 한 명이 새로 발견한 신체 부위를 즉시 부검했다. 새로운 사실을 알려주는 결과는 나오지 않았다. 펠트게르트너는 성기에도 문신을 했다. 몸통 양쪽에 새겨진 문신은 오싹한 퍼즐을 연상시킬 만큼 서로 정확하게 맞물려 있었다. 얼마 후 대중 연예지에서 범인을 '퍼즐 살인범'이라고 명명한 것도 무리는 아니었다.

흥미롭게도 지금껏 발견된 어떤 신체 부위에서도 펠트게르트너가 살아 있을 때 발생한 폭행의 흔적은 보이지 않았다. 내 동료들이 출혈이 없는 절단 부분의 상처를 통해 보았듯이, 팔다리는 펠트게르트너 사후에 절단된 것이었다. 펠트게르트너는 머리를 가격당해 살해당한 것이 분명했다. 희생자의 머리를 발견해야만 수사관들에게 범인이 오스트리아 문신사를 어떻게 살해했는지에 대한 정보를 줄 수 있을 터였다.

몸통을 발견하고 닷새가 지난 7월 12일 오후, 베딩 구역을 산책하던 두 여자를 소스라치게 만든 일이 벌어졌다. 그녀들은 셰퍼제 호숫가에서 입구가 열린 파란 비닐 자루와 맞닥뜨렸다. 자루 안에 든 것은 공포 영화에나 나올 법한, 수염이 텁수룩한 남자의 머리였다. 얼굴은 녹색으로 부패 중이었고, 일부는 수초로 뒤덮여 있었다. 왼쪽에는 구멍이 뚫려 있었는데 코와 왼쪽 상악골, 하악골이 보이지 않았다. 머리를 목격한 두 여자도 다른 사람들처럼 피해자의 신원과 '퍼즐 살인범'의 동기를 둘러싼('다음 희생자는 누구일까?') 자극적인 보도에 관심을 쏟고 있었다. 이들은 정신을 차린 뒤 경찰에 신고했다.

우리는 검찰의 지휘에 따라 그날 중 피해자의 머리를 부검했다. 이번에는 나와 레나 프롭스트 박사가 함께 부검을 진행했다.

그날 저녁 9시 직전, 나는 집을 떠나며 아내에게 '머리 하나만 하면 되니 걱정하지 말라'고 말했다. 그러나 부검에는 일곱 시간이 걸렸다.

부검은 밤 9시 30분에 시작됐으나 끝났을 때는 먼동이 트고 있었다. 살인범은 잔인하고 무시무시한 방식으로 피해자의 머리를 잘라냈다. 머리 부상의 정도가 심했고 여러 부위에서 발생한 게 보였다. 그 사실만이 조사를 힘겹게 만든 건 아니었다. 범인은 거칠게 범행을 저지르는 와중에도 다양한 도구를 사용했다. 우리는 머리를 천천히, 단계적으로 살펴볼 수밖에 없었다.

본격적인 부검에 들어가기에 앞서 CT 스캐너로 먼저 검사했다. 부검에 참관한 비티히 반장은 첫 번째 결과가 나오기를 초조하게 기다렸다. 몸통과 팔다리 부검에서는 치명상이 발견되지 않았다. 레온 펠트게르트너는 머리에 폭행을 당하고 살해된 것이 분명했다.

범인이 입힌 부상의 종류와 외형은 일반적으로 그때 사용한 무기나 도구에 대한 귀납적 추리를 가능케 하며, 범인의 정체를 드러내는 '필적'에 대한 단서를 제공한다. 펠트게르트너의 머리를 보여주는 첫 영상이 모니터에 나타났다.

"거의 처음 사용하는 겁니다." 나는 비티히에게 말했다.

실제로 컴퓨터 단층촬영 장치를 장만한 지 얼마 되지 않았을 때였다. 펠트게르트너는 이 혁신 기술의 도움을 받는 거의 첫 번째 희생자였다.

'사후 다층 CT 촬영pmMSCT'은 전통적인 부검 기술이 갖지 못했던 몇 가지 장점을 제공한다. 여기 투입되는 엑스선은 살아 있는 사람에게 쓰는 것보다 훨씬 강하다. 죽은 사람에게는 더는 해를 가할 수 없기에 가능한 일이다. 법의학에서 이 기술을 이용하는 이유는 0.5밀리미터의 절편 두께까지 선명하게 보여주는 해상도 때문이다. 조사 담당자가 누군지와 무관하게, 사후 다층 CT 촬영은 정확하고 꾸준히

3차원을 기록할 수 있도록 1밀리미터 이하의 결과까지 보여준다. 범행 후 비교적 오랜 시간이 지난 다음에 (예컨대 자백을 통해) 새로운 사실들이 알려질 때도 이 자료를 사용할 수 있다. 필요하다면 사후 다층 CT 촬영으로 조사한 시신을 수십 년 전의 전자 데이터 기록과 비교할 수도 있다.

사망자가 유명인사라면 사후 여러 해가 지난 뒤에도 사인에 관한 억측이 난무하곤 한다. 가령 전 슐레스비히홀슈타인 주지사인 우베 바르셸은 1987년에 제네바 호텔에서 사망했고, 그 정황은 제대로 해명되지 않았다. 1994년에 시애틀의 커트 코베인에게 정확하게 무슨 일이 벌어졌는지에 대해 언론은 오늘날에도 끊임없이 의문을 제기한다(그룹 '너바나'의 간판스타 커트 코베인은 헤로인 과다 복용과 두부 총상으로 사망한 채 발견되었다).

만일 이 두 사건에 사후 다층 CT 촬영 데이터가 있었다면, 새롭게 제기되는 의혹이나 타살 주장을 즉시 조사할 수 있었을 것이다. 아쉽게도 법의학은 코베인이나 다른 많은 유명인사가 사망했을 때는 이 기술을 활용할 수 없었다.

이스라엘의 법의학자들은 이미 1960년대 말부터 사후 다층 CT 촬영을 활용했다. 이들은 종교적인 이유로 제3차 중동전쟁에서 피격된 전투기 조종사들을 부검하지 않았다. 대신 사망한 군인들의 부상과 최종적인 사인을 규명하기 위해 CT 촬영을 이용하기로 했다. 반면 유럽 법의학은 1990년대에 들어서야 비로소 CT 촬영의 엄청난 장점을 발견했다.

이후 법의학자와 방사선 전문의로 구성된 베른의 학제 간 연구 집단이 법의학에 컴퓨터 단층촬영을 적용할 수 있는 토대를 마련했다. 그러나 아직도 법의학에서 사후 다층 CT 촬영 활용 기술은 초기 단계에 머물러 있다. 지금껏 독일의 약 30개 법의학 연구소 가운데 자체적으로 CT 스캐너를 확보한 곳은 다섯 군데뿐이다. 그러나 1980년대에 범죄학과 법의학의 법의유전학 도입을 혁명적으로 보았듯, 이 기술의 도입 역시 해부실의 혁명으로 여겨지고 있다.

우리 연구소에서 기계를 들인 까닭은 이 기술이 살인의 전후 과정을 설명할 때뿐 아니라 정신적인 외상을 입거나 부패로 변질된 사망자의 신원을 확인할 때 큰 도움이 되기 때문이다. 나는 비티히 반장에게 설명했다.

"얼마 전부터 모든 아동 사망 사건, 총격 사망 사건, 높은 곳에서 추락한 사건, 교통사고 사망 사건, 폭행 치사 사건에서 우리는 부검하기 전에 CT 스캐너로 조사부터 합니다. 메스로 절개하기 전부터 이미 어느 부위에서 골절이 발생했는지 정확히 알 수 있거든요. 이 기계만 있으면 탄환이 박힌 위치를 찾기 위해 오랜 시간을 들일 필요가 없어요. 밀리미터 단위로 정확하게 확인됩니다. 또 몸속에서 부러진 칼날 때문에 부검의가 부상당할 위험이 없어요. 부러진 조각이 어디에 박혀 있는지 미리 알 수 있으니까요."

비티히 반장을 포함한 수사관들 모두가 놀라는 눈치였다. 비티히는 신체를 구석구석 재현하는 기술의 수준과, 모든 각도에서 신체를 조명하는 기능에 매혹되었다.

이 기술을 이용하면 조직층을 가상으로 제거할 수도 있다. 화면상으로 노출된 뼈를 뚫고 들어간 뒤 신체 깊숙한 곳의 병리학적 상태나 부상의 실체, 이물질처럼 눈에 띄는 현상을 추적할 수도 있다. 희대의 살인 사건에 처음 이 기계를 투입하자 이것이 얼마나 범죄 수사에 유용한지가 분명히 드러났다. 모니터에서는 펠트게르트너의 상악골과 하악골이 날카로운 도구에 으스러진 모습이 확실하게 보였다. 약 12센티미터 길이의 균열선이 얼굴 한가운데를 가르고 지나갔다. 이마에는 서로 인접한 상태에서 평행으로 그어진 두 개의 날카로운 균열선이 보였다. 나는 곧바로 '도끼 혹은 손도끼'를 범행 무기로 입력했다.

"그 밖에도 범인은 아주 긴 외날의 칼이나 사무라이 검처럼 찌르는 도구를 이용해 피해자를 공격했습니다." 나는 설명을 계속하면서 해당 상처 부위를 가리켰다. "수사반에서 의심 가는 무기를 가져오면, 똑같이 CT로 검사해서 머리 부상과 대조해보죠. 그러면 범행에 쓰였는지 여부를 확실하게 알 수 있을 겁니다."

비티히 반장은 축을 따라 천천히 회전하는 두개골의 3차원 그래픽을 주의 깊게 관찰했다.

"총상 흔적 같은 것은 없나요?" 그가 물었다.

내 동료 프롭스트 박사가 전반적인 영상 자료를 추적했다. 가장 깊은 층에 이르기까지 레온 펠트게르트너의 머리를 모든 방향에서 아주 정확하게 기록한 자료였다. 그녀가 설명했다.

"금속 물질은 없습니다. 이 남자는 금속으로 이를 때운 적도 없어요. 뇌에 박힌 총알도 없고요."

펠트게르트너는 두개골에 엄청난 폭행을 당해 사망한 게 분명했다.

"숱한 부상 중 무엇이 진짜 사망 원인인지는 본격적으로 부검해야 알 수 있습니다. 법의학에서 사체를 열어보지 않는 일은 앞으로도 없을 겁니다."

형사소송법에서 사체 부검은 의무로 규정되어 있다. 따라서 사후 다층 CT 촬영이라는 신기술은 전통적인 부검을 대체할 수 없다. 규정과는 별개로 부검이 필요한 이유는 또 있다. 조직의 내출혈이나 기관 내 혈액은 사인의 결정적인 단서가 될 수 있지만, CT 촬영은 부검만큼 그 단서들을 자세히 보여주지 못한다. CT 촬영의 장점은 뼈의 구조나 단면을 보여주는 데에, 특히 금속 같은 이물질의 위치를 확인하는 데 있다.

반면 중독사의 경우(약물 관련 사망이든, 고전적인 독살이든, 실수로 마취제를 다량 투여한 사건이든) CT 촬영은 전혀 도움이 되지 못한다. 법의학에서 이 엄청난 기술은 어디까지나 추가적인 조사 도구로 쓰일 뿐이다. 중독 진단을 위해서는 화학-독물학적 조사가 필수적이다. 이때 혈액, 체액, 장기 시료 등이 필요한데, 이런 증거는 부검을 통해서만 구할 수 있다.

그렇더라도 사후 다층 CT 촬영에는 무시할 수 없는 강점이 있다. 이 기술은 '피가 보이지 않는 방식'으로 추상적인 재현을 해낸다. 조사하는 사람에게는 컬러 사진보다 이쪽이 훨씬 더 견디기 쉽다. 물론 수사관이나 법의학자는 혈흔 같은 광경에 익숙하므로, 이 기능에 큰 의미는 없다. 그러나 살인 사건을 담당하는 변호사와 판사에게 이 기능은 큰 차이를 가져다준다. 배심원이라면 더 말할 필요도 없다. 부검 사진을 보여줄 때, 배심원들이 사진 속 새빨간 피에 정신이 팔려 전문가의 설명에 귀 기울이지 않는 경우가 흔하기 때문이다.

CT 영상으로 일차적인 접근을 한 뒤, 나와 프롭스트 박사는 해부실 조교 카타리나 게르스텐의 도움을 받아 머리 부검을 시작했다. 먼저 머리 쪽 문신을 더 세밀하게 살폈다. 왼쪽과 오른쪽 귀 뒤로는 5센티미터 길이는 족히 돼 보이는 돛단배 문신이 있었다. 카타리나가 왼쪽 머리칼을 밀어내자, 귀를 둘러싼 아치형 글자가 보였다.

'면도하기 위해 살라Live to shave'

"오른쪽 귀에는 '살기 위해 면도하라Shave to live'가 있을 거야."

내 예상은 적중했다. 조교가 오른쪽 머리를 밀고 나자 내가 예언한 글귀가 선명하게 보였다. 양쪽 아치형 글자는 각각 약 19센티미터 길이였다.

비티히 반장이 나에게 질문하는 듯한 시선을 보냈다. 나는 그에게 말했다.

"살기 위해 면도하라는 문구를 맞췄지만 미리 본 건 아니에요. 이 사람이 머리를 깎을 때 내가 거기 있었겠어요?"

얼굴과 머리에 난 부상은 전부 52개였다. 둔기와 뾰족하고 날카로운 도구로 인한 부상이었고, 머리 쪽 특정 부위에 몰려 있었다. 특히 턱과 이마, 머리덮개뼈(두개관) 부위에 집중됐다. 상악골과 하악골 왼쪽은 으스러진 상태였다.

법의학에서 자창刺創이나 절창切創은 '날카로운 힘의 영향에 따른 부상'에 속한다. 즉 칼이나 가위, 그 밖에 예리한 날을 지닌 도구가 만든 부상이다. 도끼나 손도끼, 스크루 드라이버, 끌처럼 모서리가 날카로운 도구로 인한 부상은 '덜 날카로운 힘의 영향'으로 분류된다. 주먹, 몽둥이 가격, 발길질 등 다양하고 넓은 신체 부위에 영향을 주는 폭력은 '무딘 힘의 영향'에 속한다. 추락할 때 딱딱한 바닥이나 대상에 몸이 부딪히는 것도 여기 포함된다.

이번 사건에서 범인이 모서리가 날카로운 도구(도끼나 손도끼일 가능성이 아주 큰)로 잔인하게 가격했다는 사실은, 펠트게르트너의 인후에 발생한 깊숙한 함몰로 증명할 수 있다. 주위의 연조직과 근육에 내출혈이 발생한 것은 그가 폭행을 당할 때까지도 살아 있었음을 말해준다. 내장 두개(머리뼈에서 뇌를 싸지 않고 얼굴을 이루는 뼈를 뜻한다)에 중상을 입을 때 기관지와 양쪽 폐에 엄청난 혈액 흡인이 발생했고 (몸통 부검에서 이미 확인했다) 이것이 결정적으로 사망으로 이어졌다.

전두골, 즉 이마뼈는 날카로운 절단면을 그리며 두 쪽으로 갈라져 있었다. 오른쪽 정수리 부분에서만 피하 출혈과 함께 날카롭게 찢어진 일곱 군데의 부상을 확인했다. 희생자가 살아 있을 때 당한 게 분명했다. 머리덮개뼈는 도끼나 손도끼로 인해 으스러져 뇌엽이 드러나 있었다. 이 상처도 희생자가 살아 있을 때 입은 것이다.

새벽 4시 30분에 나는 부검 결과를 요약하여 설명했다.

"비티히 반장님, 범인은 무조건적인 살해 의도를 가지고 매우 잔인한 범행을 저질렀어요. 피해자가 살아 있을 때, 도끼나 손도끼를 사용해 체계적으로 오랫동안 머리 부분을 가격한 겁니다. 결국 펠트게르트너는 외상성 뇌손상으로 사망했습니다. 그가 의식이 있는 상태에서 이 도끼 공격을 받았다면, 끔찍한 고통을 견뎌야 했을 겁니다. 또 얼굴 피부와 두피, 그 밑 연조직의 부패 변질 상태로 볼 때 적어도 칼하나가 사용됐어요. 피해자가 살아 있을 때 찌르고 벤 거죠. 그런 다음에 둔기로 머리를 가격했고요. 어떤 둔기를 사용했는지는 현 단계에서 말할 수 없지만요."

두 낚시꾼이 몸통을 발견하고 일주일이 지난 뒤, 한 목격자가 수사반에 전화를 걸어왔다. 수사반에서 미디어로 시민들에게 협조를 호소한 뒤로 살인 사건 전담반에서는 전화벨 소리가 그치지 않았다. 그러나 이런 경우 으레 그렇듯이 기회를 틈타 잘난 체하거나, 마음에들지 않는 이웃을 비방하거나, 경찰을 골탕 먹이려는 경우가 많았다.

그러나 7월 14일 수사반으로 전화를 건 목격자에게는 중요한 할말이 있었다. 그의 이름은 올라프 하제였다. 하제는 30대 중반의 나이로 베를린 쇠네베르크 구역에서 '춤 스코르피온'이라는 주점을 운영했다. 당직 경찰관은 하제가 하는 말을 건성으로 들었다. 그는 하제의 전화를 비티히에게 연결해주었다. 하제는 반장에게 설명했다.

"가게가 동네 한가운데 있어요. 우리 단골 중에 삐딱한 손님이 몇명 있는데요, 무슨 말인지 아시겠죠?"

'당연히 알지.' 비티히가 생각했다. 스코르피온 주인은 망설이는 눈치였다.

"신고할 게 뭔가요, 하제 씨?"

제보자는 한숨을 내쉬고 말을 이었다. "단골 중에 행크라는 손님이있는데요, 뉴욕에서 온 사람인데 보통 사람이 마시는 술의 두 배씩은마셔요. 행크는 '홀리 하우스'라는 문신 스튜디오에서 일합니다. 바로요 모퉁이에 있어요."

'홀리 하우스'라는 말에 비티히의 귀가 번쩍 뜨였다. 그는 조급해졌다. 이 문신 업소에서 그들이 얼마 전에 만났다는 말인가! 무슨 일로?

"행크의 성은 뭐죠?"

비티히가 캐묻자 하제는 다시 말을 줄였다.

"그냥 이름밖에 몰라요. 어쨌든 이 오스트리아인과 보드카를 마신 적이 있다고, 엊저녁에 행크가 말했어요. 그 사람이 퍼즐 살인범에게 살해당하기 바로 전에 말이죠."

비티히 반장은 이제 정신이 번쩍 들었다. "언제 어디서 그랬답니까? 그 일에 대해 또 뭐라고 말한 게 있나요?"

"나한테 한 말은 없습니다. 행크가 이 말을 했을 때는 인사불성인 상태였으니까요."

비티히는 그에게 고맙다고 인사한 뒤, 내일 아침 행크의 진술을 듣기 위해 수사관 두 명을 보내겠다고 알렸다.

"좋아요. 하지만 경찰이 어디서 이 사실을 들었는지 행크에게 말할 필요는 없습니다."

반장은 즉시 말뜻을 알아차렸다.

"혹시 그가 당신에게 해코지할까 봐 두려운 건가요? 행크라는 사람이 폭력적인가 보죠?"

이쯤 되자 올라프 하제는 급속히 위축되었다. 그는 곧 대화를 끝냈다.

반장은 전화기를 내려놓았다. '홀리 하우스'라는 이름이 왠지 낯익었다. 희생자의 이름이 알려지고 나서 그의 수사팀은 인터넷에서 정기적으로 펠트게르트너의 흔적을 찾았다. 그때 이 오스트리아인이 '외시 나들러'(오스트리아의 문신사라는 뜻)라는 이름으로 관리한 페이스북 계정을 찾았다. 펠트게르트너는 그 계정에 인기 있는 베를린 문신 스튜디오의 목록을 올려놓았다. 홀리 하우스는 그중 한 곳이었다.

곧 수사관 두 명이 문신 스튜디오를 방문하고 진술을 들었다. 홀리 하우스의 주인은 몸 곳곳에 문신을 하고 잿빛 머리를 어깨까지 늘어트린 늙은 히피였다. 그에게서 들을 수 있는 말은 펠트게르트너가 7월 4일인가 5일에 와서 일자리가 있는지 물어봤다는 내용이 전부였다.

몸통이 든 가방이 발견된 것은 7월 7일이었다. 법의학적 판단에 따르면, 그날은 펠트게르트너가 사망한 지 2~3일째 되는 시점이었다. 만일 그가 7월 4일이나 5일에 홀리 하우스에 왔다면, 거기서 행크를 만나고 대화했을 가능성이 컸다. 행크는 적어도 펠트게르트너가 살아 있을 때 그를 마지막으로 본 목격자 중 하나일 터였다.

증인이거나, 어쩌면 그 이상일 수도 있었다.

이튿날 금요일 오전, 비티히 반장과 뤼케르츠 경감은 함께 쇠네베르크에 있는 홀리 하우스를 찾아갔다. 행크에 대해 묻자, 다른 이들이 부속실에 있는 젊은 남자를 가리켰다. 그는 옆방에 앉아 커피를 마시고 있었다.

도미니크 비티히와 베아테 뤼케르츠는 신분증을 제시한 뒤 문이 열린 간이 주방으로 들어갔다.

"살인전담반에서 나왔습니다. 당신이 행크인가요?"

젊은 남자가 고개를 끄덕였다. "행크 버런입니다." 그는 진 셔츠 주머니에서 미국 여권을 꺼내 비티히 쪽 탁자에 올려놓았다. 그러더니 "경찰이 올 줄 알았어요"라는 말을 덧붙였다.

"올라프가 레온이 피살되던 날 누구랑 어울렸는지 경찰이 여기저기 묻고 다닌다고 말해줬거든요."

"7월 5일에 레온 펠트게르트너와 함께 있었다는 말인가요?" 뤼케르츠 경감이 캐물었다.

행크 버런은 커피 잔에서 눈을 떼지 않고 고개를 끄덕였다. "그날 함께 술을 마셨죠. 하지만 친구관계는 아닙니다. 그에 대해 아는 건 거의 없어요."

두 수사관은 시선을 마주했다. 뤼케르츠가 간이 주방 문을 닫았다. 그녀와 비티히는 좁은 주방에서 행크 버런과 마주 앉았다.

"2주 전 월요일에 무슨 일이 있었는지, 간단하게 설명 좀 해줘요." 반장이 격려하듯이 말했다.

"별로 말할 것도 없어요." 버런이 중얼거렸다.

버런의 독일어는 서툴렀고 미국 악센트도 강하게 느껴졌다. 그는 29세였고, 수염으로 뒤덮인 얼굴에 건장한 체구를 가지고 있었다. 드러난 피부는 문신으로 가득했다. 레온 펠트게르트너와 달리 버런은 파충류 형상을 선호하는 것 같았다. 그가 입을 열었다.

"어느 날 레온이 오후에 불쑥 스튜디오로 왔어요. 일자리가 있는지 물었는데 사장이 지금은 더 이상의 문신사가 필요 없다고 말했죠."

버런은 여권을 다시 주머니에 집어넣었다. 그는 손을 심하게 떨었다. 비티히 반장은 그가 무척 긴장했다고 느꼈다. 숙취 상태인 게 분명했다.

"그런 다음 우리는 얘기를 나눴죠. 레온은 자기를 위해서 조언해줄 게 있는지 물었어요. 새 일자리에 대해서 말이죠. 나는 생각해보겠다고 말했어요. 일을 마치고 저녁 때 술이나 한잔 하자면서 말이죠."

47

버런은 커피를 한 모금 마시고는 얼굴을 찌푸렸다. 터진 실핏줄이 그의 눈동자를 그물처럼 뒤덮고 있었다. 비티히는 그가 분명히 알코올 중독자일 거라고 생각했다. 커피보다는 맥주나 보드카가 훨씬 더 간절할 듯 보였다.

버런은 설명을 이어갔다. 스튜디오를 닫기 직전 펠트게르트너가 다시 왔다. 두 사람은 함께 에너지 보드카를 몇 캔 마셨고, 문신에 대해 일반적인 얘기를 나눴다는 것이다.

"그는 새 일자리를 찾는 중이었고 난 도움을 줄 수 없었어요. 그래도 어찌어찌 대화가 이어졌죠. 그는 자기 고향인 빈에 대해 이야기했어요. 무엇보다 나에 대해 알고 싶어 했죠. 뉴욕의 문신 사업 전망은 어떤지 같은 걸 물었어요. 그에게 브루클린 얘기를 해줬어요. 반년 전까지 거기서 살다 왔으니까요. '내 말을 믿어. 거긴 갈 만한 곳이 못 돼'라고 분명히 말해줬죠. '브루클린 같은 데 비하면, 베를린은 살기 좋은 곳이야'라고요."

행크 버런은 말을 멈추더니 멍한 표정으로 고개를 흔들었다. 할 말을 잊은 것 같았다.

비티히와 뤼케르츠는 시선을 교환했다. 버런이 보여주는 언어 결손은 강력한 알코올 중독에서 흔히 나타나는 전형적 증상이었다. 인격의 변화 역시 마찬가지였다. 경감이 물었다.

"그래서 어떻게 됐나요, 버런 씨? 당신과 펠트게르트너 씨가 스튜디오에서 술을 마신 다음에는?"

"놀렌도르프 광장에서 지하철을 타고 인스부르크 광장까지 갔어요. 거기 있는 리들 할인 마트에서 오렌지주스와 보드카 한 병씩을 샀죠."

갑자기 그는 얼빠진 얼굴에서 벗어났다. 다시 정신을 집중한 듯 보였다. 미리 생각해둔 것을 이제 와서 말하는 것 같았다.

"근처 벤치로 가서 조금 더 마셨어요. 많은 얘기를 나누지는 않았고요. 그러다가 레온과 헤어졌고, 나는 집으로 왔죠. 나는 라이스터슈트라세 13번지 방에서 살아요. 저 모퉁이요."

비티히 반장은 물끄러미 그를 바라보았다. 지금까지로 봐서 행크 버런을 체포할 이유는 없었다. 그러나 그는 이 젊은 미국인이 자신들에게 뭔가 숨긴다는 느낌을 받았다.

"오버쇼네바이데에 간 적이 있나요?" 반장이 지나가는 말투로 물었다.

그는 이 질문도 염두에 둔 것이 분명했다. "거기 헬하운드라고, 헤비메탈 나이트클럽이 있잖아요." 마치 문신용 기계가 저절로 움직이듯이 자연스러운 반응이었다. "당연히 가봤죠. 하지만 4주는 됐을 겁니다."

반장은 다시 파트너에게 눈길을 보냈다. 알코올 의존자가 한 달 전어디에 있었는지 정확하게 기억한다는 말을 얼마나 믿을 수 있을까?

노련한 반장은 즉시 캐묻는 대신, 개인 신상에 관한 내용 몇 가지를 추가로 질문했다. 홀리 하우스에서 일한 지 얼마나 됐는지, 뉴욕과베를린 중 어디가 더 마음에 드는지, 라이스터슈트라세 13번지에서는 혼자 사는지 아니면 동거인이 있는지 따위를 물어보았다.

버런은 눈에 띄게 긴장을 풀었다. 최악의 상황은 지나갔고 수사관들도 의혹을 품지 않는다고 믿는 것 같았다. 그는 다시 설명을 이어갔다. 넉 달 전부터 독일 여자와 함께 지낸다는 것이었다. "이름은 라라 로스바흐고, 아주 예뻐요. 우리는 서로 너무 잘 통해요!" 그는 자신의 말에 도취한 채 커피를 한 모금 더 마셨다.

"로스바흐 씨는 어디 사나요?" 비티히 반장이 물었다.

"알레준트슈트라세요." 행크 버런이 중얼거리듯 말했다. 그는 다시 몽롱한 상태로 변했다.

"당신이 로스바흐 집을 방문하는 일이 더 많겠죠?" 뤼케르츠가 생글생글 미소를 지으며 물었다.

"그럼요. 라라는 멋진 집이 있는걸요. 비좁은 내 방에 비하면 훨씬 더 넓어요."

비티히 반장은 고개를 숙이고 문신사를 뚫어지게 바라보았다. "그럼 언제 라라 로스바흐 집을 방문했죠?"

버런의 얼굴이 갑자기 창백해졌다. "그저께요." 그가 털어놓았다. 비티히가 빈틈을 파고들었다.

"그렇다면 설명해봐요, 버런 씨. 방금 당신은 오버쇼네바이데에 간 것이 한 달 전이라고 주장했어요! 그런데 당신도 분명히 알다시피 알레준트슈트라세는 '헬하운드'가 있는 오버쇼네바이데에 있단 말입니다. 레온 펠트게르트너의 몸통 부분이 발견된 지점과 아주 가까운 곳이죠."

미국인은 커피 잔을 응시했다. "그건 그렇죠." 그가 수염 사이로 조그맣게 중얼거렸다. "하지만 펠트게르트너가 죽은 날 나는 오버쇼네바이데에 없었다고요. 그 말은 벌써 했잖아요."

행크 버런은 주먹을 불끈 쥐었다. 관자놀이에서는 핏줄이 부풀어오르고 두 눈은 분노로 이글거렸다.

"나는 인스부르크 광장에서 펠트게르트너와 보드카를 몇 잔 마셨어요." 그가 쏟아내듯이 말했다. "그런 다음 헤어졌어요. 그날 밤, 나는 쇠네베르크의 내 방에 있었고요. 이제 날 그만 괴롭혀요!"

비티히는 고개를 흔들었다. "신문은 여기서 끝입니다, 버런 씨. 하지만 당신을 그대로 놓아줄 수 없어요. 사실 그 반대죠. 당신은 거짓말을 했고, 현재 피의자입니다. 7월 5일 밤과 그다음 날, 당신이 라이스터슈트라세의 방에 있었다는 것을 증언해줄 사람이 있나요?"

버런은 의자에 그대로 주저앉았다. "없어요, 내내 혼자 지냈으니까요."

뤼케르츠 경감이 말을 받았다. "그렇다면 우리가 휴대폰을 가지고 가서 데이터를 조사해도 이의 없겠죠? 당신이 문제가 되는 시간에 정말로 오버쇼네바이데에 없었다면, 통신사로부터 확실한 알리바이를 받을 수 있을 겁니다."

버런은 다시 멍한 표정으로 앞을 바라보았다. 그에게도 선택의 여지가 없는 것은 분명했다. 피의자로 변하는 순간, 경찰은 그의 동의 없이도 7월 5일 밤과 6일 버런의 위치를 확인하기 위해 휴대폰을 조회할 수 있었다.

"좋아요." 드디어 행크 버런은 주머니에서 휴대폰을 꺼내 테이블에 올려놓고 뤼케르츠 쪽으로 밀어냈다.

이동 전화의 데이터는 가까운 송신국에 끊임없이 등록된다. 법적으로 규정된 시간대 안에서 공급자에게 저장되는 데이터를 토대로, 특정 고객이(혹은 그의 이름으로 등록된 기기가) 일정한 시간대에 어디 있었는지 정확하게 확인할 수 있다.

버런의 휴대폰 데이터는 그날 중 살인 사건 전담반으로 들어왔다. 자료에 따르면 이 미국인은 본인 주장과 달리 7월 5일 밤 9시 40분부터 오버쇼네바이데의 알레준트슈트라세에 있었던 것으로 드러났다. 여자 친구인 라라 로스바흐의 집이나 그 인근에 있었다는 뜻이었다. 비티히 반장이 뤼케르츠에게 지시했다.

"홀리 하우스로 두 명만 보내서 버런을 사무실로 데려와. 다시 신문해야겠어, 이번에는 피의자로."

7월 15일 오후, 행크 버런은 살인 사건 전담반 취조실에서 다시 두 수사관과 마주앉았다. 버런은 에너지 보드카를 몇 캔 비우고 온 게 분명했다. 그는 참고인 신문을 받은 아침보다 훨씬 더 또렷하고 집중이 된 듯 보였다.

비티히가 내민 휴대폰을 본 그가 순순히 인정했다. "좋아요, 내가 진실만 말한 건 아니었어요. 그날 밤 오버쇼네바이데에 갔어요."

"레온 펠트게르트너와 함께?"

반장이 물었다. 행크 버런은 고개를 끄덕였다.

"우리는 '춤 샤르프리히터' 주점으로 가려고 했어요. 그런데 쇠네바이데 정거장에서 내리면서 갑자기 다투게 됐죠. 이유는 기억이 안 납니다. 하여간 서로 치고받고 싸웠어요. 레온은 내 주먹에 코를 얻어맞고 달아났어요. 어디로 갔는지는 모르죠. 나는 곧장 라라에게 갔고요. 직접 물어보세요."

버런의 진술은 더 나아가지 않았다. 왜 펠트게르트너와 오버쇼네바이데에 간 사실을 부인했느냐는 물음에는 같은 말만 되풀이했다.

"곤경에 빠지고 싶지 않았어요. 경찰과 뒤얽히는 문제는 이제 질렸으니까요."

반장은 버런에게 그가 일시적으로 체포됐으며 추후 통지가 있을 때까지 구류 상태에 있어야 한다고 설명했다. 비티히는 그를 유치장에 가둔 뒤 라라 로스바흐를 살인 사건 전담반 사무실로 데려오게 했다. 뤼케르츠 경감에게는 미국에 있는 행크 버런의 자료를 알아보라고 당부했다.

며칠 후 인터폴을 통해 요청한 자료가 도착했다. 비티히 반장은 버런이 말한 '경찰과 뒤얽히는 문제'의 의미를 분명히 알게 되었다.

버런은 미국에서 13년이나 복역한 전과가 있었다. 청소년 시절 그는 다른 아이를 때려서 3개월간 소년원에서 복역했다. 3개월은 불명예 경력의 시작에 불과했다. 18세 이후, 미국의 여러 주에서는 버런이 저지른 총 12건의 폭력 범죄에 대한 수사가 이뤄졌다. 모두 신체적으로 중상을 입힌 범죄였고 그중 2건은 "상대의 동의 없는 성적 접촉 강요"였다. 마침내 그는 폭행 전과로 5년간 감옥살이를 했다.

석방 이후 버런의 인생은 처음으로 어느 정도 정돈된 궤도를 달렸다. 그는 브루클린에서 문신사로 일했고 한 여자와 동거하며 아들 하나를 얻었다. 그러나 여자가 마약 중독자였기에 두 사람의 관계는 곧 깨졌다. 그 뒤 버런은 절제하지 못하고 술을 마시기 시작했고, 갈수록 자제력을 잃었다. 그는 금주를 위해 여러 방면으로 노력했지만 번번이 실패했다. 직장을 잃었고 여러 주를 전전하며 일자리를 찾아다녔다. 하지만 직장을 얻어도 늘 취한 상태였고, 사소한 일로 폭력을 행사해 쫓겨나곤 했다.

2011년, 루이지애나 검찰이 심각한 신체 상해 혐의로 그를 다시 기소하자 행크 버런은 베를린으로 도망쳤다. 베를린에 온 그는 홀리 하우스에서 일자리를 구했다. 문제는 여전히 알코올 중독 증상이 그를 따라다닌다는 것이었다. 만취 상태에서는 고질적인 폭력 성향이 나타났다.

금요일 오후 사샤 모구르스키 경사가 파트너 경찰과 오버쇼네바이데로 갔을 때만 해도, 베를린 수사관들은 행크 버런의 뒷배경에 대해서는 전혀 알지 못했다.

알레준트슈트라세는 슈프레강과 나란히 뻗어 있었다. 27번지 건물은 1950년대에 지은 회색 주택 단지였다. 출입문은 열려 있었다. 모구르스키와 데니스 바로 경사는 벨을 누르지 않고 4층으로 곧장 올라갔다. 버런은 로스바흐는 슈프레강이 내려다보이는 두 개짜리 다락방에 산다고 진술했다.

현관 벨을 눌러도 안에서는 아무 기척이 없었다. 잠시 기다리다가 모구르스키가 다시 벨을 눌렀다.

안에서 뭔가 쿵 하는 소리가 들렸다. 청소용 물통과 솔이 딱딱한 바닥에 부딪치는 소리 같았다. 모구르스키가 큰 소리로 문을 두드렸다.

"로스바흐 씨? 경찰이에요, 문 좀 여세요!"

집 안에서 날카로운 외침이 들렸다. 욕설이라기보다는 히스테리성 비명 같았다. "나가요!" 새된 여자 목소리가 들렸다.

물 뿌리는 소리에 이어 다시 쿵 하고 달그락거리는 소리가 들렸다. 마침내 현관문이 열렸다. 젊은 여자가 모습을 드러냈다. 운동이라도 하다 나온 듯 후끈거리는 기운을 풍겼다. 티셔츠 겨드랑이는 땀으로 흥건했고 두 뺨에는 빨간 점을 찍은 듯했다. 땀 냄새보다 더 강하게 풍기는 건 세제 냄새였다. 냄새는 라라 로스바흐를 구름처럼 휘감고 있었다.

모구르스키와 바로가 신분증을 제시하며 말했다. "서로 가주셔야겠습니다. 레온 펠트게르트너 살인 사건에 당신의 목격자 진술이 필요합니다."

젊은 여자는 울음을 터트릴 것처럼 얼굴을 찌푸렸다. "레온…… 뭐라고요? 난 그런 사람 몰라요."

"함께 가시죠. 나머지는 살인 사건 전담반에서 말해줄 겁니다."

목격자가 참고인 신문을 받으러 가는 동안 경찰차는 세제 냄새로 가득 찼다.

로스바흐가 사무실로 들어오자 비티히는 무의식적으로 코를 찡긋거렸다. 반장은 이질감을 느꼈다. 행크 버런이 살인 혐의를 받자마자 라라 로스바흐가 집을 대청소한다? 순전히 우연일까?

그녀가 서둘러 청소한 이유는 일단 묻지 않기로 했다. 반장은 친절하게 인사하며 앉을 자리를 권했다.

로스바흐는 23세였고, 베딩의 치과 기공실에서 수습 직원으로 일했다. 머리는 빨간색과 터키색으로 염색했다. 코와 입술에는 다양한 피어싱을 했고 두 팔과 목덜미에는 큼직한 문신을 새겼다. 비티히는 참고인 신문을 시작했다.

"행크 버런은 7월 5일 밤에 당신의 집을 방문했다고 진술했는데요, 그 말이 맞습니까?"

라라 로스바흐는 1초도 머뭇거리지 않고 고개를 끄덕였다. "9시 반에 왔어요."

"그렇게까지 정확하게 기억하나요?" 반장이 물었다.

"막 잠들었는데 갑자기 벨이 울렸어요. 깜짝 놀라서 자동적으로 몇 시나 됐나 시계를 본 거죠. 다들 그러지 않나요?"

도미니크 비티히는 그녀의 질문을 못 들은 체했다.

"이미 잠자리에 들었는데 남자 친구가 낯선 남자를 데려온 게 방해되진 않았나요?"

로스바흐는 과장된 표정을 지으며 무슨 말인지 모르겠다는 눈길을 보냈다. "낯선 남자라니요? 행크 혼자 왔는데요. 우리는 곧 잠자리에 들었고요."

비티히는 펠트게르트너가 생전에 찍은 사진을 그녀 앞에 내밀었다. "다시 한번 생각해봐요. 7월 5일 밤에 버런이 이 남자와 함께 오지 않았어요?"

여자는 사진을 제대로 보지도 않고 고개를 저었다. "행크는 혼자 왔다니까요, 몇 번을 말해야 하죠?"

비티히가 물었다. "사진 속의 남자를 알아보겠어요?"

로스바흐는 사진을 흘깃 쳐다보고는 다시 고개를 흔들었다. "한 번도 본 적 없어요. 고작 이런 걸 물으려고 이 먼 데까지 데려온 거예요? 다른 경찰들에게도 말했지만, 난 레온 펠트가르텐인지 뭔지 하는 사람을 모른다고요!"

반장은 로스바흐의 극적인 연기가 자신을 납득시키지 못했다는 사실은 드러내지 않았다. "그럼 셰퍼제는 아시나요?" 그가 물었다.

로스바흐는 마지못해 고개를 끄덕였다. "매일 그쪽 길로 출근하는걸요."

반장은 참고인을 물끄러미 바라보았다. 사망자의 몸통과 팔다리는 로스바흐의 집 바로 근처에서 발견되었다. 머리가 발견된 지점은 베딩에 있는 여자의 직장에서 멀지 않았다. 하지만 그녀가 이토록 잔인한 범죄에 가담했다는 걸 믿을 수 있을까? 그녀가 남자 친구를 도와 피살자를 토막 내고 이튿날 아침 사망자의 머리를 쓰레기봉투나 가방에 담아 셰퍼제 호반에 버리기 위해 출근길에 들고 나가는 모습을 상상할 수 있나?

반장은 침묵 속에서 생각했다. 그럴 수 있다. 로스바흐가 파트너에 대한 사랑 탓에 잔인한 유혈극에 가담한 게 이번이 처음이 아닐지도 모른다.

그는 로스바흐의 진술에 고맙다고 인사했고, 이어 참고인 신문이 끝났다고 알렸다.

"좀 전에 청소할 때 사용한 세제는 어떤 건가요?" 로스바흐가 문을 나설 즈음 반장이 다시 질문했다. "지금도 옷에 냄새가 배어 있던데요. 지독한 때라도 지워야 했나 보죠?"

로스바흐는 문간에 돌처럼 뻣뻣하게 멈춰서서 그를 응시했다. 여자의 두 눈이 벌어지고 입이 일그러졌다. 분명히 무슨 말을 하려고하는 것 같았지만, 결국은 한마디도 하지 않았다.

그런 동작은 거의 자백이나 다름없다고, 반장은 생각했다. 하지만 '거의'일 뿐, 그 이상은 아니었다.

　주말 동안 비티히 반장과 뤼케르츠 경감은 버런을 장시간 신문했다. 같은 시간 사건 전담반 수사관들은 떼로 몰려나갔다. 그들은 7월 5일 밤에 오버쇼네바이데의 로스바흐의 집 부근에서 행크 버런과 레온 펠트게르트너를 본 목격자를 찾아 탐문 수사를 벌였다. 두 남자 모두 수염이 텁수룩했고 문신을 잔뜩 새긴 데다가 만취해 있었다. 한 명은 미국 악센트, 또 한 명은 오스트리아 악센트로 시끄럽게 떠들었으니 주민들이 기억하는 게 당연했다.

　알리바이를 입증하지 못해 쩔쩔매던 버런은 여덟 시간 가까이 신문을 받은 끝에 마침내 허물어졌다. 강제 구류 상태에서 술도 못 마셨으니 견딜 수 없었을 것이다.

　일요일 오전, 그는 마침내 큰 소리로 자백을 시작했다.

　"좋아요, 제기랄! 레온과 함께 라라의 집에 갔어요. 거기서 계속 술을 마셨고 어쩌다가 다투기 시작했어요. 이유는 모르겠어요. 서로 주먹다짐을 벌였죠. 그렇게 된 겁니다!"

　그는 좌우로 주먹을 날리는 자세를 해 보였다. "하지만 죽일 생각은 없었어요. 어쩌다 보니 그렇게 된 거죠." 그는 왼쪽 주먹으로 취조실 탁자를 세게 내리쳤다. "레온은 내 레프트 훅을 맞고 쓰러졌어요. 나는 그 옆에 쪼그리고 앉아 가슴 마사지를 하다, 안 되겠다 싶어 인공호흡까지 했습니다."

　버런은 머리를 절레절레 흔들며 자신의 주먹을 응시했다. 마치 주인 말을 듣지 않아 자주 화가 나게끔 만드는 투견을 바라보는 듯했다.

"나는 떡이 되도록 취했어요. 그러다가 레온을 욕조에 눕히는 게 좋겠다는 생각이 들었어요. 찬물을 틀어놓으면 추워서 정신이 들 거라고 생각한 거죠. 그러고서 바로 침대로 가서 잠이 들었어요. 다음 날 아침 욕실로 가보니 욕조에서 죽어 있더라고요. 허 참!"

그는 끙 신음하고는 멍하니 앞을 바라보았다.

"차츰 전날 밤의 일이 생각났어요. 내가 얼마나 아찔했을지 상상돼요?"

비티히 반장은 고개를 살짝 끄덕였다. 그는 부검 소견서를 통해서 사태가 버런의 묘사처럼 진행될 수 없다는 것을 알고 있었다. 펠트게르트너는 주먹이 아니라 얼굴과 머리에 도끼나 손도끼의 가격을 받고 사망했기 때문이다.

"그래서 어떻게 했죠?" 비티히가 물었다.

"시체를 치워야 한다는 생각이 퍼뜩 들었죠. 어떻게 하면 간단하게 처리할 수 있을지 생각했어요. 밖으로 나가 도끼와 손도끼, 여행 가방 두 개, 튼튼한 쓰레기봉투를 샀죠. 그런 다음 시체를 자르고 각 부분을 봉투에 넣고 옮겼습니다."

반장은 이쯤에서 신문을 끝내기로 했다. 밤을 꼬박 새운 데다 피의자도 기진맥진한 것 같았기 때문이다. 버런은 부분적으로나마 자백했다. 그가 진술한 범행 과정과 부검 소견의 불일치는 이튿날 다시 대조해볼 수 있을 것이다.

다만 버런을 구치소로 돌려보내기 전에 한 가지 확인하고 싶은 게 있었다.

"그 일들이 전부 여자 친구의 집에서 벌어진 거요? 로스바흐는 그에 대해 뭐라고 하던가요?"

행크 버런이 다시 한번 무너졌다. "라라는 거기 없었어요. 모든 과정에 전혀 관여하지 않았습니다. 라라는 내가 레온과 집에 들어가자마자 밖으로 나갔어요. 친구 집에서 잤죠. 다음 날 라라가 퇴근하고 집에 왔을 때는 내가 흔적을 말끔히 치운 뒤였고요."

비티히는 로스바흐의 몸을 구름처럼 감싸던 세제 냄새를 생각했다.

비티히의 육감이 그 냄새는 그녀가 현장에 있었음을 증명한다고 말하고 있었다. 남자 친구가 펠트게르트너를 죽일 때 그녀가 거들었는지, 아니면 시체를 처리하는 일에만 관여했는지가 문제였다.

이튿날, 라라 로스바흐는 다시 사무실로 불려왔다. 비티히는 그녀의 주장을 행크 버런이 주말에 털어놓은 자백과 대조했다.

뤼케르츠 경감은 로스바흐가 첫 신문 때 주요한 사항에서 진실을 말하지 않았으므로 더는 참고인이 아니라고 일러주었다.

"당신 남자 친구는 펠트게르트너와 함께 집에 들어갔을 때 당신이 나갔다고 진술했어요. 그날 밤 당신은 친구 집에서 잤고 다음 날 퇴근 후에 귀가했다는 거예요. 맞나요?"

로스바흐는 머뭇거리면서 고개를 끄덕였다.

"당신이 밤에 방문한 친구 이름을 대봐요." 경감이 요구했다.

로스바흐는 겁먹은 얼굴로 뤼케르츠를 보다가 비티히 쪽으로 시선을 돌렸다. "그게 무슨 상관이죠? 혹시 내가 레온이란 사람을 죽였다고 생각하는 건 아니죠?"

이 말에 반장은 자제력을 잃고 호통을 쳤다. "문제는 생각이 아니라 사실이오! 우리는 당신을 재워줬다는 친구에게 당신이 7월 5일 밤 정확히 몇 시에 그 집에 들어갔는지 물어볼 거고 또 당신 고용주에게 이튿날 당신이 출근했는지, 그럼 몇 시에 왔는지도 물어볼 거요. 이 두 사람에게서 알리바이를 입증받으면 당신은 처벌을 면할 테고 아니면 살인 방조 및 공무 집행 방해 혐의로 조사를 받을 거요. 아주 간단한 문제지!"

로스바흐는 고개를 숙였다. 그녀는 말이 없었다.

"자, 그 친구 이름이 뭐죠?" 베아테 뤼케르츠가 집요하게 물었다.

로스바흐는 산만한 손동작으로 터키색 머리끈을 문질렀다. "나는…… 나는 친구 집에 가지 않았어요." 여자는 더듬더듬 말했다. "행크가 갑자기 레온이란 사람을 데리고 나타났어요. 나는 잠들어 있었죠. 두 사람은 그냥 몇 잔 더 마시기만 할 거라면서 옆에 앉아 있으라고 했어요. 나는 보드카와 오렌지주스를 가져왔고 함께 몇 잔 마셨어요. 그런데 행크는 이미 인사불성으로 취해 있었죠. 만취하면 그는 습관적으로……."

여자가 아랫입술을 깨물더니 다시 입을 다물었다.

"취하면 공격적으로 변한다는 말을 하려고 한 건가요?" 뤼케르츠가 물었다.

로스바흐가 고개를 끄덕였다. "다른 한 명, 레온이란 사람도 말이에요. 거나하게 취해 있었어요. 두 사람이 갑자기 소리를 지르다가 벌떡 일어나 주먹질을 하는 거예요. 나는 말리다가 레온의 주먹에 세게 한 방 맞았죠. 나는 행크에게 '이놈 내쫓아!'라고 소리쳤어요. 행크는 '나가서 잠시 바람 좀 쐬고 들어와'라고 했죠. '네가 돌아올 때쯤이면 이 놈은 없을 거야! 약속할게!'라고 말이에요. 너무 무서웠어요. 밖으로 나가 적어도 한 시간 정도 시내를 이리저리 쏘다녔어요. 그러다가 돌아와보니 레온이…… 그는 욕조에 누워 있었는데, 행크가 손도끼로 그를 내리쳤어요!"

"펠트게르트너가 그때 살아 있었나요?" 반장이 물었다.

로스바흐는 눈물을 흘렸다. "아니요! 그는 벌써 죽었어요!" 라라 로스바흐는 주먹으로 얼굴을 치고, 몸을 부르르 떨며 울음을 터트렸다.

비티히는 그녀가 일시적으로 체포됐으며 별도 통지가 있을 때까지 구류 상태에 있어야 한다고 설명했다. 뤼케르츠 경감은 여성 경찰 두 명을 불러 피의자를 모아비트 구치소로 데려가라고 지시했다. 그러면서 "심리 상태에 신경 쓰고!"라고 덧붙였다.

로스바흐의 신경이 극도로 날카로워진 게 역력했기 때문이다.

그다음 주, 버런과 로스바흐는 여러 차례 신문을 받았다. 비티히와 뤼케르츠는 7월 5일 밤과 6일 사이에 벌어진 사건을 재구성하면서 차츰 가닥을 잡아나갔다.

마침내 버런은 자신이 펠트게르트너를 주먹으로만 공격한 건 아니라고 털어놓았다. "레온이 욕실로 달아났어요. 그 뒤를 따라갔는데, 어쩌다 보니 손도끼를 들고 있었죠. 평소에 거실 소파 위에 걸려 있던 거였어요. 라라가 장식용으로 보관한 거지만 날이 예리하고 뒤쪽에는 뾰족한 쇠가 튀어나온 진짜 도끼였죠. 레온은 욕조로 넘어졌고 나는 화가 가라앉지 않았어요. 얼굴과 머리를 계속해서 내리쳤죠. 그가 죽을 걸 알았지만 멈출 수 없었어요!"

그는 말을 멈추고 고개를 절레절레 흔들었다. 그는 한 달 이상 구류 상태에 있었다. 의도치 않은 '금단 요법' 때문인지 몸이 좋아 보였다. 산만한 동작도 없었고 언어 결손 현상도 보이지 않았다. 그는 소리쳤다.

"빌어먹을 알코올! 그놈이 나를 악마로 바꾸고 인생을 지옥으로 만든 거야!"

비티히는 순간 동정을 느꼈지만 그때뿐이었다. 결국 이 남자는 자기 자신을 구렁텅이로 몰고 갔을 뿐 아니라 펠트게르트너에게는 훨씬 더 가혹한 종말을 안겨주었다.

"손도끼로 얼굴과 두개골을 내리칠 때, 펠트게르트너가 여전히 살아 있다는 걸 몰랐나?" 비티히가 물었다.

버런은 어깨를 으쓱해 보였다. "나는 그를 죽이려고 했어요. 아니면 왜 도끼로 내리쳤겠어요?"

"잔인무도한 맛을 느끼려고 그랬겠지. 당신 전과를 보면 상대에게 고통을 안겨주는 일에 재미를 맛본 게 분명하던데. 스스로 인정했잖아. 펠트게르트너를 죽일 이유가 없다고 말이지. 당신은 인간이 얼마나 고통스럽게 죽는지 보고 싶었던 거야."

버런은 손사래를 쳤다. "아니요. 그렇지 않아요! 우리는 둘 다 취해서 어처구니 없는 이유로 싸우게 된 겁니다. 그러다가 자제력을 잃고 그를 죽인 거라고요. 손도끼로 내리친 건, 맨손으로는 죽일 수 없기 때문이었어요. 나는 우라질 사디스트가 아니라고요!"

비티히 반장은 뤼케르츠 경감과 시선을 주고받았다. 두 사람은 이 문제를 당분간 놔두자는 것에 말없이 동의했다.

물론 두 사람은 릴리엔탈 박사와 내가 첫 부검 소견서에서 설명한 내용을 알고 있었다. 법의학적 방법으로는 펠트게르트너가 어떤 부상을 먼저 입었는지 재구성할 수 없다는 사실 말이다. 따라서 펠트게르트너가 상악골 및 하악골이 조각나는 부상으로 먼저 고통을 당하고, 그로 인해 혈액을 흡입하고 의식을 잃었을 가능성 역시도 완전히 배제할 수 없었다. 법의학적 조사 결과로는 버런이 저지른 살인의 '잔인무도'한 특성을 입증할 수 없었다. 수사관들이 할 수 있는 일은 여기에 대해서 버런이나 로스바흐의 자백을 유도해내는 것뿐이었다. 경감이 물었다.

"당신이 손도끼로 펠트게르트너를 내리치는 것을 봤을 때 로스바흐는 어떤 반응을 보였죠?"

버런은 한숨을 내쉬며 수염을 쥐어뜯었다. "라라는 고함을 쳤어요. '그만둬! 그만두라고 제발!' 하면서요. 정신을 차리니 레온은 이미 한참 전에 죽어 있었어요. 얼굴과 해골이 완전히 망가졌으니까요."

"그런 다음 뭘 했어요?" 비티히 반장이 물었다.

버런은 오른쪽 주먹을 불끈 쥐더니 자신의 이마를 세게 쳤다. "뭘 했냐고요? 라라와 '춤 샤르프리히터' 주점으로 갔죠. 난 처음으로 큰 잔에 보드카를 몇 잔 마셨고요. 라라는 계속 울부짖으며 경찰에 신고해야겠다는 말을 늘어놓았죠. 나는 라라에게 애원했어요. '경찰에게 가지 마! 그럼 나는 끝장이야!' 라라는 내 말을 듣기 시작했고 함께 시체를 치우기로 했죠. 또 아무에게도 말하지 않겠다고 약속했죠. 경찰은 말할 것도 없고요!"

버런과 로스바흐가 주점에서 집으로 돌아왔을 때는 벌써 새벽 4시였다. 로스바흐는 이어진 신문에서 그렇게 진술했다. 그녀는 여전히 충격에서 헤어나지 못하고 있었다. 적어도 이 진술에 대해서 수사관들은 그녀의 말을 전적으로 신뢰했다.

그러나 로스바흐가 버런을 도와 시체를 치우고 범행을 숨기는 일에 가담했는지, 그렇다면 어느 정도로 가담했는지는 완전히 다른 문제였다. 두 피의자의 일치된 진술에 따르면 7월 6일 이른 아침의 행적은 다음과 같았다. 집으로 돌아오자 행크는 욕실로 들어가 시체의 옷을 팬티만 남기고서 모두 벗겼다. 이어 펠트게르트너의 신체를 손도끼로 다시 내리쳤다. 옮기기 쉽게 토막 내려는 의도였다. 곧 그는 손도끼가 그런 일에 적합하지 않다는 사실을 확인했다. 몸통에서 머리와 팔다리를 분리하려면 더 큰 도끼나 날이 더 서 있는 손도끼, 그외 적합한 다른 도구들이 있어야 했다.

로스바흐의 살림살이를 뒤진 버런은 망치와 고기 써는 칼을 찾아내 그것으로 시체의 치아를 상악골과 하악골에서 분리하고자 시도했다. 신원 확인을 어렵게 만들려는 의도였다.

그는 네 번째 신문 조서를 작성할 때 말했다.

"하지만 그 도구도 적합하지는 않았어요. 나는 완전히 탈진한 상태였어요. 라라도 극도로 예민해져 있었고요. 그사이 7시가 되었고 우리는 한두 시간 눈을 붙이기로 했죠."

로스바흐는 직장에 전화해 그날은 아파서 출근을 못 한다고 알렸다. 곧 두 사람은 잠자리에 들었다.

7월 6일 늦은 오후, 버런은 가까운 쇼핑센터로 가서 시체를 치우고 혈흔을 지우는 데 필요한 물품을 빠짐없이 구입했다. 큼직한 도끼, 여행 가방 두 개, 쓰레기봉투, 온갖 종류의 강력 세제 등등.

이후 그는 욕실로 들어가 시체를 일곱 부분으로 잘랐다. 로스바흐와 함께 머리를 비닐 자루에 넣고 팔과 종아리는 다른 자루 두 장에 넣었다. 몸통과 그 아랫부분도 자루에 넣은 뒤 가방에 담았다. 펠트게르트너의 옷은 내장 대부분과 마찬가지로 공용 쓰레기통에 버렸다.

"시체를 처리할 때 남자 친구를 도와줬나요?" 수사관들이 로스바흐에게 물었다.

여자는 단호하게 부인했다. 시체 절단은 전적으로 버런 혼자 했다는 것이었다. 그녀는 이튿날 사망자의 머리가 담긴 가방을 출근길에 가지고 나가 세퍼제에 던져 호수 밑으로 가라앉혔다고 했다. 나머지 부분은 버런 혼자 밖으로 가지고 나가 집에서 멀지 않은 슈프레강에 버렸다는 것이다. 밤에는 온통 피투성이인 욕실과 복도, 거실을 함께 청소했다.

행크는 제발 경찰에 신고하지 말라고 다시 애원했고, 라라는 그러겠다고 약속했다. "그를 너무 사랑했으니까요." 라라는 울면서 설명했다. "우리는 내년에 결혼할 예정이었어요. 약혼자가 사람을 죽였으니 얼마나 끔찍했겠어요. 그래도 그를 고발할 수는 없었어요!"

버런도 신문받을 때마다 로스바흐는 절대 죄를 짓지 않았다고 되풀이해서 강조했다. 자기 혼자서 펠트게르트너를 죽였고, 범행을 숨기기 위해 시체를 토막 냈다는 것이다. 버런은 자신이 피해자에게 결코 고통을 줄 생각이 없었다는 맹세도 했다. "그가 죽기를 바랐습니다. 단지 그것 때문에 손도끼로 머리를 내리친 거고요."

이들의 주장에 따르면, 버런과 로스바흐는 이튿날도 꼼꼼히 청소를 했다. 거의 2주가 지나고 수사관들이 처음으로 로스바흐를 데리러 갔을 때, 세제 냄새는 모구르스키 경사의 코를 강하게 찔렀다. 로스바흐는 남은 혈흔을 지우기 위해 다시 걸레와 솔을 든 것이 분명했다. 이 시점에서 행크 버런이 용의선상에 올랐기 때문이다. 틀림없이 로스바흐는 조만간 자신의 집을 수사하리란 점을 알았을 것이다.

사실 그녀가 여러 차례 청소할 필요는 없었다. 혈흔을 완벽히 제거하는 일은 거의 불가능하다. 새로 페인트칠을 해도 이른바 '잠재적 혈흔'이 드러나기 마련이다. 혈흔 검출제인 '루미놀'이나 이동 스펙트럼 램프인 '루마텍 슈퍼라이트 400' 같은 혁신적인 제품을 사용한다면 세제를 사용해서 빈틈없이 지운 곳에서도 혈액이나 정액이 형광을 반사하며 드러난다.

두 사람이 자백하고 일주일이 지난 후, 담당 검사는 우리 연구소에 '혈흔에 대한 소견'을 제출해달라고 요청했다. 나는 릴리엔탈 박사와 뤼케르츠 경감과 함께 7월 말 현장 검증을 진행했다. 우리는 미세한 혈흔을 파악하기 위해서 바닥과 벽, 천장 등 집 안을 구석구석 조사했다. 그래야만 버런과 로스바흐가 털어놓으려 하지 않는 범행 전모를 재구성할 수 있기 때문이다.

인기 TV 시리즈 〈덱스터〉를 통해서, 지난 몇 년 전부터 수사 경찰 및 과학수사팀의 현장 조사 수단으로 등장하는 혈흔 분석이 인기를 끌고 있다. 그러나 혈액의 물리학적, 화학적, 탄도학적 특성은 이미 19세기부터 알려져 있었다. 현장의 혈흔 분석 역시 법의학이 오래전부터 일상적으로 해온 일이다.

'핏방울'이라는 이름처럼, 신체 밖에서 피는 둥근 형태를 띤다. 이 피가 돌로 된 벽에 부딪칠 때 독특한 '튐'의 형체가 만들어진다. 혈흔 전문가는 '방울' 크기와 양, 피의 변형 및 분포 양상을 통해서 기본적인 폭행의 종류와 강도에 대한 결론을 내릴 수 있다.

이때 일반적으로 통용되는 원리는, 둔기나 예기로 가격할 때는 (빨라도) 두 번째 가격부터 피가 뿜어져 나온다는 것이다. 피해자의 머리를 가격하자마자 많은 피가 뿜어져 나오는 영화 속 묘사는 전달 효과가 클지 몰라도 사실과는 거리가 멀다. 첫 가격에서 피가 고인 상처가 형성되고 두 번째 가격에서 상처 부위에 고인 피가 외부의 영향을 받으며 이리저리 튀는 것이다. 핏자국이 섬세할수록, 즉 '방울'이 작을수록 피가 고인 상처를 가격한 도구의 속도가 빨랐다고 보면 된다.

전문용어로는 1~4밀리미터 크기의 핏자국을 '중속 충격 비산'이라고 부른다(이는 미국의 표현으로, 독일 법의학자는 이처럼 간단하게 표현하지 못하고 '피가 뭉친 부위에 중간 속도로 부딪힌 물체에 의한 핏자국'이라고 부른다). 4밀리미터 이상의 튐은 '저속 충격 비산'('천천히 부딪힌 물체에 의한')이라고 한다. 그 밖에 피가 튈 때의 입사각과 분포 양상을 통해 피가 고인 상처를 가격당할 때 피해자가 정확히 어디 있었는지를 재구성할 수 있다.

로스바흐가 체포된 직후, 알레준트슈트라세에 있는 그녀의 집에서 법의학적 조사가 이뤄졌다. 과학수사팀은 복도와 욕실의 벽에서 '청소한 것처럼 보이는 무수한 적갈색의 건조한 흔적'을 발견하고 분석했다. DNA 검사를 통해 이 흔적이 펠트게르트너의 피라는 것이 입증되었다. 두 번째 현장 검증에서의 주안점은 핏자국 모양이 피의자들의 범행 진술 및 부검 당시에 파악된 부상과 일치하는가였다.

로스바흐의 집은 방 두 개와 주방, 욕실로 이루어진 구조였다. 현관에서부터 시계 방향으로 왼쪽에 욕실, 그 옆이 주방, 다음이 침실, 오른쪽으로 거실이 있었다.

우리는 이동 스펙트럼 램프 '루마텍 슈퍼라이트 400'과 혈흔 검출 제인 '루미놀' 또 '무색 말라카이트 그린'을 사용해가며 펠트게르트너에 대한 폭력이 벌어졌을 네 개 구역을 확인했다. 욕조 벽 전체 타일 위에 무수한 핏자국이 찍혀 있었지만, 이는 확실하게 분류하지 않았다. 버런이 진술한 범행 과정과 모순되는 부분이 없었기 때문이다. 대신 복도에 집중했다. 여기서는 세 군데의 서로 다른 구역에 핏자국이 있었는데, 자국의 양상으로 봤을 때 엄청난 폭행이 일어난 게 분명했다.

현관 오른쪽 복도 벽에는 거울 장이 있고 그 위에서 1~4밀리미터 크기의 무수한 핏자국이 발견됐다. 이 흔적에서는 핏자국을 부분적으로 지우려고 한 시도가 뚜렷하게 드러났다. 우리는 흔적을 하나하나 측정하며 입사각을 계산했다. 이 방법을 통해 범행 발생 지점을 정확하게 판단할 수 있었다. 펠트게르트너의 첫 부상은 거실 문틀에서 오른쪽으로 35센티미터 지점, 123~138센티미터 높이, 벽에서 47센티미터 떨어진 곳에서 발생했다.

현관문 안쪽 50~190센티미터 높이에서 또 다른 핏자국을 발견했다. 여기서도 피를 지우려고 한 흔적이 역력했는데, 대부분 위에서 아래 방향으로 훔친 것이었다. 아래에서 위로, 또 왼쪽에서 오른쪽으로 훔친 자국도 보였다. 여기서는 범행 발생 구역을 재구성할 수 없었지만, 피가 튄 양식을 보자 비교적 선명한 그림이 떠올랐다. 현관 출입문 바로 뒤에서, 이미 피가 고인 부위에 대한 무수한 가격이 일어났던 것이다. 이때 펠트게르트너는 더는 똑바로 서 있을 수 없는 상태였다. 그는 가격을 피해 달아나려고 했거나 힘이 빠져 바닥에 쓰러졌을 터였다.

엄청난 폭력이 발생한 세 번째 구역은 현관 왼쪽 벽이었다. 우리는 욕실과 주방 사이에서 여러 방향으로 피가 튄 것을 확인했다. 여기서 다시 크기를 측정하고 입사각을 계산하는 방법으로 다른 범행 발생 구역 두 군데를 확정했는데, 모두 바닥에서 20센티미터밖에 안 되는 높이로 욕실 문과 가까웠다. 여기서도 '중속 충격 비산'의 형태가 나타났다. 현관문 근처의 거울 장에서 발견한 흔적과는 달리, 펠트게르트너는 거듭된 가격을 받았을 때 이미 바닥에 쓰러진 상태였다. 버런의 진술에 따르면 욕실에서 추가 범행이 일어났다.

"뚜렷한 청소의 흔적 때문에 검사 시점까지 남은 핏자국에 대해서는 제한적으로만 평가할 수 있다."

릴리엔탈 박사와 나는 혈흔 소견서에 적었다.

"거실과 현관문 사이의 벽에서 반원 형태의 핏자국을 확인했다. 또 욕실 문턱과 그 오른쪽 옆에 있는 문틀 위, 나머지 벽 등 세 군데의 범행 발생 구역을 재구성할 수 있었다. (…) 부검 시 확인한 부상과 현장의 혈흔 양상은 서로 일치한다."

반면 욕실에 들어가 처음으로 펠트게르트너를 손도끼로 가격했다는 버런의 진술은 조사 결과와 일치하지 않았다. 세 구역의 조사 결과에서 본 역동적인 혈흔 양상은 칼이나 손도끼로 인한 것이 분명했다.

2011년 9월 말, '퍼즐 살인범' 사건 수사는 대부분 종료되었다. 두 달 넘게 구류 상태에 있던 버런과 로스바흐는 재판을 기다리고 있었다.

로스바흐의 법률 대리인 보리스 글라지히 박사는 노련한 변호사였다. 그는 의뢰인이 모든 형사 문제의 혐의를 벗게 만들 수 있는 유망한 전략을 들고 나왔다. 로스바흐와 버런은 범행 시점에 형식상 '약혼' 관계에 있었기에, 그녀가 경찰에 전화해 자신의 '약혼자'를 위험에 빠트리지 않은 데 대해 책임을 물을 수 없다는 것이었다. 글라지히 박사는 지난봄 이 두 피의자의 '약혼 파티'에 관해 어느 정도 믿을 만한 진술을 한 증인 몇 명을 동원하기까지 했다. 재판부와 자신의 의뢰인에 대한 소송을 중단하는 것도 이미 협의해놓은 상태였다.

살인 사건 전담반이 열심히 노력했음에도, 그때까지 로스바흐가 (적어도) 시체 절단에 가담했다는 것은 입증되지 못했다. 펠트게르트 녀를 살해한 손도끼, 마찬가지로 현장에서 확보한 망치에서 로스바흐의 DNA가 확인됐지만 범행 가담에 대한 증거로는 부족했다. 두 가지 물품 모두 사건 전부터 그녀의 소유물이었기 때문이다.

비티히 반장의 건의에 따라 담당 검사는 10월 중 우리에게 추가적인 법의학 소견서를 제출해달라고 요청했다. 소견을 통해 '조사를 실시한 도구의 전부 혹은 일부를 (…) 범행 도구로 간주하는지' 답해달라는 것이었다. 문제가 되는 도구는 도끼 하나, 손도끼 두 개, 칼 하나, 망치 하나였다.

두 사람의 진술에 따르면 버런과 로스바흐는 살해 다음 날 시체를 처리하기 위해 손도끼와 도끼 하나씩을 구입했다. 우리는 도구 소견을 통해 펠트게르트너가 살아 있을 때 입은 부상 일부가 7월 6일 구입한 도구 중 하나로 발생했을 가능성을 설명해야 했다.

이 가능성은 '약혼자'들이 범행의 본질을 진술할 때 진실하지 않았음을 의미한다. 특히 로스바흐의 범행 가담을 전혀 다른 각도에서 바라보게 된다. 적어도 펠트게르트너 살해나 시체 절단에 가담하지 않았다는 주장에 대한 신빙성이 흔들릴 것이다.

우리는 망치가 시체 절단에 동원되었느냐는 질문에도 답해야 했다. 여기에서 로스바흐의 유전자 지문이 발견되었기 때문이다. 공무 집행 방해에 적극적으로 가담했다면, 살인범의 약혼자라도 처벌받을 수 있었다.

샤리테(베를린 의과대학) 법의학 연구소에서 우리는 넘겨받은 도구들을 '사후 다층 CT 촬영'으로 조사했다. 부검 직전에 CT 촬영으로 펠트게르트너의 머리를 검사한 덕에 그 자료에 의존할 수 있었다. 3차원 컴퓨터그래픽으로 해당 범행 도구의 날과 표면을 스캔해서 얼굴 및 머리덮개뼈의 상처와 가상으로 대조했고, 두 개의 손도끼와 칼이 범행 도구로 사용되었을 가능성이 아주 크다는 결론에 이르렀다. 하지만 펠트게르트너가 살아 있을 때 입은 부상 중 하나가 '약혼자'들이 살해 행위 후 구입했다고 주장하는 두 번째 손도끼로 인한 건지는 확인할 수 없었다.

우리는 소견서에 '무엇보다 오른쪽 하악각(아래턱의 꺾이는 부분)과 귀 밑동 부위에서 가장자리가 매끄러운 부상이 발견된다. 뒷부분이 뾰족하게 튀어나온 손도끼와 고기 써는 칼에 의한 절단면일 수 있다'

고 썼다. 이는 부상이 범행일에 이미 거실 벽에 걸려 있던 손도끼에 의해 생겼다는 뜻이었다. '하악골과 두개골의 심각한 함몰 상태로 볼 때, 망치가 사용되었을 가능성도 배제할 수 없다.' 소견서는 이렇게 이어진다.

그러나 개별적인 부상이 검사한 도구와 명백히 일치하는 것은 아니었다.

담당 변호사 글라지히 박사의 신청으로 구치소에 있던 로스바흐는 2012년 1월 말에 석방되었다. 그녀는 베를린을 떠나 니더작센주에 있는 부모의 집으로 들어갔다. 비티히 반장의 육감은 그녀가 적어도 시체 절단에는 가담했으리란 의심을 떨치지 못했다. 검사도 로스바흐를 '살인 사건에 대한 공무 집행 방해' 공범으로 기소해야 한다는 생각이 확고했다. 하지만 그녀가 머리를 '내다버리고' '범행 현장을 청소한 것' 이상의 적극적인 범행 가담을 입증하지 못했으므로, 이 부분의 공소 유지는 불확실했다.

검사는 공소장에서 주 피고인인 버런이 '잔인무도한 모살'을 했다고 비난했다. 공소장에는 '처음 피고는 손도끼를 이용해 피해자가 살아 있을 때 얼굴을 한두 차례 가격하여 상악골과 하악골, 구개가 벌어지게 했고 살인에 필요한 정도를 훨씬 넘어 육체적인 고통을 가할 목적으로 강하게 꾸준히 가격함으로써 엄청난 혈액 흡인이 양쪽 폐에 발생하기에 이르렀다'고 기록되어 있었다.

검사와 수사관들은 바로 이 방식으로 범행이 일어났다고 확신했다. 그러나 재판 초기에는 이와 관련된 확실한 증거가 없었다. 우리의 법의학 조사는 활용할 수 있는 결과를 제시하지 못했다. 게다가 버런은 '잔인하게' 살해했다는 사실을 완강하게 부인했다.

버런과 로스바흐에 대한 재판은 2012년 4월에 시작됐다. 총 나흘의 공판일이 지정됐다. 정신과 전문의는 피고의 형사 책임이 경감될 만한 소견서를 발급했다. 7월 5일 밤 버런의 혈중알코올농도가 3프로밀에 이를 만큼 음주량이 높았다는 의견이었다. 그렇다고 그에게 책임 감당 능력이 없다는 것은 아니었다. 그는 이미 심한 알코올 소비에 익숙한 상태였고 범행 후에도 구조적이고 계획적으로 행동했기 때문이다.

정신과 전문의는 피고의 성장 배경에 대해서도 간단하게 언급했다. 버런의 아버지는 과거 베트남 파병 군인이었고, 자신뿐 아니라 가족마저 때때로 마약 거래를 하도록 만들었다. 폭행을 일삼았으며 아내와 어린 아들에게도 주먹을 휘둘렀다. 버런이 아홉 살 때 부모는 이혼했다. 이후 그는 어머니가 새 남자를 만날 때까지 약 3년간 어머니와 단둘이 살았다. 계부와 버런은 사이가 좋았다. 처음엔 학교에서도 어려운 게 없었다. 오히려 버런이 재능을 보여서 참가한 학교 프로그램도 있었다. 그러나 가족이 시내 다른 구역으로 이사하면서 이 기회도 사라지고 말았다. 6학년 이후로 버런이 수업을 빼먹는 날이 점점 많아졌고, 거리의 불량배와 어울리는 시간도 늘어났다. 13세 때 그는 음주를 시작했고 몇 주 동안 쏘다녔다. 기록에 따르면 신체 상해죄로 소년원에 들어갔고, 이때부터 그의 삶은 알코올 남용과 신체 상해로 점철됐다.

버런은 자신의 변호사를 시켜 펠트게르트너의 유족에게 보내는 편지를 낭독하게 했다. "왜 제가 레온을 죽였는지 설명할 수 없습니다. 저는 끔찍한 알코올 중독에 시달리고 있고 그날 밤에도 만취한 상태였습니다. 레온의 가족에게 용서를 구합니다."

릴리엔탈 박사와 나는 세 번째 공판일에 법의학 전문가로 참석했다. 우리는 부검 및 혈흔, 도구에 대한 소견을 밝혔다. 마침내 검사가 피고의 운명을 결정지을 질문을 던졌다. "레온 펠트게르트너가 첫 번째 발생한 부상으로 의식을 잃었을 가능성이 있습니까?"

나는 대답했다.

"살아 있을 때 가해진 부상의 순서를 되짚어가며 확인할 수는 없습니다. 따라서 혈액 흡인에 따른 의식 상실로 이어진 상, 하악골의 함몰이 희생자에게 발생한 최초 부상이었을 가능성도 있습니다."

이에 따라 검사는 최종 논고에서 '잔인무도한 모살'이라는 표현을 바꾸고, 피고에게 단순하게 고의살인 선고를 하며 징역 10년 6개월을 구형했다.

광범위한 수사를 했음에도 행크 버런이 피해자에게 고통을 줄 의도를 가졌음은 입증할 수 없었다. 비록 검사의 말대로 버런이 희생자를 '상상할 수 없이 잔인하게' 그리고 '완전히 말살하려는 의도로' 살해했지만, 그가 피해자를 손도끼로 내리친 일이 '오로지' 피해자의 빠른 죽음을 의도한 것이었을 가능성도 있다는 말이다.

증거 부족으로 인해 주 피고인에게 '잔인한 모살'이라는 심판은 내려질 수 없었다. 로스바흐는 별 탈 없이 처벌을 빠져나가기까지 했다.

그날 로스바흐는 '순수한' 모습으로 법정에 섰다. 피어싱도 눈에 띄는 문신도 없었다. 흰 블라우스에 검은 조끼를 입고 금발을 단정히 동여맨 모습이었다. 법정은 그녀에 대한 재판을 중단했고 1000유로의 벌금을 부과하는 데 그쳤다. 라라 로스바흐는 이에 대한 보답으로 구류로 보낸 5개월여에 대한 배상을 포기했다.

행크 버런은 고의살인으로 인한 10년 6개월의 징역, 그에 앞서 2년간 금주 치료 센터에서 치료를 받으라는 판결을 받았다. 법정은 판결 이유를 이렇게 설명했다. "피고가 직접적인 살해 의도를 가지고 피해자를 공격한 것은 범행 자체에서 드러난다. 손도끼 공격의 수와 양은 피고의 완전한 말살 의도를 보여준다. 이에 반해 피고가 피해자를 잔인하게 살해하면서 모살을 범했는지는 확인되지 않는다. 본 재판부는 이 사건에서 피해자가 첫 가격으로 의식을 잃고, 그에 따라 이후의 도끼 공격을 더는 인지하지 못했을 가능성을 배제할 수 없다."

'무죄추정의 원칙에 따른다.' 레온 펠트게르트너의 살인에서도 법치 국가의 원칙은 효력을 발휘했다. 법치 국가의 원칙에는 오로지 진실과 입증 가능한 사실에 대해서만 책임을 지는 법의학의 독립도 포함된다.

이 원칙은 이처럼 죄 없는 피해자를 지극히 잔인하고 무자비하게 살해한 일이 '잔인무도한 살인'의 요건을 충족시키지 못한, 사실상 문외한으로서는 거의 이해할 수 없는 사건에도 적용된다.

3장

살인 유령

평일이면 늘 그렇듯 토르스텐 펫졸트는 아침 6시 10분경 베딩스도르프의 버스 정거장에 서 있었다. 12월 초였으며, 작고 고요한 마을은 아직 잠에서 깨어나지 않았다.

젊은 남자는 추운 날씨 속에서 계속해서 버스가 오는지 살폈다. 이날 그는 잔텐에 있는 직장에 제때 출근하지 못하고 지각하게 될 터였다.

길 맞은편 부티크에서 누군가가 비틀거리며 나왔다. 펫졸트는 흐릿한 가로등 불빛 속의 형체를 분명히 알아보지 못했다. 처음 그는 자신이 누더기를 걸친 노숙자를 봤다고 생각했다. 그러나 잠시 후 키 큰 중년 여자가 길을 건너서 비틀대며 다가오는 모습이 똑똑히 보였다. 급히 걸쳐 입은 듯 여자의 외투는 곧 어깨에서 흘러내릴 듯했다. 안쪽에 입은 것이라곤 갈기갈기 찢어진 속옷뿐이었다.

"살려줘요!" 여자가 더듬거렸다. 그녀가 당황한 눈으로 펫졸트를 보았다. 여자의 몸에서 풍기는 타는 냄새가 코를 찔렀다. "그 남자가 나를 죽일 뻔했어요. 정신을 차려보니⋯⋯."

여자는 알아듣기 힘든 말을 중얼거렸다. 그녀가 자신이 방금 빠져나온 가게로 몸을 돌렸을 때, 펫졸트는 왜 여자의 외투에서 냄새가 나는지 깨달았다. 맞은편 길의 쇼윈도 뒤에서 불길이 치솟고 있었다. 여자가 소리쳤다.

"그 남자가 내 부티크에 불을 질렀어요! 살려줘요!"

토르스텐 펫졸트는 외투 주머니에서 휴대폰을 꺼내 112(독일의 응급구호 및 소방서 전화)에 신고했다.

10분도 지나지 않아 소방차 두 대가 도착했다. 제복 경찰들이 거리를 차단하고 현장 접근 저지선을 쳤다. 부상자들을 잔텐 시립병원으로 호송하기 위한 구급차들도 도착했다. 그사이 쇼윈도 유리는 열기로 깨지고 말았다. 유리 조각들 사이로 불꽃이 날름거렸다. 고가의 중고 의류 가게 이름은 '니얼리 퍼펙트Nearly Perfect'('거의 완벽한')였는데, 꼭 불길 속 파멸을 언급한 말처럼 오싹하게 들렸다. 고상한 디자인의 구제 옷은 불길의 이상적인 먹잇감이었다. 이제 불길은 가게를 벗어나 가정집들로까지 번져나갔다.

소방대 지휘관은 가정집들을 깡그리 비우라고 지시했다. 안전 작업복에 산소마스크를 쓴 소방대원들이 집마다 뛰어다녔다. 이들은 겁에 질린 주민 총 23명을 안전하게 구조했다. 대개 어린 자녀를 둔 가정이었다. 잠에서 덜 깬 얼굴로 황급하게 옷을 걸치는 모습을 보니 소방대의 사이렌 소리를 듣고서 잠에서 깨어난 듯했다.

그사이 이리스 하르트만 경감은 여자에게 질문을 던졌다. 그녀의 이름은 베레나 팔크였고, 부티크 '니얼리 퍼펙트'의 주인이라고 했다. 그녀는 마스크로 얼굴을 가린 남자가 자신을 목 졸라 거의 죽일 뻔했으며, 이후 불을 질렀다는 말을 반복했다. 말을 더듬었기 때문에 잘 알아들을 수 없었다. 매연에 중독됐을 뿐 아니라 큰 충격을 받은 것이 분명했다. "린다 욥스트에게 알려줘요. 제 언니예요." 여자는 말했다.

경감은 자신의 파트너와 눈을 마주쳤다. "정치인 린다 욥스트를 말하는 건가요, 장관을 지낸?" 경감이 확인하듯 물었다.

베레나 팔크가 고개를 끄덕였다. "무슨 일이 일어났는지 언니에게 말해달라고요." 여자는 중얼거리면서 무표정한 얼굴로 경감을 응시했다.

의사가 끼어들었다. "당장 환자를 병원으로 이송해야 합니다."

하르트만 경감은 수사반 동료들이 현장에 도착할 때까지는 그녀를 보내고 싶지 않았다. 그러나 명품 외투에 누더기 속옷을 걸친 상태에서 여자가 정확한 설명을 할 수 있을 것 같지도 않았다.

목격자도 상황 파악에 별 도움이 못 됐다. 펫졸트의 진술에 따르면 여자는 가게에서 비틀거리며 나와 길을 건너서 그에게로 왔다. 그는 여자의 흐트러진 모습을 반복해서 언급했다. 그것만을 또렷이 기억하는 것 같았다. 그는 자신이 경찰에도 신고했다는 사실을 확인해주었다. 그뒤에야 펫졸트는 기다리던 버스를 찾을 수 있었다. 그러나 평소 이용하던 정거장이 차단 구역에 포함되었으므로 더는 접근할 수 없었다.

사이렌을 울리는 구급차들이 파란불을 번쩍이며 정신없이 드나들었다. 주민들을 병원으로 이송하기 위해서였다. 주민 중에는 매연 중독 증상을 보이는 이도 있었지만 다행히 심각한 부상자는 없었다. 부티크 공간과 1층의 빈 창고만 다 타버렸을 뿐이다.

그렇다고 24명에 대한 살해 기도 혐의가 방화범에게 쏠린다는 사실이 변하는 것은 아니었다. 마스크로 얼굴을 가린 자가 누구든 마찬가지였다.

정오 무렵 수사반의 토비아스 헬만 경감은 베레나 팔크를 신문하기 위해 잔덴 시립병원으로 갔다.

담당 검사인 회프너 박사는 그에게 '사소한 실수도 안 된다'고 신신당부했다. 노련한 수사관인 헬만이 볼 때 검사의 의도는 분명했다. 주 의회 의원이자 전직 장관인 린다 욥스트가 단단히 압력을 넣은 게 분명했다.

병원에서 만난 여자는 창백하고 야윈 인상으로, 우아한 적갈색 가운을 입고 있었다. 헬만은 여자와 병실 탁자에 마주보고 앉아 수첩을 꺼냈다.

"오늘 아침에 정확하게 무슨 일이 있었는지 설명 좀 해주시죠. 언제 어떻게 가게로 갔는지부터 시작할까요."

그날 베레나 팔크는 이례적으로 아침 6시에 부티크에 나갔다. 관할 세무서 직원과 8시에 가게에서 만나기로 약속했다는 것이다. "미리 청소도 하고, 영업 관련해서 몇 가지 정리할 것도 있었어요." 그녀는 진공청소기를 가지러 뒤쪽 창고로 갔다. "다시 가게로 나왔는데 그 남자가 내 앞에 서 있었죠."

헬만 경감이 남자의 생김새에 대해 물었다.

여자는 어깨를 으쓱해 보였다. "중간 정도 키였던 거 같아요. 까만 스타킹으로 만든 마스크를 썼고요. 얼굴은 윤곽밖에 볼 수 없었죠. 손에는 큰 칼을 들고 있었어요. 주방에서 쓰는 것 같은."

그녀는 여전히 불안정한 반응을 보였다. 말을 더듬거렸고 별다른 이유 없이 웃음을 터뜨리기도 했다. 그러다가도 갑자기 말을 멈추고 멍하니 앞을 바라보았다.

"'뒤쪽으로 가!'" 남자는 이렇게 말하며 등 뒤에 칼을 들이댔더랬다. "우리는 매장 앞에 서 있었고, 그는 나더러 뒤쪽 창고로 가라고 했어요. '재미 좀 봐야겠어'라면서요. 그리고 '옷 벗어!'라고 했죠."

팔크는 다시 허공을 응시했다. 마스크를 쓴 남자는 그녀의 얼굴에 대고 칼을 휘둘렀다고 했다.

"내가 청바지를 벗자 남자는 다시 소리쳤어요. '자 계속해, 다 벗으라고 이 창녀야!'"

헬만은 여자가 마음대로 말하도록 내버려두었다. 처음에는 피해자가 가능한 한 자발적으로, 아무 눈치도 보지 않고 겪은 그대로 사건을 말할 수 있게 해야 한다.

겁에 질린 여자는 꼼짝하지 못하고 남자를 쳐다보았다. 남자는 칼로 여자의 블라우스와 브래지어를 찢어 벗겼다. 그녀는 남자가 휘두른 칼에 부상을 입었는데, 다행히 겉만 살짝 베인 정도라고 했다. 여자는 적갈색 가운을 살짝 들어 가슴 사이에 붙인 여러 장의 반창고를 보여주었다.

마스크를 쓴 남자는 그녀에게 바닥에 누우라고 명령했다. "날 강간하려고 했어요." 남자는 아무 말 없이 여자 위로 올라왔다. "그런데 어쩐 일인지 발기가 잘 안 되는 거예요. 몸이 말을 안 듣는 것 같았어요. 남자는 엄청나게 화내면서 칼을 휘둘렀어요." 여자는 가운을 젖히고 오른쪽 허벅지 안쪽에 넓게 붙인 반창고를 보여주었다.

남자는 벌떡 일어나서 팔크에게 소리쳤다. "'후회할 거야!'" 그의 손에 들린 비닐봉지가 보였다. "그는 봉지를 내 얼굴에 뒤집어씌우고 뭔가로 목을 묶었어요. 나중에 보니 내 양모 스카프더군요. 너무 단단히 묶어서 숨이 막힐 것 같았죠. 실제로 숨이 막혔고 의식을 잃었어요."

헬만은 슬며시 팔크의 손바닥과 팔뚝을 관찰했다. 저항한 흔적은 없었고, 살짝 긁힌 자국조차 보이지 않았다.

"얼마나 의식을 잃었는지는 몰라요. 어쩌면 잠깐이었는지도 모르죠. 어쨌든 다시 정신을 차리니까 주위에 뭔가 타는 냄새가 가득했어요."

여자는 책상을 응시했다. 그러면 다시 정신을 차렸을 때 계속 비닐봉지를 얼굴에 쓰고 있었다는 건가? 헬만은 생각했다. 그런 상황에서 타는 냄새를 맡을 수 있을까?

"묶여 있었나요?" 헬만이 물었다.

팔크는 다시 이유 없이 웃었다. "아니요. 묶여 있지 않았어요. 그랬다면 목에 묶인 스카프를 풀 수 없었겠죠. 안 그래요? 목이 너무 조여서 몸을 이리저리 돌려가며 스카프를 풀었어요. 스카프를 풀고 나서 비닐봉지도 벗어버렸고요."

처음 팔크는 불이 났다는 사실도 몰랐다. 그냥 밖으로 뛰쳐나간 다음 가게로 돌아서니 불길이 보였다고 했다.

팔크는 눈을 비비더니 다시 웃었다.

"좀 쉬었다 하죠." 헬만은 대화를 중단했다.

경감은 두 사람이 마실 커피를 가지러 밖으로 나갔다. 아무래도 이상하다는 느낌이 들었다. 생각을 정리할 필요도 있었다.

당장은 어떤 결론도 내릴 수 없었다. 폭행 피해자의 기억은 종종 왜곡되기 마련이다. 제삼자가 볼 때는 비정상적인 행동을 할 때도 드물지 않다. 폭력 범죄 피해자는 흔히 정신을 잘 집중하지 못하고, 자신의 감정을 추스르지 못한다. 기억 일부는 일그러지고 다른 기억을 차단하기도 한다.

범인에 대한 정확한 설명이 필요했다. 헬만은 생각했다. 수사에 착수하려면 적어도 단서 몇 가지는 있어야 한다. 전직 장관이 내무장관, 더 심하게는 언론을 들쑤셔서 우리를 들볶기 전에.

이후 경감은 반 시간 동안 범인에 대한 정확한 설명이나 그의 신상을 확인할 한두 가지 단서라도 얻어내기 위해 베레나 팔크의 답변을 유도했다. 노력은 헛수고로 끝났다.

팔크는 남자가 예전에 가게에 방문한 적은 없는 것 같다고 말했다. 그러면서도 가능성을 배제할 수는 없다고 했다. 최근 "잔돈을 바꾸는 등 이런저런 일로" 부티크를 찾는 사람이 늘었는데, 그들을 일일이 기억할 수는 없다는 것이었다.

갑자기 그녀가 웃었다.

"안타깝게도 모르겠어요. 어차피 가게가 어두워서 전에 왔던 사람이라고 해도 알아볼 수 없었을 거예요."

헬만은 남자가 말할 때 눈에 띄는 점은 없었는지 물었다. "사투리를 쓴다든가 특별한 어법을 사용한다든가 뭐 그런 거 말입니다."

팔크는 고개를 저었다.

"냄새는요? 남자가 아주 가까이 있었잖습니까."

그녀는 곧바로 남자에게서 땀 냄새가 심하게 났다고 대답했다. "마늘 냄새도 났어요."

이어지는 질문에 팔크는 남자가 짙은 색 청바지에 검은 가죽 재킷을 입었으며 속에 뭘 입었는지는 모르겠다고 했다. 신발 역시 기억하지 못했다. 커프스나 팔찌, 손목시계 같은 장신구 등도 기억나지 않는다고 했다. 다만 유난히 자세히 기억하는 게 하나 있었다.

"특이한 장갑을 끼고 있었어요. 여자 장갑이었어요. 보라색에 양피로 만든. 그래서 손이 비교적 작다는 걸 알았죠. 왠지 우스웠어요."

우스웠다고? 경감은 속으로 반문했다. 그러나 그 생각을 겉으로 드러내지는 않았다. 대신 범인의 속옷은 기억하느냐고 물었다. 베레나 팔크는 고개를 저었다. 남자가 바지를 벗는 모습을 보지 못하고 소리로만 들었다는 것이다. 여자는 남자의 성기에 대해서도 말하지 못했다.

"그때는 천장만 쳐다봤거든요."

"남자가 폭행할 때 아무 저항을 하지 않았나요?"

여자는 다시 고개를 저었다. "너무 무서웠어요. 계속 칼을 휘둘렀거든요. 그놈이 내게서 떨어져 나오고서야 발기가 안 되나 보다, 생각한 거죠." 여자가 또 갑자기 웃었다. "정말 몰라요, 모르겠어요."

헬만은 수첩을 챙겨넣고 팔크와 헤어졌다.

우리가 찾는 사람은 그러니까, 중간 키에 검은 옷을 입고 비교적 손이 작으며 보라색 여자 장갑을 낀, 땀과 마늘 냄새가 나는 남자로 군. 헬만은 사무실로 돌아가며 알아낸 사실들을 정리해보았다.

그동안 검사는 윗선의 지시에 따라 18명으로 구성된 특별조사위원회를 조직했다. '유령 사건 특위'에는 주 수사 당국의 형사들뿐만 아니라 경찰 소속의 심리학자와 심리분석관도 포함되었다. 프로파일러들은 범인이 피해자에게 보여준, 그리고 그날 현장에서 드러난 행동을 토대로 삼아 범인의 성격을 귀납적으로 추리했다. 그리고 이를 바탕으로 수사에 대한 추가 단서를 찾아내기 위해 애썼다. 지역 언론에서는 특별 방송과 호외를 통해 '마스크를 쓴 방화범'과 '공공의 안녕을 해치는 강간범'에 대해 보도하며 즉각적인 체포를 촉구했다. 작은 도시에 비상이 걸렸다.

하지만 얼굴도 없고 이름도 없는 유령을 어떻게 찾아서 체포한단 말인가?

이날 오후 나는 헬만 경감의 사무실로 전화를 걸었다. 다른 사건 때문이었다. 그때까지 신원이 확인되지 않은 남성의 시신에 대한 독극물 조사 결과로, 3주 전의 부검에 관한 보고였다. 헬만과 통화하면서 나는 그가 다른 데 정신이 팔려 있음을 알아차렸다.

내가 이 사실을 지적하자 헬만은 곧바로 수긍했다. 이른 아침에 발생한 미스터리한 사건 때문에 꼼짝할 수 없다는 것이었다. 나도 언론을 통해 사건이 야기한 소동을 접했기 때문에, 대화의 주제는 신속하게 '잔덴의 유령'으로 넘어갔다.

"범인은 여자를 강간하려고 했어요. 칼을 휘두르며 상처를 냈고요.

피해자는 가슴과 허벅지 쪽에 절창을 입었죠. 여자가 의식을 되찾았을 때는 이미 불길이 치솟고 있었어요." 헬만은 베레나 팔크가 들려준 내용을 요약했다. "다행히 피해자는 제때 정신을 차리고 얼굴에 씌워진 비닐봉지를 벗겨냈죠. 아니었다면 불에 타 죽었을 겁니다."

나는 잘못 들은 줄 알고 되물었다. "비닐봉지가 어떻게 됐다고요? 범인이 피해자 얼굴에 비닐봉지를 씌워서 그녀가 의식을 잃었다고 했나요?"

"맞아요. 범인은 피해자의 얼굴을 비닐봉지로 씌운 다음에 스카프로 목을 묶었어요. 스카프를 너무 단단히 맸기 때문에 피해자가 의식을 잃었죠. 다시 의식을 되찾았을 때는……."

"그랬을 리가 없습니다. 경감님, 얼굴에 씌운 비닐봉지 때문에 정신을 잃는다면, 다른 누군가가 그걸 벗겨주지 않는 한 사망하게 돼요. 스스로는 벗지 못하죠. 의식을 잃었으니까요. 스스로 의식을 되찾을 수도 없고요. 말이 안 됩니다. 그 진술은 있을 수 없는 일이라고요."

"그러면 그녀가 진실을 말한 게 아니란 건가요?"

헬만은 무척 흥분해 있었다. 내가 대답했다.

"여자를 직접 만나봐야겠어요. 칼로 입혔다는 상처도 보고 싶군요. 그후에 제 의견을 말씀드리죠. 그렇지만 지금도 하나는 확실해요. 방금 경감님이 설명해주신 비닐봉지 얘기는 성립될 수 없다는 겁니다."

그날 이른 저녁, 나는 잔덴 시립병원 로비에서 헬만 경감과 그의 파트너 질케 게롤트를 만났다. 피해자를 만나는 자리에는 게롤트 경위가 동행하기로 했다.

올라가는 엘리베이터에서 헬만은 검사와 '유령특위'에게 이 만남에 대해 아직 알리지 않았노라고 말했다. "일단 교수님 견해를 듣고 싶었어요."

나는 팔크 앞에서는 의심에 대해 말하지 않기로 게롤트 경위와 합의했다. "만약 내가 '우리 사무실에서 할 얘기 있는 거 잊지 마요'라고 말한다면, 팔크의 진술이 범행 과정과 일치하지 않는다는 신호인 겁니다."

헬만 경감은 팔크에게 나를 소개했다. 경감은 이것이 중범죄 피해자를 조사하는 절차라고 설명한 다음 병실 밖으로 나갔다.

나는 남자가 칼을 휘두를 때 생긴 상처를 보여달라고 부탁했다. 흉골 부위와 오른쪽 허벅지 안쪽에 겉으로 살짝 베인 상처가 여러 개 나란히 나 있었다. 경험이 풍부한 사람이 보면 즉시 자해에 따른 상처임을 알 수 있는 부상이었다. 내가 질케 게롤트에게 말했다.

"잊지 마요. 우리 사무실에서 할 얘기 있는 거요."

그녀는 나를 힐끗 보더니 잠시 숨을 멈추고 고개를 끄덕였다. 나는 팔크에게 말했다.

"범인이 어떻게 얼굴에 비닐봉지를 씌웠는지 다시 한번 설명해주시죠."

"그 남자 손에 갑자기 비닐봉지가 들려 있었어요. 그걸 순식간에 내 머리에 씌웠죠. 곧 목이 졸리는 느낌을 받았고요. 아주 단단히 묶었어요. 숨이 막히면서 온통 주위가 캄캄해졌어요."

"다시 정신이 돌아왔을 때, 머리에 계속 비닐봉지가 씌워져 있었나요?"

"이미 헬만 씨에게 다 설명했는데요." 여자가 피곤한 목소리를 냈다. "깨어나보니 여전히 목이 묶여 있는 거예요. 스카프를 풀고 비닐봉지도 벗겨냈죠."

나는 질케 게롤트를 보며, 이제 됐다는 신호로 고개를 끄덕였다. 경위가 말했다.

"고마워요, 팔크. 그랬군요."

엘리베이터를 타고 내려가면서 두 수사관이 내게 질문이 담긴 눈길을 보냈다.

"거짓말이에요!"

"확실합니까?"

나는 말도 안 된다는 뜻으로 고개를 절레절레 흔들었다.

"의심할 여지가 없습니다."

엘리베이터에는 우리만 있는 게 아니었고, 잔텐 같은 소도시의 공공장소에서는 말을 조심할 필요가 있었다. 게다가 이건 세간의 이목을 모은 사건이 아니던가.

형사과 회의실에 들어간 나는 헬만과 '유령특위' 동료 거의 전원이 참석한 가운데 '자칭' 피해자를 조사한 내용을 상세하게 설명했다. "이야기 전체가 새빨간 거짓말입니다. 상처는 스스로 낸 거예요." 나는 눈이 휘둥그레진 청중에게 말했다. "범인이 입혔다던 절창은 피부 겉만 살짝 스친 생채기였어요. 별로 아프지도 않은 부위인 데다가 손으로 긋기도 편한 곳이었습니다." 나는 경감 쪽으로 향했다. "헬만 경감님! 상처들이 서로 나란히 난 모습을 기억하죠? 그 모두가 전형적인 자해의 특징입니다."

나는 잠시 말을 멈췄다. 참석자들은 당혹스러움을 감추지 못했다. 나는 설명을 계속했다.

"팔크는 모든 상처에 똑같은 힘을 주어 그은 게 틀림없습니다. 어떻게 그럴 수 있을까요? 피해자의 입장이 되어보십시오. 만일 누군가 여러분 앞에서 큰 칼을 휘두르면 말할 수 없이 겁이 날 겁니다. 가만히 있지 않을 테고, 칼날을 피하기 위해 몸부림을 치겠죠. 이런 상황에서 모든 상처의 깊이가 똑같이, 또 나란한 위치에 생기는 건 불가능한 일이에요. 저항하면서 생긴 상처도 전혀 없고요."

수사관들은 이제 깜짝 놀란 눈으로 나를 보았다. 그들의 생각이 그려졌다.

"저항 중 생긴 부상이 없다는 것은 나도 봤지만……." 헬만이 이의를 제기하려고 했다.

"그리고 비닐봉지 말인데요." 나는 헬만을 제지하며 덧붙였다. "다른 내용과 마찬가지로 앞뒤가 안 맞습니다. 만일 누군가 여러분의 머리에 비닐봉지를 씌우고 목을 스카프로 단단히 조른다면 숨도 쉬지 못할 테고, 누군가가 비닐봉지를 벗겨줘야만 의식을 찾을 수 있습니다."

청중의 눈빛은 혼란에 차 있었다. "그렇다면 화재는요? 그녀 스스로 불을 질렀다고 말하는 건가요?"

회의장에 모인 참석자 모두가 사건의 반전이 편치 않은 기색이었다. 내가 말했다.

"화재 원인에 대해서는 나도 아는 게 없습니다. 분명한 건 마스크를 쓴 채 팔크를 공격하고 칼로 상처를 냈으며 그녀 머리에 봉지를 뒤집어씌운 방화범은 존재하지 않는다는 사실입니다. 특위 위원분들은 맘 편히 퇴근해도 될 것 같습니다."

헬만은 옆방으로 가 잠시 통화를 하더니 회의실로 돌아왔다.

"어림없어요. 교수님이 밝혀낸 내용을 회프너 박사에게 상세하게 설명했는데요. 내 말을 완전히 무시하고 중죄인을 찾아낼 때까지 특위 차원에서 계속 추적하라고 하더군요."

나는 머리를 흔들었다. 막강한 권위를 가진 팔크의 친언니 때문에 책임자들은 진술에 감히 의혹을 표하지 못하고 있었다. 그러나 이 사건에서 처벌받을 유일한 사람은 베레나 팔크뿐이었다. 그 사실은 확실했다.

이튿날 오전, 법의학 연구소의 전화벨이 울렸다. 또다시 잔덴의 헬만 경감이었다.

"방금 '유령특위'가 해체됐습니다. 오늘 아침에 베레나 팔크의 남편이 우리 사무실로 찾아왔어요. 업무차 장기 출장 중이었는데 엊저녁에야 오스트리아에서 돌아왔다고 하더군요. 도착하자마자 병원으로 달려갔는데, 아내가 처음부터 끝까지 이야기를 지어낸 거라고 자백했다는 겁니다."

"어떻게 그럴 수가?"

"어제 교수님이 말한 그대로였어요. 상처도 불도 자신이 냈다고 자백했고요. 다만 스스로 통제할 수가 없었다는 겁니다. 지금 팔크는 본인이 무슨 일을 저질렀는지도 몰라요. 남편이 너무 자주 출장을 다니고 집에 있는 날이 너무 적은 바람에 팔크에게 문제가 생긴 거죠. 굳이 말하자면 일종의 구조 요청이었던 셈이에요. 남편의 관심을 끌려고 저지른 일이란 말입니다."

"얼마든지 있을 수 있는 일입니다." 내가 말했다.

작별 인사를 나누고 전화를 끊었을 때, 내 머릿속으로 헬만의 추정에 들어맞는 엉뚱한 생각이 떠올랐다. 처음 베레나 팔크는 방화와 강간을 시도한 범인의 외모를 설명하면서 청바지와 가죽 재킷, 땀 냄새 등 아주 흔한 수식어 몇 개만 끌어들였다. 마스크를 쓴 범인의 개인적인 특징은 보라색 여자 장갑이 유일했다. 아마 그녀나 그녀의 무의식은 우리에게 방화범의 마스크 너머에 숨은 얼굴이 그녀 자신이라는 사실을 암시하려 했는지도 모른다.

이후 베레나 팔크와 그 부부가 어떻게 되었는지, 나는 말할 수 없다. 그녀의 형사소송 절차 진행 여부에 대해서도(범행에 대한 기만, 중대한 방화, 신체 상해—일부 주민이 매연 중독으로 고생한 것—나아가 살인미수 등의 혐의로) 나는 아는 것이 없다. 당시 관계 당국에서 베레나 팔크의 재판에 대하여 말할 수 있거나 말해주려는 사람은 아무도 없었다. 내가 추측하기로는 주 의회 의원이자 전직 장관인 린다 욥스트가 동생을 보호하고자 손을 쓴 것으로 보인다. 하지만 이건 어디까지나 추측일 뿐이다.

4장

가짜 단서

수사관이나 법의학자라면 누구나 현장의 단서가 조작될 수 있음을 안다. 가령 자살로 보이는 현장의 유서나 시신의 손에 들린 총기 등은 살인을 숨기기 위해서 의도적으로 연출할 수 있는 단서들이다. 심지어 실험실의 결과나 중대 형사 범죄의 피해를 입은 생존자의 신체 부상까지도 위조할 수 있다. 다음의 몇 가지 엉뚱한 사례가 보여주듯이, 아이디어의 풍요에는 끝이 없는 것 같다.

술수와 타액으로

그러나 노련한 법의학자를 속이기 위해서는 〈덱스터〉나 〈CSI: 마이애미〉 시리즈 몇 편을 시청하는 것만으로는 충분치 않다. 최근 베를린의 한 의사가 뼈저리게 체험했듯이 의대 졸업증도 충분한 자격이 되진 않는다.

그 의사의 전 부인은 그가 한 살 반 된 아들의 아버지라고 주장하며 법정에 제소하여 그에게서 양육비를 받아내고자 했다. 30대 중반의 나이에 새 애인을 사귄 의사는 아이가 친자임을 인정하려 들지 않았다. 법원은 의사에게 우리 법의학실에서 친자 확인 검사를 받으라는 명령을 내렸다. 법의학에서는 '실부實父 확정 검사'라고 한다.

유전자상으로 혈통을 조사할 때는 부모가 자녀에게 물려준 DNA 형을 감정(DNA 프로파일링)한다. 아이는 자신이 보유한 DNA 형을 절반씩 아버지와 어머니로부터 물려받는다. 엄마와 아이의 형을 대조하면 아이의 유전 물질 중 아버지로부터 물려받을 수밖에 없는 특징이 어떤 것인지 확인할 수 있다. 아버지로 추정되는 사람의 DNA 프로파일을 대조해보면 그가 아이의 생물학적 아버지인지 여부가 드러난다.

우리 법의학실에서는 친자 확인을 위해 매주 화요일 9시부터 12시 사이에 침 표본을 채취한다. 의사도 그 시간에 맞춰서 법의학실에 왔다. 그가 신분증을 제시했고 우리는 법 규정대로 지문을 채취했다. 남자의 신원을 확인하고 기록했으며 타액을 채취했다. 구강 점막의 조직을 채취할 때는 특수 면봉을 뺨 안쪽에 있는 구강 점막에 살짝 문지르는 방법을 사용한다. 이때 중요한 것은 타액과 구강 점막 세포가 면봉에 함께 묻어야 한다는 점이다. 그래야 세포핵에서 당사자의 DNA를 확인할 수 있다.

그날 법의유전학과 직원들은 표본을 분석하던 중 깜짝 놀라고 말았다. DNA 표본이 남자 두 명의 것이었기 때문이다. 두 DNA 프로파일 중 하나는 양육비와 관계된 아이의 형을 가리켰다. 이 부분은 실제 아이 아버지에게서 온 게 틀림없었다. 나머지 절반은 수수께끼였다.

결국 남자는 다시 친자 확인 검사를 진행해야 했다. 이번에 직원들은 그의 혈액 표본을 제대로 채취했다. 분명한 결과가 나왔다. 그가 아이의 생부였고, 양육비를 책임져야 했다.

첫 번째 검사 날, 의사는 입 안에 다른 사람의 침을 받아 넣어온 것이다. 누군가 다른 남자가 그를 위해 자신의 타액을 빌려주었다. 어떤 방법으로 타액 이동이 이뤄졌는지는 밝혀지지 않았다. 병에 침을 뱉어서 입으로 옮긴 것일 수도 있고 구강 간 접촉으로 이동된 것일 수도 있다. 혈액 검사로 생부임이 입증된 남자는 모든 진술을 거부했다.

이는 우리가 그때까지 경험한 친자 확인 검사에서 겪은 가장 정교한 속임수였다. 상상력이 빈약한 사람들은 자신과 비슷하게 생긴 친구를 대신 보내기도 하고, 가짜 신분증을 제시하기도 한다. 이런 수법이야 훤히 꿰뚫고 있었다. 그러나 의사의 속임수는 어찌나 기막히던지, 말문이 막힐 정도였다.

'배뇨 불능'

의사가 부양 의무를 회피하기 위해 떠올린 수법은 물론 뻔뻔하지만, 그보다 훨씬 더 뻔뻔한 방식도 있다.

우리 연구소의 독물학실에서는 정기적으로 약물 확인 검사를 한다. 이때 어떤 형태로든(약물에 취한 채 차를 운전했든 범법 행위를 했든)

약물 남용으로 법의 테두리를 벗어난 당사자의 소변을 검사한다. 법원은 이런 사람들에게 '깨끗한 상태', 즉 약물을 복용하지 않았음을 입증할 의무를 부과했다. 여기 따르지 않으면 추가로 법적인 제재를 가한다.

이때 자신의 소변 대신 다른 사람의 소변이 담긴 호스나 병을 숨겨와 검사를 받는 사람들이 있다. 이런 속임수를 예방하기 위해서 각 검사자는 성별에 따라 독물학실의 남녀 직원이 보는 가운데 소변을 용기에 담는다. 이들에게는 법원의 결정에 따라 베를린 권역(독일 수도 베를린과 브란덴부르크를 묶은 대도시 권역)에 머물러야 하는 의무가 주어진다. 이들은 우리 직원이 연락한 뒤에야만 다음 약물 검사가 언제 있을지 알 수 있으며, 연락을 받고 24시간 내 연구소에 직접 방문해야 한다. 그래야만 소변 검사의 목적이 충족된다. 약물 및 그들의 분해산물(대사물질)은 48시간 이내에 체내에서 완전히 빠져나가기 때문이다. 이후에는 소변에서 관련 성분을 밝혀낼 수 없다. 당사자가 소변 검사의 일정을 미리 알게 된다면, 그는 '깨끗하다'라는 인정을 받기 위해 검사 이틀 전에만 약물을 중단할 수도 있다.

예를 하나 들겠다. 수요일 아침, 독물학실 직원이 이전에 약물 남용으로 도로 운전 중 사람들의 이목을 끌었던 젬 아키올에게 전화를 했다. 직원은 그에게 늦어도 이튿날 아침까지 연구소에 와서 소변 검사를 받으라고 했다. 아키올은 이미 두 번이나 사전 통고도 없이 검사에 빠진 적이 있었다. 그 역시 한 번 더 무단으로 검사를 빼먹으면 좋지 않은 결과가 닥치리라는 사실을 알고 있었다.

그러나 이번 검사에도 그는 참석하지 않았다. 대신 목요일 아침 친구를 하나 보내서 베를린 병원의 비뇨기과가 증명한 근무 불능 증명서와 진단서 등을 제출했다. 모두 젬 아키올의 이름으로 발급된 기록이었으며, 그가 전날 밤 병원의 응급 환자로 수용됐다는 사실이 적혀 있었다. 당직 비뇨기과 의사는 그에게 '배뇨 불능' 증명서를 발급했다. 의사의 소견상 젬 아키올은 이튿날 연구소에서 검사를 위해 배뇨할 능력이 없다는 내용이었다.

담당의는 보고서에서 별표 표시한 '병력' 아래 다음과 같이 적어주었다. '어젯밤 비아그라 복용. 이어 5시간 동안 성교. 성교 중 5번째 오르가슴을 맛본 뒤 페니스가 지나치게 부풀어올랐다고 함. 이 발기 상태가 해소되지 않는다며 배뇨의 어려움을 호소함.'

'소견'이란 제목 밑에 의사는 '부종으로 팽창된 페니스'라는 의견을 밝혔다. 치료 권고란에는 '국부 냉각, 밑을 받치고 위로 올릴 것'이라고 기록했다. 그뒤 젬 아키올에게 이틀간 근무 불능이라는 진단을 내렸다.

직원 한 사람이 근무 불능의 범위에 아키올의 성생활도 포함되는지 물었다. 물론 진지하게 답할 수 없는 질문이었다.

어미 사자와 거짓말

남자 한 명은 머리가 짧았고 다른 한 명은 대머리였다. 두 사람 모두 30대 중반으로, 저질 TV 방송의 가입자를 모집하러 다니는 듯한 인상을 주었다. 그들에게서는 위협적인 분위기가 풍겼다. 그러나 함부르크 법의학 연구소의 당직 법의학자로서 나는 그들의 이야기를 들어 줘야만 했다. 1999년에 일어난 일로, 도저히 잊어버릴 수 없는 만남 이었다.

"우리는 '어미 사자'(아동 성폭력 방지 단체) 회원들입니다."

대머리 남자가 용건을 설명하기 시작했다. 내가 놀라워하는 눈빛 을 보내자, 그들의 표정은 한층 험악해졌다.

"우리 연맹에 대해 들어봤을 겁니다. 우리는 아동 성폭력에 맞서 싸우고 있어요."

남자는 지나치게 이두박근이 발달한 남자들이 어쩌다가 함부르크 의 '어미 사자' 연맹을 대표하게 됐는지는 설명하지 않았다. 그들은 다니엘이란 네 살배기 남자아이를 부친으로부터 구조하기 위해 나를 찾아왔다고 했다. 다니엘의 부모는 이혼했고, 아이는 격주 주말마다 아빠와 함께 지냈다. 그런데 아이가 일요일 저녁 엄마의 집으로 돌아 올 때마다 아이의 항문이 빨갛게 변해 있었다는 것이다. 주위 점막에 는 염증이 생겨 부풀어오른 상태라고 했다.

"애 엄마가 얼마나 많은 의사를 찾아다녔는지 모를 겁니다." 대머 리 '어미 사자'가 설명을 계속했다. "그 애 엄마는 아들이 아빠를 만나 고 온 다음 월요일 아침마다 애를 의사에게 데리고 가요. 그런데 지 금까지 모든 의사가 제대로 된 진단서의 발급을 거부했습니다. 아이 가 제 아빠에게 성폭행을 당했다는 건 눈먼 사람도 알 텐데 말이죠."

"여기 이 사진 좀 보세요. 가여운 어린 대니의 모습입니다." 두 번 째 '어미 사자'가 봉투에서 사진을 꺼내더니, 카드를 펼치듯 10여 장 의 사진을 내 쪽 테이블에 늘어놓았다. "아이가 성폭행을 당한 게 분명합니다. 똑똑히 보이지요, 박사님?"

내가 사진을 관찰하는 동안 두 남자는 나를 빤히 바라보았다. 사진들은 벌거벗은 네 살배기 아이가 엄청난 굴욕감을 느낄 법한 자세로 찍힌 것이었다. 아이는 다리를 벌리거나 쪼그린 자세로 사진을 찍혔다. 항문을 보여주기 위해 두 손으로 엉덩이를 고정한 사진도 있었다. 사진 속 얼굴에는 이런 촬영 방식에서 비롯된 수치심이 역력하게 드러나 있었다.

나는 사진을 다시 밀었다. "당신들 의견에 동의합니다. 아이가 학대받은 게 분명하군요. 이런 식으로 아이를 촬영하는 것은 완전히 부당한 짓이고, 정신적인 폭행과 다를 바 없습니다."

두 남자는 나를 험상궂게 쏘아봤다. 그들의 협박성 태도가 나를 더욱 화나게 했다. 나는 그들을 꾸짖었다.

"아이의 인권에는 도통 관심이 없군요. 나는 당신들을 몰라요. 당신들이야말로 혹 합법을 빙자해서 나쁜 짓을 꾸미는 건 아닙니까? 아이를 이런 식으로 촬영하는 게 당신네들에게는 재미있는 일이에요?"

'어미 사자'들은 분노를, 혹은 불쾌감을 드러냈다. 상담 분위기는 점차 들끓기 시작했다. 나는 조금 마음을 가라앉히며 말했다.

"그런 뜻이 아닐 수도 있겠죠. 하지만 지나친 반응을 보였다는 걸 알아야 해요. 성폭행에 대한 의혹 때문에 당신들은 함부로 아이를 촬영하면서 정신적인 외상을 입혔습니다."

남자들은 찌푸린 얼굴로 나를 보았지만, 더는 협박이나 욕설은 하지 않았다. 나는 덧붙였다.

"만일 아이가 아빠를 만나고 나서 또 의심스러운 증상을 보이면 우리 법의학 연구실로 오라고 하세요. 다만 전체적인 협력 진단을 준비해야 하니, 사전에 연락해서 일정을 조정해야 합니다. 소아과 의사와 피부과 의사도 참여할 거예요. 아이가 한 번만 진찰을 받고 끝내게 말이죠."

'어미 사자'들은 여기 동의했다.

1~2주 뒤에 아이 엄마가 전화하더니 그다음 월요일 오전에 아들을 데리고 찾아오겠다고 했다. 엄마와 다니엘은 약속한 날에 나타났다. 우리는 가능한 한 조심스럽게 아이를 검사했다. 그 자리에 함께한 소아과 의사와 피부과 의사, 그리고 나는 다니엘이 성적으로 학대당하지 않았다는 명확한 결론을 내렸다. 아이의 항문 점막 피부에 염증이 심하기는 했으나, 원인이 성적인 학대가 아님은 분명했다.

몇 주 뒤 다니엘의 아빠가 우리 연구소에 나타났다. 그는 '어미 사자'가 아들을 학대한 혐의로 자신을 경찰에 신고했다고 했다.

"박사님께서 다니엘이 성폭력을 당한 게 아니라고 소견을 밝히셨죠! 제가 잘못 들은 건가요?"

"제대로 들었네요." 나는 그를 안심시켰다. "진찰할 당시 다니엘의 항문에 심한 점막 피부 염증이 있었지만, 그건 분명히 성적 학대로 인한 게 아니었습니다."

"그런데 이 인간들은 나를 고발했어요!" 다니엘의 아빠가 다시 흥분했다. "저 좀 도와주세요! 어떡해야 이 말도 안 되는 모략을 물리칠 수 있을지 모르겠어요! 아들의 정신을 안정시키려면 뭘 해야 하죠?"

나는 생각에 잠겼다. 남자는 정말로 충격을 받은 듯했고, 아이를 몹시 걱정하고 있었다.

"당신 전 부인도 내 소견을 몇 주 전에 들었어요. 그런데도 왜 그녀가 '어미 사자'와 떨어지지 않는다고 생각하세요?"

"저도 그게 의아했습니다."

그는 잠시 말을 멈추더니, 단단히 마음을 다잡은 표정을 했다. "다니엘의 엄마, 그러니까 제 전처 말이죠." 그는 마침내 입을 열었다. "이건 소송으로 저한테서 더 많은 양육비를 받아내려는 수작입니다. 다니엘과 제가 만나는 횟수를 줄이고 싶은 마음도 간절할 거고요. 모든 배후에 전처가 있는 게 분명합니다!"

"전 부인이 당신에게 죄를 뒤집어씌우기 위해 아들의 신체에 손을 썼다는 건가요?"

남자는 가볍게 어깨를 으쓱했다. 정말로 끔찍한 의심이었다. 그러나 부모 중 한쪽이 자녀와의 관계를 통제할 경우, 양심의 가책 같은 것은 내던질 때가 많다. 내가 이 직업에 들어서고부터 익히 깨달은 사실이다.

며칠 후 다니엘의 아빠가 연구소로 전화를 걸어왔다. "조사가 시작됐습니다. '어미 사자'가 제기한 비난이 박사님 소견과 모순되기 때문이라고 하더군요."

그는 내게 고맙다고 인사했지만 안심하는 기색은 아니었다.

"이 어미 사자와 전처가 끈질기게 저를 괴롭히네요. 다니엘이 저를 만나고 나면 전처는 월요일마다 의사들을 찾아다닙니다. 지난 주말 제가 다니엘을 데리러 갔을 때는 대머리와 또 다른 놈이 저를 마구 협박하더라고요. 다니엘을 만나지 말라고 요구하는 거예요. 그렇지 않으면 가만두지 않겠다나요. '이 추잡한 변태 쓰레기야!'라고 욕하기도 했죠. 단순한 협박이 아니라 진지하게 하는 말이라는 걸 분명히 느낄 수 있었죠. 이제 어떡하면 좋아요, 박사님?"

그는 정말로 난감한 것 같았다.

"그들이 협박하는 것을 본 사람이 있나요?" 내가 되물었다.

다니엘의 아빠는 없다고 대답했다. 나는 중얼거렸다.

"그러면 반격하거나 상대 쪽을 고소할 방법이 하나도 없다는 거군요. 조사해봤자 아무 소용이 없을 겁니다. 다만 당신이 명예훼손 혐의로 시달릴 수도 있어요."

"제가 할 수 있는 게 하나도 없다는 건가요?"

"그렇게 말하진 않았어요. 내가 당신이라면 다니엘에게 왜 염증이 생기는지 배후를 직접 캐보겠습니다. 의학적으로 확인할 수 없었지만 분명 어떤 원인이 있어요. 전 부인의 주변을 조사하다 보면 단서를 제공하는 누군가를 발견할지도 몰라요. 가령 일요일 저녁마다 다니엘이 돌아올 때 아이 엄마가 아들에게 무언가를 시킬 수도 있죠."

그가 조언에 고맙다는 말을 전했고, 우리는 대화를 마쳤다.

다니엘의 아빠로부터 그다음 전화를 받은 것은 다시 몇 주가 지난 후였다. 그는 거두절미하고 외쳤다.

"박사님 말씀이 맞았습니다! 예전 장모의 속을 슬쩍 떠봤거든요. 끝내 양심의 가책을 못 견디더라고요. 손자가 학대당하는 모습을 보아 넘길 수 없었던 거죠."

"장모가 정확하게 뭐라고 했는데요?" 내가 그의 장광설을 제지하며 물었다.

"믿지 못하실 거예요. 전처는 늘 건강식 전도사를 자처했죠. 전처는 다니엘이 제 집에서 유기농 식품이 아닌 걸 먹는다며 욕하기도 했어요. 이 건강식에 대한 애착이 실제로 다니엘과 저를 겨냥한 겁니다!"

그는 흥분해 있었다. 동시에 모든 게 해명됐다는 사실에 한층 안심한 상태로 두서없는 설명을 계속했다. 나는 차츰 사태의 진상을 파악할 수 있었다.

아들이 아빠를 만나고 돌아간 일요일마다 다니엘의 엄마는 표면이 발효된 탁한 과일 주스를 가득 유리병에 담아 아들이 모조리 마시도록 했다. 주스는 생물학적 검증을 마친 음료로, 극단적 설사를 촉진하는 효과가 있었다. 다니엘은 1리터 정도 되는 커다란 병을 자기 전까지 비워야 했다. 그러고 나면 일요일 밤부터 월요일까지 지독한 설사를 했다. 그 결과, 이튿날 아침이면 그의 항문 점막 피부는 염증이 생겨 벌겋게 변했다. 이렇게 '준비를 마치면' 아이 엄마는 (어떤 의사도 항문 점막 피부가 빨갛게 변한 것만으로는 성적 학대를 받았다는 진단서를 발급하지 않는다는 사실을 알고 있으면서도) 아들을 데리고 의사를 찾아다녔다. 여자는 자신의 계획에 본격적으로 사로잡혀 있었고 '어미 사자'는 그녀를 지지했다. 그러나 이들은 다니엘의 염증이 실제로 무엇 때문인지는 몰랐을 가능성이 매우 컸다.

"당신 부자에게 좋은 쪽으로 해결됐군요. 축하해요. 그래도 당장 변호사를 고용하라고 권하고 싶네요. 지금 나한테 한 설명을 하고 법률상 유효한 기록으로 남기세요. 또 청소년 복지국에도 알리도록 하세요. 전 부인이 또 어리석은 생각을 할지도 모르니 대비해야죠."

그는 내 충고를 따르겠다고 다짐하며, 고맙다는 인사를 또다시 지나치게 했다. 그후로 더는 다니엘 부자에 대한 소식을 듣지 못했다.

여기서 배울 교훈은 두 가지다. 하나는 법의학자 또한 모든 사실과 과정, 소견을 비판적으로 바라봐야 한다는 것이다. 그렇지 않으면 어느 한 편의 도구로 이용될 위험이 있다. 선한 목적을 기치로 내건 사람이라고 해도('어미 사자'처럼) 반드시 사심 없는 의도를 가진 건 아니다. 여기서 '어미 사자'는 본격적인 사냥을 하듯 아이 아빠를 내몰았다. 그들은 다니엘의 엄마가 하는 말을 무비판적으로 받아들였고, 자만했으며, 비전문적 태도를 드러냈다. 설사 아이를 돕고 싶었다고 해도 결과적으로 아이에게 해로운 짓을 한 셈이다.

또 하나는 아이가 성적 학대를 받았다는 진단을 내리려면 다음 세 가지 조건 중 적어도 하나를 충족해야 한다는 것이다. 첫째, 아이의 항문이나 생식기 부위에 (사고와 무관하거나 성적 학대를 날조하기 위한 조작과 관계없는) 부상이 나타나야 한다. 둘째, 정액 감별이나 임신(여자아이의 경우)을 통해 성행위와 성교 및 성적 학대가 입증되어야 한다. 셋째, 성적 학대가 사진이나 비디오(인터넷의 아동 포르노 사이트에서처럼)로 기록되어 있어야 한다.

자해

법의학실에서 일하다 보면 자해하는 사람들을 빈번히 접하게 된다. 이들 중 다수는 정신과 진료 대상자다. 예컨대 경계선 인격장애〔정서·행동·대인관계가 매우 불안정하고 변동이 심한 이상 성격으로 감정의 기복이 심한 인격장애〕의 경우, 자해가 관련 증상에 속한다.

피어싱을 하거나 전신 문신을 새긴 사람들은 법의학의 조사 대상이 되지 않는다. 이런 미학적인 자해나 특정 의식을 행하기 위해서 한 자해는 자기 위해의 한계를 벗어난다고 해도 처벌할 수 없다. 스스로 상처를 낸 사람들이 경찰과 사법부의 주목을 받는 건 대개 자신이 범죄 피해자라고 속일 때뿐이다.

정신적으로 건강한 사람이 자기 몸에 자창 및 절창을 입히거나, 스스로 불을 지르고 독약을 마시는 식으로 범죄 피해자인 척 자처할 때가 있다. 법의학은 통상적으로 이들을 조사한다. 범행이 있었다고 속이는 일은 절대 경범죄에서 끝나지 않는다. 독일 형법 제145조 d항에 따르면, '어리석게도 불법 행위가 있었다며 관계 당국을 속이는 행위는 3년 이하의 금고형이나 벌금형에 처한다'. 정도가 심하면 5년의 금고형을 받을 수도 있다.

인간이 특정 상황에서 자해를 택하는 일은 태곳적부터 있어왔다. 전쟁에 나간 병사가 자절(자기 절단)을 택하는 것도 이에 해당한다. 건강하고 몸이 멀쩡한 재소자가 교도소 안에서 관계 우위를 위해 자신을 해치는 행위는 거의 일상적으로 일어난다. 근무 불능 등급 판정을 받기 위해 발가락이나 손가락을 스스로 자르는, 이른바 수족 절단의 유혹에 넘어가는 사람도 많다. 사고 보험의 보상금을 타내려고 하는 것이다. 상점 주인이나 출납계가 강도 피해를 당했다고 속이는 행위는 고전적인 범죄학에서도 나오는 수법이다. 이들은 강도를 당했다는 증거로 스스로 상처를 내고, 금고 속의 돈을 착복한다.

범행이 발생했다고 속이는 행위가 물욕 때문에만 일어나는 것은 아니다. 정신적 위기에 처하거나 인간관계에 갈등이 생길 때, 이른바 폭력 행위를 제삼자에게 떠넘기기 위해 자해하는 경우도 흔하게 일어난다. 대상은 현장 주변인일 수도 있고 완전히 엉뚱한 사람일 수도 있다. 이런 일은 제삼자에게 범행을 돌리려는 의도보다는 본인이 주목받기 위해 일어나는 경우가 더 많다.

예를 들어보자. 어떤 여성이 파출소에 나타나 남편 혹은 배우자가 칼을 들고 자신에게 달려들었다고 신고한다. 베이거나 찔린 상처를 보면 여성의 주장이 맞는 듯 보인다. 하지만 법의학적 조사를 해보면 실상은 전혀 다르다. 상처는 그녀 스스로 낸 것이다. 두 사람의 관계에서 폭력이 실제로 벌어졌을 수도 있다. 하지만 상대에게 책임을 전가하는 증거가 조작된 것일 때는 오히려 본인이 처벌받게 된다.

자해는 남성보다 여성에게서 2~3배 더 높은 비율로 나타난다. 여성이 스스로 상처를 내는 행위는 어린 시절의 성폭력 경험과 관계있을 때가 많다. 함부르크 대학병원 법의학 연구소의 연구를 보면, 성폭력을 경험한 여성은 나이가 든 후 해당 경험이 없는 여성보다 훨씬 더 자주 자해를 시도한다.

이런 자해의 경우에는 보통 무언가에 베인 절창이 많다. 상처가 난 부위는 대부분 정해져 있고, 자칭 피해자가 수사관에게 설명하는 이야기도 대동소이하다. 그 외에도 틀에 박힌 경우가 반복된다. 다만 많은 사람이 텔레비전의 인기 과학수사 드라마를 보고 비현실적인 상상의 나래를 펼치므로, 자해 중에는 법의학 교과서에도 나오지 않는 이상한 부상이 흔하다.

거울 문자의 특징

몇 년 전 스웨덴 파출소에 한 십대 소녀가 나타났다. 소녀의 이마와 오른팔에는 가벼운 부상이 나 있었다. 그녀는 낯선 남자들이 달려들어 자신을 성폭행했다고 신고했다. 칼로 자신의 이마와 팔을 나란히 그어 가벼운 상처를 입혔다고도 했다.

팔에 난 절창을 이어보니 호라HORA라는 글자가 만들어졌다. '매춘부'라는 의미의 이 글자는 이마에도 똑같이 쓰여 있었는데 읽기가 간단치 않았다. 좌우가 뒤바뀐 형태였기 때문이다.

소녀는 부인과 검진을 받았지만, 성폭행의 흔적은 발견되지 않았다. 법의학 전문가는 이마와 팔뚝에 난 상처를 검사한 뒤, 모든 상처가 자해의 전형적인 특징을 띤다는 사실을 확인했다. 상처는 모두 겉만 살짝 스친 것에다가 나란한 방향으로 나 있었다. 또 모든 상처가 ('상처를 입힌') 손에서 닿기 쉬운 곳에 있었다.

법의학자는 자칭 폭행 피해자에게서 저항에 따른 부상을 전혀 발견하지 못했다. 소녀의 양손과 팔뚝 부분에는 생채기 하나 없었다. 경찰관에게 진술한 대로 몸싸움이 벌어졌다면 저항에 따른 부상은 불가피했을 것이다. 소녀가 입은 옷 또한 (범인들이 칼로 부상을 입혔다는 오른팔 쪽을 포함하여) 상한 데 없이 말짱했다. 그녀는 드잡이할 때 자신이 소매가 길고 좁게 달라붙은 외투를 입고 있었다고 말했다. 통증에 민감한 신체 부위(가령 눈꺼풀, 젖꼭지, 생식기)는 멀쩡했고 코나 귀처럼 중요한 기관에도 이상이 없었다. 이 역시 자해의 전형적인 특징에 해당한다.

위급할 때 사람은 배나 가슴, 허벅지 아니면 얼굴을 베는 통증은 견딜 수 있다. 그러나 젖꼭지를 베겠다는 생각부터 떠올리는 사람은 없다. 잔뜩 겁 먹은 상태에서 그런 발상이 떠오른다 한들 이내 취소하기 마련이다. 이런 부위의 경우 많은 신경 조직이 밀집해 있어 고도로 민감하다. 여기에 나는 상처는 배나 가슴 등과는 비교할 수도 없이 훨씬 더 고통스럽다.

무엇보다 소녀의 이마에 쓰인 글자가 거울에 비치듯 좌우가 바뀐 형태라는 점이 자해에 대한 의혹을 불러일으켰다. 소녀가 거울 앞에 서서 칼로 이마에 글자를 새겼기 때문에 HORA 대신 AЯOH라는 형태가 되었을 것이다.

다만 이런 상처는 더욱 깊은 상처가 아물지 않았다는 사실을 암시할 수도 있다. 통계적으로 볼 때, 이 사건은 소녀가 어릴 때 경험한 성폭행을 암시하는 것일 가능성이 아주 크다.

갈고리 십자가

1994년, 잘레 강변의 할레에 사는 17세 학생이 겪은 사건이 전국적인 주목을 끌었다. 이 학생은 2년 전부터 심신질환으로 휠체어 생활을 해오고 있었다.

부모가 그녀를 데리고 경찰서에 찾아왔다. 학생의 왼쪽 뺨에는 갈고리 십자가('만卍' 자와 유사한 형태의 십자가이며, 나치 독일의 상징인 하켄크로이츠로 널리 알려져 있다) 형태로 베인 상처가 나 있었다. 학생은 의사의 진료를 받고 돌아가다가 습격을 당했다고 진술했다. 스킨헤드족 세 명이(젊은 남자 두 명과 여자 한 명) 병원 후문 쪽에 숨어 있다가 칼을 들고 급습해 뺨에 갈고리 십자가를 그렸다는 것이다.

이 '네오나치 습격 사건'은 전국적인 분노, 그리고 피해자에 대한 뜨거운 동정심을 불러일으켰다. 수만 명이 길거리로 나와 범행 규탄 시위를 벌였다.

작센안할트주 검찰총장은 사건을 맡아 18인으로 구성된 특별조사위원회를 소집했다. 학생이 범인들의 인상착의를 아주 정확하게 진술했기 때문에 경찰은 몽타주를 만들어 공개 수사를 벌일 수 있었다. 수백 명의 경찰관이 거리로 나가 지명수배 전단을 뿌렸다.

그러나 시간이 지나자 자칭 피해자의 진술에 의혹이 일기 시작했다. 범행 목격자도, 학생의 구조 요청을 들은 사람도 없었다. 소견을 요청받은 법의학 전문가는 여학생의 부상이 자해라는 결론을 내렸다. 학생의 상처는 가벼웠으며 갈고리 십자가를 그은 금은 서로 나란히 난 수많은 상처로 이루어져 있었다. 여학생이 묘사한 범행대로라면 그녀의 이마에 난 상처는 쿠엔틴 타란티노의 영화 「바스터즈: 거친 녀석들」에 나오는 알도 레인 중위가 그의 적 한스 란다의 이마에 새긴 갈고리 십자가처럼 단번에 쭉 그어진 깊은 상처여야 했다.

수사관들은 법의학 감정 결과와 대조하기 위해 학생의 집으로 찾아갔다. 하지만 그녀는 이미 부모, 언니와 함께 도망치고 없었다.

검찰은 범행 사기 혐의로 수사에 착수했다. 모든 정황으로 볼 때, 자칭 피해자는 정신적 곤경에 처해서 모든 이야기를 지어낸 게 분명했다. 주변의 애정을 억지로 끌어내기 위해 독일에서는 극우 폭력의 피해자가 가장 큰 동정을 받는다는 점을 염두에 둔 것이다. 전문가들은 이 사건이 네오나치의 만행이라는 가능성에 회의적인 반응을 보였다.

법의학 전문가들은 구동독 지역에서 갈고리 십자가 상처를 입은 자칭 피해자를 끊임없이 접한다. 해당 지역의 법의학자는 이 중 대부분이 자해에서 비롯된 것임을 확인하고 있다. 이런 사건이 일어나면 검찰은 가능한 한 이목을 끌지 않고 수사를 중단한다.

1993년, 작센의 바우첸에서도 14세 소녀가 자신의 얼굴에 갈고리 십자가가 새겨졌다며 경찰에 신고한 적이 있다. 스킨헤드족이 칼로 자신의 뺨을 망쳐놓았다는 것이다. 소녀의 갈고리 십자가는 거울에서 보듯 좌우가 바뀐 형태로 그어져 있었고 나머지 정황도 전형적인 자해의 특징을 드러냈다. 결국 소녀는 자신이 주목받고 싶어 사건을 꾸며냈노라고 자백했다.

2002년 말, 브란덴부르크의 구벤에서도 비슷한 사건이 있었다. 동네 파출소를 찾아온 14세 소녀의 뺨에 갈고리 십자가가 눈에 띄게 그어져 있었던 것이다. 소녀는 상처가 네오나치의 소행이라고 했다. 처음에 경찰은 그 말을 믿었으나, 결국에는 그녀가 모든 얘기를 지어냈으며 스스로 상처를 입혔다는 사실이 드러났다.

대개 언론은 이런 사건들을 알지 못한다. 이런 식으로 자해하는 사람들은 보통 심리 치료나 정신과의 도움이 필요한 이로, 언론의 관심을 끌 만한 대상은 아니기 때문이다. 게다가 신문이나 텔레비전에서 이런 사건을 요란하게 떠벌린다면, 실재하는 극우파의 폭력이 단순히 정신적 곤경에 처한 이들의 망상에 지나지 않는다는 인상을 줄지도 모른다. 라헬 말러의 사건이 대표적인 예다.

곁길로 빠진 사회운동가

2007년 11월, 17세의 라헬 말러는 젊은 남자 네 명이 어린 여자아이를 괴롭히는 모습을 목격했다. 그녀가 사건 당일로부터 9일이 지난 뒤 경찰서에 신고한 내용에 따르자면 그랬다.

그녀는 그 사건이 작센의 소도시 미트바이다에 있는 한 주차장에서 벌어졌다고 진술했다. 스킨헤드 네 명이 러시아 이주민 가정의 여섯 살짜리 딸인 나타샤를 괴롭혔다는 것이다. 라헬 말러는 그 자리에 끼어들어 "어린애를 놓아주라"고 요구했다. 스킨헤드들은 여자아이를 놓아주기는커녕 라헬 말러를 붙잡아 바닥에 패대기쳤다. 이어 세 명이 그녀를 단단히 붙잡고, 네 번째 남자가 외과용 메스 같은 걸 꺼냈다. 그는 그녀의 옷을 벗기고 엉덩이에 갈고리 십자가를 그렸다.

말러는 큰 소리로 구조를 요청했다. 주변 주택의 베란다에서 몇몇 주민이 이 공격 행위를 목격했지만, 아무도 간섭하지 않았고 경찰에 신고하는 사람조차 없었다. 스킨헤드족은 십자가를 모두 그린 뒤 뺨에도 고대 문자를 새기려 했다. 그러나 말러가 완강하게 저항했기에 결국 놓아주었다고 했다.

켐니츠 소재 담당 검찰은 말러의 진술을 그대로 믿지 않고 확인에 나섰지만 이는 표면적인 조사에 그쳤다. 여성으로 구성된 경찰관과 심리학자가 어린 나타샤를 신문했고, 소녀는 말러의 주장이 "맞다"고 확인해주었다. 수사진은 법의학 소견까지 받아냈다. 담당 법의학자는 제삼자 과실을 배제할 수 없다는 결론을 내렸다.

이후 관할 책임 당국은 엄청난 압박을 받았다. 미트바이다에서 수개월간 테러 행위를 저지른 네오나치 집단은 그해 4월 활동 금지를 당했다. 당국은 신속하고 과감한 조치를 하지 않았다가는 자신들의 지역이 '네오나치의 아성' 이미지를 탈피하지 못할까 봐 두려워했다.

경찰 대변인은 법의학 소견이 과장됐다는 의견을 내놓았다. 법의학 전문가가 경찰에게 자칭 피해자가 직접 갈고리 십자가를 그렸을 가능성이 있다는 사실을 지적한 것이다. 시민들은 그 말에 다시금 충격받고 흥분했다.

말러가 범인들을 너무도 정확하게 묘사했기에 이번에도 경찰은 몽타주를 배포하고 공개 수사를 진행했다. 그러나 아무리 호소해도 시민들로부터는 어떤 반응도 오지 않았다. 사건을 목격한 사람은 한 명도 없었다. 수사 당국은 수개월간 전력을 기울인 끝에 4인조 네오나치를 찾아내기도 했다. 라헬 말러가 지역에서 악명을 떨치던 네오나치에게 범행 가능성이 있다고 지목해서 조사했지만, 증거 부족으로 다시 풀어주었다. 5000유로의 포상금을 내걸어도 목격자는 나타나지 않았다.

수사진은 점차 피해자의 진술을 불신하게 되었다. 그러던 중 나타샤의 부모를 신문한 수사진은 믿을 수 없는 얘기를 들었다. 피해자가 범행이 일어났다고 진술한 시간에 나타샤의 가족은 미트바이다에 없었다는 것이다. 괴롭힘을 당했다던 나타샤도 마찬가지였다. 나타샤는 첫 번째 신문의 유도성 질문에서 경찰관이 이끄는 대로 대답했다. 동석한 심리학자의 태도도 경찰관과 비슷했다.

2008년 3월, 경찰 대변인은 "우리는 목격자도 범인도 단서도 찾아내지 못했다"는 결과를 발표했다. 경찰은 두 차례 더 법의학 소견을 받아냈다. 두 가지 소견 모두 말러가 스스로 갈고리 십자가를 그렸다는 결론을 내렸다. 그녀의 상처는 모두 자해의 전형적 특징을 띠고 있었다.

그러나 그사이 말러는 새롭고도 유의미한 자격을 획득했다. 2008년 2월에 연방 정부가 창설한 '민주주의와 관용을 위한 연맹'으로부터 '용감한 시민상'을 수상한 것이다. 그녀가 활짝 웃는 사진은 전국의 수많은 신문에 실렸다. 말러는 모든 이야기를 지어냈으며 스스로 상처를 냈다는 의혹을 완강하게 부인했다. 하지만 검찰은 사기 혐의로 그녀를 기소했다.

2008년 11월, 라헬 말러는 유죄를 선고받았다. 관할 지방법원은 스킨헤드 습격 사건이 그녀의 환상에서 만들어졌으며 상처도 스스로 만든 것이라는 사실이 입증됐다고 보았다. 그러나 너그러운 판사를 만난 데 이어, 말러에게는 또 다른 행운이 뒤따랐다. 범행 시점에 나이가 17세밖에 되지 않았다는 이유로 단지 40시간의 노동형 판결만이 내려진 것이다.

도장을 찍듯이

함부르크 장크트게오르크 지구 파출소의 점심 시간, 40대 중반의 한 남자가 나타났다. 그는 강인한 인상이었고, 양팔 군데군데에 상처가 나서 피가 흐르고 있었다. 그는 자신이 경찰서 부근 아파트 단지에 거주하고 있다고 했다. 이름은 크누트 라우에였다.

"그놈들 좀 찾아줘요!" 남자가 더듬거리며 외쳤다. "그놈들이 나를 죽일 뻔했어요! 내 발명품을 훔쳐갔다고요!"

라우에가 안정을 되찾고 우리가 알아들을 수 있는 말로 설명하기까지는 꽤 시간이 걸렸다. 곧 그는 경찰관의 머리카락이 곤두설 만한 이야기를 들려주었다.

전날 밤 그는 갑자기 잠에서 깨어났다. 아파트 현관에서 나는 발소리를 들었다고 했다. 침실 문을 열자 새카만 전투복 차림의 남자 네다섯 명이 마스크로 얼굴을 가린 채 서 있었다.

"마치 닌자처럼 보였어요!" 라우에는 설명했다.

"소리치면 죽일 거야!" 그중 한 놈이 나지막이 말했다. 또 한 놈은 주머니에서 올가미를 꺼내더니 그의 목에 감았다. 올가미가 목을 조이긴 했으나, 라우에는 여전히 숨을 쉬거나 침을 삼킬 수 있었다.

"마셔, 어서!" 세 번째 침입자가 작은 유리관을 열고는 그 안에 든 액체를 마시라고 소리쳤다. 또 다른 일당이 칼끝을 그의 옆구리에 들이댔다. 유리관 속 액체에서는 쓴맛이 났다. 분명히 마취제일 것이란 생각이 휙 스치고 지나갔다. 틀림없이 내 창작품을 훔치려고 온 거야! 누군가 내 건축 설계도가 노트북에 저장되어 있다고 귀띔한 게 분명해. 수백만 유로는 될 발명품인데!

라우에는 죽을힘을 다해서 올가미 줄을 빼앗아오는 데 성공했다. 그는 사방으로 주먹질을 하다가 칼에 양팔을 찔리고 말았다. 그러다가 마침내 한 놈으로부터 칼을 빼앗을 수 있었다. 라우에는 말했다.

"그 더러운 놈의 배를 칼로 힘껏 찔렀어요. 그러다가 눈앞이 캄캄해졌습니다. 마취제 효과가 나타나는 것 같았죠. 다시 정신을 차린 게 15분 전 일입니다. 그놈들은 멀리 달아나버린 뒤였고요. 설계도가 담긴 노트북을 가지고 갔어요. 제발 그놈들을 찾아주세요, 경관님! 그 빌어먹을 놈들을 반드시 잡아야 해요!"

진술을 들은 경찰관은 파트너와 눈을 마주쳤다. 그는 그사이 자칭 피습자의 신상을 파악했다. 크누트 라우에에게는 사기 전과가 여러 건 있었다. 반면 발명가로서의 업적은 드러난 적이 없었다.

습격자들에 대한 진술 역시 도난당했다고 주장하는 창작품과 마찬가지로 애매했다. 라우에는 그것이 "혁신적인 동력 기술"이라고 했다. 그러면서도 "더 자세한 것은 전체를 특허 낸 뒤에 알려주겠다"는 것이었다.

경찰은 수사에 착수했다. 과학수사팀이 라우에의 집을 조사했지만 그의 진술을 뒷받침할 만한 단서는 발견하지 못했다. 라우에는 법의학 연구소로 안내되었다. 나는 그의 상처를 조사하고 혈액 및 소변에 대한 독극물 검사 절차를 밟았다.

피해자의 팔뚝 위아래와 가슴, 하복부에는 많은 절창이 나 있었다. 상처들의 가장자리는 모두 매끄러웠으며 피하조직으로 파고든 깊이는 최대 0.5센티미터를 넘지 않았다. 진술한 대로 심한 격투가 있었다면, 이런 상처만 입을 수는 없다. 상처는 전형적인 자해의 특징을 보였다. 자국이 난 방향이 일정했고 표면만 살짝 스쳤으며 위치는 민감한 통증을 느끼지 못하는 신체 부위로 철저히 제한되었기에 큰 피해가 없었다. 라우에의 두 손과 손목에는 생채기 하나 없었다. 저항에 따른 부상이 없다는 사실 역시도 격투 중 생겼다는 부상이 자해임을 말해주었다.

교살 시도에 대한 흔적도 발견할 수 없었다. 철사가 올가미로 쓰였다면 목 졸림에 따른 자국이나 띠 형태의 찰과상이 남아 있어야만 했다. 그의 주장대로 격렬한 싸움이 벌어졌다면 몸이나 팔에 불가피하게도 둔탁한 폭력의 흔적이 남았을 텐데, 어디에도 그런 흔적은 없었다.

내가 조사하는 동안 라우에는 몇 시간 전에 경찰에서 한 것과 똑같은 이야기를 늘어놓았다. 나는 그가 자신의 이야기를 머릿속으로 외운 상태에서 기계적으로 암송한다고 느꼈다. 그의 이야기는 중간에 여러 번 막히기도 했다.

이튿날 나는 라우에 사건의 수사를 지휘하는 마르쿠스 휘터 경감과 통화했다. 그사이에 혈액 검사 결과가 나왔기 때문이었다.

"혈액과 소변 검사는 음성 반응으로 나왔어요." 나는 그에게 전했다. "밤에 마취제나 그 밖의 독성 물질을 복용하지 않았다는 거죠. 내 소견을 말하자면, 그 범행은 처음부터 끝까지 지어낸 겁니다."

나는 휘터에게 절창은 피부 표면에만 나 있고 손이 닿기 쉬운 부위에 국한되어 있다고 설명했다. "자해라는 건 의심할 여지가 없어요. 이 사람은 철사 줄로 목이 감긴 적도 없고, 맨주먹으로 닌자 무리와 격투한 적도 없습니다."

휘터 경감이 신경질을 내듯 거친 숨을 내쉬었다.

"그의 집에서 찾아낸 혈흔도 습격과는 상관이 없었어요. 라우에가 칼로 배를 찔렀다는 남자의 피도 발견하지 못했고요. 본인이 격투하다가 부상을 입었다고 주장하지만, 핏방울이나 핏자국도 전혀 보이지 않았어요. 그 대신 벽에서 아주 이상한 핏자국을 발견했죠. 곧 이메일로 보내드리겠습니다."

우리가 연구소에서 라우에 사건의 특이점과 연출된 현장에 대해 의견을 주고받는 사이, 휘터 경감이 자료를 보내왔다. 나는 첨부된 사진을 클릭했다. "이게 뭐야?"라는 말이 절로 나왔다.

"벽에 남은 혈흔과 라우에 팔 상처의 형태나 크기가 전부 일치하잖아요!"

"아, 그래요?" 경감이 놀라서 물었다. "이제 알겠네요. 라우에는 직접 만든 상처의 핏자국을 벽 위에 도장을 찍듯 새겨놓은 겁니다. 본인이 '현장' 벽이라고 주장하는 곳에요."

"별로 뛰어난 아이디어는 못 되는군요. 나온 김에 하는 말이지만, 이게 기동타격대가 쫓고 있다는 라우에의 발명품과 무슨 관계가 있나요?"

"그의 환상 속에만 존재하는 거죠. 라우에는 노트북을 강탈당했다고 했는데, 알고 보니 지난주에 전당포에 맡겼더군요. 그의 집에서 전표를 찾아냈어요."

"경제적 궁핍 때문에 이 모든 걸 꾸며낸 걸까요?" 내가 물었다.

"확실합니다. 아마 라우에는 노트북에 저장된 값진 정보를 도난당했다고 주장하면 보험사에서 거액의 보험금을 지급할 거라고 생각한 것 같습니다. 보험금은커녕 이제는 사기 혐의로 고생할 판이지만요."

우리는 통화를 끝냈다. 이후 수개월 동안 나는 이 사건에 대해서 아무런 소식도 듣지 못했다. 그러던 어느 날, 크누트 라우에가 다시 우리 법의학 연구소로 실려왔다. 이번에는 그의 목에 분명한 교살 흔적이 있었다. 부검을 하자 그가 마지막으로 치명적인 자해를 했음이 밝혀졌다. 이번에도 제삼자 과실의 흔적은 보이지 않았다. 강도 사건 사기 혐의로 수사가 진행되는 동안, 라우에는 자신의 집에서 스스로 목을 맨 것이다.

보행능력

헤르타 조머는 축 늘어진 모습으로 휠체어에 앉아 있었다. 측은한 인상을 풍기는 부인이었다. 다리를 쓰지 못하는 게 분명했다. 얼굴만 봐도 무언가에 시달리는 표정이 역력했다. 그녀가 주차장에서 우리 법의학 연구소까지 오는 동안 시동생이 휠체어를 밀어주었다.

대기실에서 진료실까지의 짧은 구간은 그녀 혼자 이동했는데 행동이 유난히 서툴렀다. 조머는 바퀴 옆에 달린 장치, 즉 핸드림을 사용하는 대신 직접 고무 바퀴를 굴렸다.

조머는 66세였고, 약 10년 전 사기죄로 3년의 금고형을 받았다. 그러나 유방암과 화학 요법에 따른 후유증을 이유로 이때까지 계속해서 금고 유예 처분을 받았다.

베를린 검찰은 우리에게 그녀의 구류 감당 능력에 대한 검증을 의뢰했다.

독일 형사소송법 455조에는 '정신병에 걸렸을 때'나 질병으로 '유죄 선고를 받은 사람의 신체 상태가 교도소 수용을 허용치 않을 때' 금고형을 유예할 수 있는 규정이 있다. 지금까지 조머는 후자에 속했다.

동료 카렌 졸타우 박사가 조머를 꼼꼼히 검사했다. 조머는 신체 검사와 기록에 동의한다는 의견을 밝혔다. 한발 더 나아가, 자신의 광범위한 임상 기록까지 제출했다.

그녀는 자신이 늘 팔다리와 등, 견갑골 부위의 심한 통증에 시달린다고 말했다. 2년 전부터는 다리에 생긴 신경통 때문에 걷지도 못하고 완전히 휠체어에 의존한다고 했다. 집 안에서는 휠체어를 타고 마음대로 움직일 수 있지만, 문밖에서부터 길거리까지는 계단이라 다른 사람의 도움이 없으면 집 밖으로 나가지 못한다는 것이었다. 기력도 약해서 앉은 채로는 두 시간밖에 견디지 못하고, 그후에는 소파에 누워 쉬어야 한다고 했다.

자신의 제한된 생활을 설명하는 내내 조머는 침울해 보였고, 금방이라도 눈물을 쏟을 듯했다.

그녀는 시동생의 도움이 없었다면 살 수 없었을 것이라고도 했다. 시동생은 장도 대신 봐주었고 아픈 곳이 생길 때마다 의사에게 데려다줬다. 건강 보험에서 그녀를 간호 대상 1등급으로 분류했기에 하루에 두 번씩 간병인이 방문해서 살림도 돌봐주고 목욕을 시켜준다고 했다. 그녀 혼자서는 씻지 못하기 때문이었다.

조머는 하반신 마비에 시달렸고, 수년 전부터 실금 증세가 있어 기저귀를 차야 했다. 끊임없는 통증과 실금 때문에 정신적으로 극단적인 부담을 받아왔다. 조머는 자신이 매일 복용한다는 강력 진통제 이름을 쭉 나열했다.

졸타우 박사는 검사를 위해 옷을 벗어달라고 말했다. 조머는 다른 사람의 도움 없이는 벗지 못한다고 했다. 졸타우는 이 중년 부인이 휠체어를 서툴게 조작하며 옷을 갈아입는 모습을 지켜보았다. 그녀가 고정 브레이크를 제대로 조작하지 못한 탓에, 옷을 입고 벗는 내내 휠체어가 이리저리 움직였다.

조머는 면장갑을 끼고 있었다. 휠체어를 사용하다 양손에 습진이 생겨서 그렇다고 했다. 졸타우는 장갑도 벗어달라고 요구했다. 두 손의 피부는 멀쩡했다. 박사는 검사를 계속했다. 약간 과체중이라는 것을 빼고는 눈에 띄는 이상은 없었다. 조머는 자신이 2년 전부터 움직이지 않았다고 주장했으나, 다리에서는 수분 저류 현상도 나타나지 않았고 근육은 정상적으로 발달해 있었다. 장기간 기동력 상실이 있을 때 보여야 할 위축 현상도 없었다.

조머는 다시 옷을 입고 면장갑도 낀 다음, 휠체어를 움직여 시동생이 기다리는 대기실로 갔다. 졸타우는 다시 그녀를 지켜보았다. 수년 전부터 마비 증세에 시달린다는 사람치고는 휠체어를 조작하는 모습이 너무 서툴렀다.

박사는 임상 기록을 들여다보며 깊은 생각에 잠겼다. 조머가 가져온 서류 말고도 그녀를 담당한 의사, 그리고 수많은 병원과 전문의가 내린 진단서들이 있었다. 졸타우는 조머의 동의하에 그녀를 치료한 다른 의사와 병원의 진료 기록까지 추가로 입수했다.

박사는 기록들을 꼼꼼히 살폈다. 앞뒤가 맞지 않고 불합리한 점들이 눈에 들어왔다. 어떤 소견서에서는 이 환자가 4년 전부터 팔다리에 힘이 빠지고 마비가 와 휠체어에 의존해야 한다고 쓰여 있었다. 그 직전에 발급된 진단서에서는 조머가 1년 전까지 바퀴 달린 보행기로 이동했다는 기록이 보였다. 그러나 졸타우 앞에서 조머는 자신이 2년 전부터 휠체어로만 이동할 수 있었다고 말했다. 또 그녀는 4년 전 한 의사에게 자신이 실금으로 인해 대소변을 가리지 못한다고 한탄한 적이 있었다. 그런데 불과 수개월 전의 다른 상담에서는 자신이 1년 전부터 실금을 앓았다고 말했다.

박사는 여러 시간 임상 기록을 샅샅이 훑어본 뒤 커피를 가지러 나갔다. 밖으로 나간 박사는 차를 끓이던 연구소 직원, 하이케 페트리를 만났다. 페트리가 물었다.

"아까 전에 조머가 대기실에 있지 않았어요? 그 사람이 여기서 뭐 하는 거예요? 갑자기 휠체어에 앉아 있던데요."

졸타우는 말문이 막혔다가 "잠깐" 하고 입을 열었다. "당신 헤르타 조머를 알아요?"

"알고말고요!" 하이케 페트리가 대답했다. "바로 옆집에 사는걸요. 앞뜰에서 잡초를 뽑을 때면 담장 너머로 수다를 떨기도 해요."

박사의 입에서 절로 "갈수록 태산이라더니!"라는 말이 나왔다. "그 여자분이 정원 일을 한다고요?"

하이케 페트리는 웃으면서 고개를 끄덕였다. "얼마나 건강한데요.

못 드는 물건이 없을 만큼 힘이 세요. 알면 놀라실 거예요."

졸타우는 그 말을 믿을 수 없었다. 물론 조머가 어설픈 동작으로 휠체어를 굴리는 모습이 이상하긴 했다. 그렇다고 해도 사람이 그토록 뻔뻔할 수 있다는 게 믿기지가 않았다.

"그 사람이 휠체어 타고 다니는 건 보지 못했다는 거죠?" 졸타우가 다시 한번 물었다.

"휠체어든 보행기든 사용하는 걸 본 적이 없어요. 일요일에 교회 앞 광장에서 벼룩시장을 하니까 그때 한번 가보세요. 조머가 얼마나 건강한지 보실 수 있을 거예요."

박사는 그녀의 조언에 감사를 표했다.

다음주 일요일, 박사는 벼룩시장으로 가서 헤르타 조머가 가판대를 차려놓은 모습을 보았다. 휠체어는 전혀 보이지 않았고 팔다리의 마비 역시 완전히 치유된 듯했다. 졸타우 박사는 놀라운 눈으로 조머가 경쾌한 발걸음으로 묵직한 상자를 나르는 모습을 지켜보았다. 조머는 트렁크에 상자를 집어넣고서 가판대로 돌아와 다음 상자도 들어올렸다. 중고 물품을 팔러 나온 사람들과 웃으며 이야기를 나누기도 했다. 침울한 기분 역시 극복한 듯 보였다.

그다음 월요일, 졸타우는 헤르타 조머에게 하루 두 번씩 인력을 파견해 목욕을 시켜주고 살림을 돌봐준다던 요양 서비스 센터에 전화했다. 센터 소장이 말했다.

"그 집에 방문한 기록은 없습니다. 조머 씨가 박사님께 보여준 증서는 단지 그분께 일정 수준의 기부금이 필요하다는 의미예요. 간병 서비스 자체는 당사자의 보호 등급에 따라 공급됩니다."

졸타우는 친절한 설명에 고맙다고 인사한 뒤, 고개를 저으며 전화를 끊었다.

'법의학적인 측면에서 볼 때 조머의 금고형을 유예할 이유는 없다.' 졸타우는 소견서에 최종 견해를 적었다. '헤르타 조머와 의사의 면담에서 계속 제출되는 기동 능력 상실을 검증해볼 것을 권고한다. 분명 조머가 여가 중 벌이는 활동능력과 뚜렷한 차이가 있을 것이다. 만일 휠체어에 의존한다고 해도, 적절한 휠체어 사용 환경에서라면 구류를 감당할 수 있을 것으로 보인다.'

조머의 보행능력이 어떤지는 졸타우 박사도 나도 분명히 설명할 수 없다. 다만 우리 연구소의 직원이 몇 달 동안 동네에서도, 정원이나 벼룩시장에서도 헤르타 조머를 보지 못했다는 말은 할 수 있다.

CSI: 크로이츠베르크

아침 7시, 베를린 크로이츠베르크 구역 다세대 건물 지하실에서 희미한 비명이 들려왔다. 이 허름한 임대아파트에는 아시아, 아프리카, 남유럽 등 여러 문화권에서 이주해온 사람들이 모여 살았다. 그중에서는 퇴직 후 연금생활을 하는 독일인 부부도 몇 있었다. 이런 아파트에서 시끄러운 소리란 흔한 일이었다. 지하실에서 비명이 나든 말든 자세히 알아보려는 사람은 아무도 없었다.

빌헬름과 게르다 마우저 부부는 널찍한 2층짜리 임대아파트에 거의 30년째 살고 있었다. 이 노부부 역시 지하실에 발을 잘 들이지 않았다. 그러나 9월 말의 목요일 아침, 이들은 곰팡내 나는 지하실로 내려갈 일이 생겼다. 관청 용무와 관련한 오래된 서류를 찾아야 했기 때문이다. 두 사람이 어두컴컴한 지하실로 내려가는 동안 희미한 비명은 점점 더 또렷해졌다.

빌헬름 마우저가 문을 열고 전등을 켰다. 계단이 아래로 나 있었다. 밑에는 맹꽁이자물쇠가 달린 수많은 판자 칸막이가 있었다. 칸막이 사이 통로에 비쩍 마른 형상이 누워 있었다. 부부는 멈칫거리며 계단을 내려갔다. 바닥에 누운 형상이 다시 알아들을 수 없는 소리로 비명을 질렀다. 훗날 게르다 마우저는 "심장이 거의 멎을 뻔했다"고 진술했다.

그들은 곧 형상의 정체를 알아보았다. 4층에 사는 베트남 여자 빈민이었다. 그녀의 손발은 묶여 있었고 옷은 찢어져 있었다. 얼굴에는 지저분한 뭔가가 묻어 있었다. 부부는 서둘러 그녀의 손발을 풀어주었다. 여자의 손은 등 뒤에서 밧줄로 묶인 상태였다. 두 발을 묶은 것은 그녀의 브래지어였다. 모든 정황상 성폭행을 당한 듯 보였다.

"하느님 맙소사." 게르다 마우저의 입에서 절로 말이 튀어나왔다. "도대체 누구 짓이에요?"

민이 무어라 대답했지만 부부는 한마디도 알아들을 수 없었다. 그녀가 아는 것은 엉터리 독일어 몇 마디가 전부였다. 민은 30대 초반이었고 네 아이의 엄마였다. 이 자그만 여자는 불과 몇 주 전에 막내아들을 낳은 참이었다.

빌헬름 마우저는 여자가 바닥에서 일어나도록 도와주었다. 민은 한참 힘을 들인 끝에 겨우 두 다리로 일어섰다. 두 손은 차가웠다.

게르다는 외투를 벗어 여자의 어깨에 조심스럽게 걸쳐주었다. 민은 저체온증 상태였고, 티셔츠가 크게 찢어져 가슴이 그대로 드러났다.

게르다는 민이 안심하거나 불안해하는 등의 반응을 보이지 않는 것을 의아하게 여겼다. 민은 울음을 터뜨리거나 무언가 설명하려 하지 않았다. 아이들이나 남편의 안부도 묻지 않았다. 노부부가 지상으로 그녀를 데리고 나올 때까지 민은 내내 무표정했다. 그녀의 레깅스와 티셔츠는 계절에 맞지 않게 얇았다. 발에는 양말만 신고 있었는데, 부부가 신발을 어디 두었는지 물어도 대답하지 않았다.

"가엾게도. 충격을 받아서 그래요." 게르다는 남편에게 말했다. 남편은 구급 센터에 전화를 걸었다.

병원에 도착한 빈 민은 응급 처치부터 받았다. 체온이 35.7도밖에 되지 않았기 때문에 따뜻한 침제 주사를 맞아야 했다. 병원 책임자는 바로 경찰에 통보했다. 모든 정황상 민은 강간 피해자인 것이 분명해 보였다.

수사과의 프란츠 할터 경감과 이나 귀틀리히 경위가 수사를 맡았다. 두 사람은 9시 30분에 병원에서 만난 다음 통역을 기다렸다. 민이 독일어로 소통할 수 없기 때문이었다. 민을 흘깃 쳐다본 할터 경감은 우리 연구소로 전화를 걸었다. 그는 어떻게 범죄가 일어났고 피해가 발생했는지 법의학적 조사를 부탁했다. 내 동료 주자네 슈베르트 박사가 출동했다.

법의학적 조사에서 살아 있는 사람이 포함되는 분야를 '임상법의학'이라고 부른다. 이는 사망자를 조사하는 활동과는 뚜렷이 구분된다. 임상법의학은 대체로 폭행 피해자를 조사하지만, 어떤 때는 범행 용의자를 조사하기도 한다. 가령 당사자가 자해했는지, 그 행위가 정당방위인지 여부를 가린다. 법의학적인 조사 범위에서 부상을 기록하고 폭력의 영향과 발생 시점을 해석하기도 한다. 이후 진행하는 재판의 결과와 관련해서 부상이 얼마나 오래됐고 범행 시점과 시기적으로 맞아떨어지는지 등도 가린다. 이런 사항들은 때로 형량에 결정적인 영향력을 발휘한다.

부상이 피해자의 생명을 위협하는가만이 형량에 영향을 주는 것은 아니다. 그 부상이 '단발성', 즉 짧은 시간에 발생한 가혹 행위에 따른 것인지, 아니면 '다발성', 즉 여러 차례에 걸친 폭력에 따른 것인지도 중요하다. 우리가 하는 법의학적 평가는 형사적 판단과도 큰 관계가 있는 것이다.

슈베르트 박사와 통역이 만난 뒤 민은 진술을 시작했다. 두 사람이 보기에도 그녀는 이상하리만치 태연했고 거의 무관심해 보였다. 그러나 본인의 진술대로라면 민은 순교자의 고난을 당한 것이나 다름없었다.

지난 금요일, 그러니까 엿새 전 정오에 민은 새로 낳은 아들이 머무는 병원에 다녀왔다. 아이가 예정보다 2~3주 일찍 태어나는 바람에 신생아 병동에서 아이를 보살피고 있었다. 병원을 다녀온 민이 아파트 현관으로 들어서는데 남자 두 명이 눈에 띄었다.

"그들은 현관 주변에 서 있었어요. 제가 우편함으로 가서 편지를 꺼내려는데 따라오더니 한 명이 '돈 내놔!'라고 소리쳤어요. 또 다른 남자는 제 지갑을 낚아챘고요."

민은 그들에게 욕을 하면서 큰 소리로 구조를 요청했다. 한 명이 그녀의 입을 틀어막았고 다른 한 명은 그녀를 번쩍 들어올렸다. 민은 버둥거리며 저항했지만 두 남자의 힘이 너무 셌다. 그녀의 체중은 50킬로그램밖에 안 됐다.

"저를 지하실로 데리고 갔어요. 저는 있는 힘을 다해 저항했고, 그때 티셔츠가 찢어졌어요. 그들은 지하실 귀퉁이에 있는 칸으로 저를 끌고 가더니 문을 잠갔어요. 한 남자는 제 지갑을 뒤져서 거기 있는 돈 290유로를 몽땅 꺼내갔고요. 그런 뒤에 저는 정신을 잃었어요. 다시 정신을 차리고 보니까……."

"잠깐만요." 할터 경감이 설명을 중단시켰다. "정신을 잃었다고요? 무엇 때문에요?"

통역이 그의 질문을 옮겼다.

"모르겠어요." 빈 민이 대답하더니, 당황한 얼굴로 한동안 앞을 바라보았다. "아마 남자들이 마취제를 묻힌 수건을 제 입이나 코에 댄 것 같아요."

귀틀리히 경위가 경감을 쳐다보더니 민을 다그쳤다. "추측하는 거예요? 아니면 기억하는 거예요?"

빈 민은 어깨를 으쓱해 보였다.

그녀는 자신이 의식을 잃었다는 말만 되풀이했다. 다시 깨어나보니 두 손이 묶여 있었더랬다. 그녀가 정신을 잃은 사이 남자들이 그녀의 브래지어를 벗겨 두 발을 묶은 게 틀림없다고 했다. 두 손은 등 뒤로 꺾인 채 묶여 있었다.

경위가 성폭행이 있었는지 물었다.

빈 민은 다시 어깨를 으쓱해 보였다. "모르겠어요." 통역이 그녀의 말을 옮겼다.

민은 설명을 계속했다. 남자들은 그녀를 거기 두고 떠났다. 소리치며 구조를 청했지만 아무도 오지 않았다. 빈 민은 컴컴한 지하실에서 웅크려 있다가, 계단을 기어오르려고 발버둥쳤다. 두 손이 등 뒤로 묶인 상태라 불가능했다. 그녀는 바닥에서 몸부림치다가 신발만 잃어버렸다. 치수가 좀 큰 신발이라고 했다.

"그러면 엿새나 그 밑에 갇혀 있었다는 건가요?" 할터 경감이 물었다.

민은 고개를 끄덕였다. "먹을 게 하나도 없었어요. 마실 것도 없었고요. 제 오줌을 받아 마셔야 했어요. 끊임없이 고함을 치던 중, 오늘 아침이 되어서야 드디어 누군가 지하실로 내려온 덕에 제 목소리를 듣게 된 거예요."

주자네 슈베르트 박사는 노련한 법의학자였다. 그녀는 민의 이야기가 뭔가 이상하다고 느꼈다. 박사는 민의 머리 뒷부분에서 세로 10센티미터 길이로 자리 잡은 딱지를 발견했다. 그 부분의 머리카락은 빠져 있었고, 남은 모발도 길이가 1, 2센티미터밖에 되지 않았다. 민의 나머지 머리칼은 길이가 약 30센티미터나 되었다. 이 상처들은 분명 엿새 전에 생긴 게 아니었다. 슈베르트 박사는 즉시 자해를 떠올렸다. 여성들이 머리카락을 쥐어뜯는 행동은 드문 일이 아니다. 고통을 가하거나 모양을 망쳐놓음으로써 자신에게 벌을 주기도 하고,

정신적인 긴장을 해소하려고도 한다.

슈베르트 박사가 그후 여자의 목 여러 군데에서 약 3센티미터 길이의 상처를 발견했다. 그 상처들은 박사의 원래 소견에 들어맞았다. 나란히 난 상처들은 분명히 꽤 오래된 것이었다.

"이 상처는 스스로 낸 건가요?" 슈베르트 박사가 물었다.

민은 그렇다고 시인했다.

여자의 오른쪽 광대뼈에는 약 1.5센티미터의 할퀸 자국이 나 있었다. 뒷머리의 딱지처럼 아예 새로 생긴 것도, 목에 난 상처처럼 오래된 것도 아니었다. 기껏해야 이틀에서 사흘 전에 생긴 것이었다. 끈으로 묶여 있던 손목이 조금 붉게 변한 것을 제외하면 눈에 띄는 상처는 없는 듯했다. 슈베르트 박사는 민에게 티셔츠와 레깅스를 벗어달라고 요청했다. 병원에서 나온 부인과 의사도 그 자리에 참석했고, 여성 경찰 한 명이 상처 부위를 촬영했다.

민은 등과 상박을 가리켰다. 그쪽의 피부는 찰과상으로 손상되어 있었다. 나란히 생긴 상처들은 최대 3.5센티미터 길이로, 새로 딱지가 앉은 것들이었다. 이 상처들 역시 자해가 분명했다. 속이려는 의도로 그랬는지, 아니면 공격적인 충동에 따른 것인지는 당장 알 수 없었다. 왼쪽 허벅지 안쪽에 약 0.8센티미터 크기로 형성된 혈종을 제외하면 제삼자의 폭력으로 생긴 흔적은 찾지 못했다. 부인과 의사 역시도 이어진 진단에서 주목할 점을 확인하지 못했다. 민은 성폭행 피해자가 아니었다. 가랑이와 허벅지 쪽 레깅스가 찢겨 있었지만 속옷은 말짱했다. 여러 날 묶여 있었다면 대소변 때문에 불가피하게 옷이 더럽혀졌을 텐데 그런 흔적도 없었다. 더구나 민의 주장대로라면 두 손이 등 뒤로 묶여 있었다고 하지 않았던가.

마지막으로 박사는 민의 혈액을 채취했다. 그녀가 실제로 여러 날 먹거나 마시지 못하고 지냈다면 각종 혈액 수치는 떨어질 수밖에 없고, 오랫동안 수액 섭취가 줄어들면 그로 인한 전해질 장애가 나올 수밖에 없다.

두 의사가 자칭 피해자를 검사하는 동안, 할터 경감은 수사를 벌이던 형사의 전화를 받았다. 크로이츠베르크 현장을 조사하던 수사관들이 몇 가지 특이 사항을 발견했다는 것이었다.

민의 가족이 사는 아파트 지하실 칸은 민이 엿새 동안이나 통로에 누워 있었다던 바로 그 구역이었다. 지하실 칸막이는 열려 있었으나, 맹꽁이자물쇠에는 부서진 흔적이 없었다. 수사관들은 칸막이에서 몸집이 작은 여성용 옷가지를 찾아냈다. 재킷과 풀오버, 고무줄 바지 같은 것들이었다. 무엇보다 민의 신분증이 든 지갑을 얻을 수 있었다. 형사가 계속 보고했다.

"칸막이 바닥에는 뚜껑이 열리지 않은 콜라병과 말라붙은 케밥 1인분이 있었습니다."

"바닥에 배변 흔적은 없었어? 소변 냄새라든가."

"전혀 없었어요."

할터는 귀틀리히 경위에게 조사 결과를 알렸다.

"콜라와 케밥이라고요? 그렇게 갈증과 굶주림에 시달렸다면서, 왜 음식을 그대로 내버려두었을까요?"

"대신 오줌을 받아 마셨다고 주장하잖아. 지하실에 소변 냄새가 나

131
4장 가짜 단서

지 않고, 흔적이 없는 것도 이상해. 바지를 통해 소변을 마시는 것이 어떻게 가능한지 모르겠어. 아주 노련한 체조선수도 아니고 말이지."

두 사람은 합리적으로 가능한 설명은 하나밖에 없다는 데 동의했다. 민이 터무니없는 상상력을 발휘한 것이다. 수사관들은 더는 미지의 범인들 이야기를 믿지 않았다.

할터와 귀틀리히는 상황을 살펴보기 위해 임대아파트로 찾아갔다. 그사이 현장의 수사관들은 지난 주말 지하실에 다녀왔다는 이웃을 한 명 찾아냈다. 이웃은 지난 일요일 민이 갇혀 있었다던 바로 그 자리에 전구를 교체하러 갔다. 그러나 눈에 띄는 것은 보지 못했으며, 손발이 묶인 채 구조를 요청하는 여자는 더더욱 보지 못했다고 했다. 그는 단호한 어조로 설명했다.

"거긴 아무도 없었어요. 지하실은 칸마다 다 잠겨 있었고요."

같은 시간 할터 경감은 민 집의 현관 벨을 누르고 있었다. 남편인 퐁이 문을 열었다. 그는 할터가 신분증을 제시하자 놀란 표정을 지어 보였다. 퐁은 20년 전부터 베를린에 거주했기에 1~2년 전 이주해온 부인과는 달리 독일어로 의사소통하는 데 문제가 없었다.

"경찰이세요? 무슨 일이죠?"

할터 경감은 의아함을 감출 수 없었다. 그는 남자에게 부인의 안부가 궁금하지 않은지 물었다. 퐁이 손사래를 쳤다. "보세요. 우리 집 꼴이 이 모양입니다." 그는 등 뒤를 가리켰다. 집 안 곳곳에 빨래 더미와 패스트푸드 상자, 다양한 연령대의 아이들 장난감이 흩어져 있었다. 퐁이 말했다.

"이런 상황에서 아내 소식이 궁금하지 않느냐고 진지하게 질문하시는 건가요?"

"하지만 실종 신고를 하지 않았잖아요. 왜 그랬죠?"

퐁은 체념한 얼굴로 고개를 저었다. 그는 아내보다 연상이었고, 집 안 상황에 시달리고 있었다. "아내가 갑자기 사라진 건 처음이 아닙니다. 보통은 며칠이 지나면 다시 돌아왔어요."

"그러면 부인이 자주 사라진다는 건가요?" 경감이 물었다.

남편은 어깨를 으쓱했다. 아내가 '가출'한 동안 무엇을 했는지 알거나 눈치챘을지는 몰라도, 그는 거기에 관해서는 말하려 하지 않았다.

할터는 아마 여자가 주기적으로 음주벽이 발동하는지도 모른다고 생각했다. 집안일을 견딜 수 없어 일정한 간격을 두고 친구 집으로 피신하는 건지도 몰랐다. 누군가와 관계를 맺고 있을 수도 있었다. 남편이 실종 신고를 하지 않는 한, 모든 것은 경찰과 관계없는 일이었다. 그러나 여자가 가출에 대한 알리바이를 만들어내기 위해 자신이 범행을 당했으며 290유로를 도난당했다고 말한다면 그건 다른 문제였다.

퐁은 현재 실업자라고 했다. 혼자서는 아이들을 키우기 어렵다고도 했다. "경찰이야 저를 도울 수 없겠지만, 청소년 복지국에서 당분간이라도 도우미를 보내줄 수 있지 않나 생각해봤죠."

할터는 다시 난장판이 된 집 안을 살펴보며 "알아보죠"라고 약속했다.

그날 중으로 청소년 복지국에서는 민 부부의 네 자녀를 보호하기 시작했다.

두 수사관은 다시 병원을 찾았다. 민을 만나서 수사 결과를 대조하기 위해서였다. 그사이 혈액 검사 결과도 나왔다.

"등과 양팔에 보이는 상처는 당신 스스로 낸 거예요." 귀틀리히 경위가 설명하면서 사진들을 보여주었다. "생채기가 나란히 나 있는 데다가 오른손이 닿기 쉬운 부위에 있어요. 티셔츠의 훼손된 모양과도 맞지 않고요."

민은 통역이 끝날 때까지 기다렸다. 어떤 반응을 보여야 할지 난감한 듯했다. 할터는 두 손이 엿새나 묶여 있었다면 손목에 묶인 자국이 뚜렷해야 한다고도 설명했다. 그러나 찰과상이나 충혈은 보이지 않고 가볍게 압박한 흔적만 확인되었다. 경감이 말했다.

"우리는 당신이 이 모든 일을 꾸몄다고 확신합니다. 습격 같은 것은 없었고, 갇혔던 것도 아니란 거죠. 남편이 여러 날 가출한 문제로 다그칠 거라고 생각해 꾸민 일이란 말입니다."

빈 민은 다시 거짓 주장을 늘어놓으려고 했다. 자신이 한 모든 말은 진실이라는 것이었다. 갇힌 시간 내내 추위에 떨었고 말할 수 없는 굶주림과 갈등에 시달렸다고 했다.

그렇다면 왜 지하실에 콜라와 케밥이 있는데 먹지 않았느냐고, 귀틀리히 경위가 캐물었다.

처음으로 민은 갈팡질팡하는 모습을 보였다. 경찰이 지하실 칸막이를 뒤지고 증거를 찾았으리라고는 예상치 못한 것 같았다. 그녀는 등 뒤로 손이 묶인 상황이라 콜라병을 열 수 없었다고 주장했다. 케밥은 있는지도 몰랐다고 했다.

할터가 호통을 쳤다. "속일 생각은 하지 말아요. 혈액 수치도 당신이 지난 며칠간 굶거나 목이 말라서 고생한 적이 없다는 걸 확실하게 증명하고 있어요."

"주민 한 명이 지난 일요일에 당신이 갇혔다는 지하실에 갔는데, 아무 이상이 없었다고 말했고요!" 경위가 덧붙였다.

민은 계속해서 고집을 부렸다. 수사관이 청소년 복지국에서 그녀의 아이들을 보호하고 있다고 말한 후에야 그녀는 무너졌다.

"아이들 곁에 있을 수 없다면, 차라리 죽는 게 나아요!" 민이 외쳤다.

"그러면 당신이 꾸민 일을 인정해요!" 할터가 추궁했다.

마침내 민은 눈물을 흘리며 고백했다. 지난주 TV 과학수사 시리즈 〈CSI〉에서 젊은 여자가 끌려가는 장면을 보았다고 했다.

"그때 남편과 아이들에게서 벗어나야 할 때면 저걸 그대로 따라하자는 생각이 들었어요." 그녀가 털어놓았다. "누구도 곤란하게 만들 생각은 없었습니다. 제발 믿어주세요!"

민은 완전히 탈진한 상태였다. 할터 경감은 정신과 사회복지 서비스에 상황을 알렸다. 그뒤 민은 정신과로 넘겨져 계속 치료를 받게 되었다.

검찰은 수사를 중단했다. 민에 대한 기소 역시 개인적인 상황과 그 가족이 겪을 고초를 고려해 포기했다.

냉전의 전사

1988년, 러시아의 스파이 알렉산드르 리트비넨코는 그때까지 몸담

왔던 '회사'인 FSB(러시아연방보안국)에 등을 돌리고 처음으로 공개적인 저항을 했다. 그는 KGB(국가보안위원회)의 후속 기구인 FSB가 전 세계에서 무수한 살인을 저질렀다고 비난했다. 그는 서방으로 망명한 뒤 서방 정보부에 진실을 털어놓았다. 그는 FSB가 테러 조직인 알카에다를 지원하고 있으며, 러시아 대통령이자 전 정보국장인 블라디미르 푸틴은 소아성애 행위를 한다고 비판하기도 했다.

2006년 11월, 리트비넨코는 런던의 한 병원에서 고통스럽게 죽었다. 건강하던 40대 중반의 남자가 불과 몇 주 사이에 세계적인 주목을 받는 가운데 시름시름 앓다가 사망한 것이다. 의료진은 그가 아무 이유 없이 쇠약해지는 모습을 지켜볼 수밖에 없었다.

처음에 그들은 리트비넨코가 화학 물질인 탈륨에 중독됐으리라고 생각했다. 그의 사망 직전에서야 비로소 이 전직 스파이가 방사선 장애에 시달리고 있었음이 드러났다. 그의 소변에서 방사능 물질인 폴로늄 210이 다량으로 검출된 것이다. 임종 순간 리트비넨코는『타임』지와 마지막 인터뷰를 했다. 이 자리에서 그는 크렘린이 암살 배후라고 주장했다.

이 할리우드 스타일의 스파이 이야기를 알아야 다음에 나올 러시아 부부의 이야기를 더 쉽게 이해할 수 있을 것이다.

2009년, 위험한 느낌을 지닌 이름의 러시아 남자와 그의 아내 두냐가 베를린 샤리테 병원에 모습을 드러냈다. 리트비넨코의 미스터리한 죽음에 대한 기억이 아직 생생할 때였다.

세르게이 마카로프는 50대 중반이었고 아내는 몇 살 더 젊었다. 두 사람은 체중 감소와 피로, 요통을 호소했다. 담당 의료진 중 한 명인 옌스 헤르비히 박사는 두냐 마카로바의 두 손을 검진했다. 그녀의 손은 빨간 습진으로 뒤덮이고 심한 흉터가 나 있었다. 부부는 자신들이 러시아 정보부에 의해 중독된 것이라고 주장했다.

그러나 헤르비히 박사는 두냐의 피부 변화가 정확하게 손목 관절에서 멈춘 것에 주목했다. 의사는 말했다. "양손을 어떤 액체에 담갔던 것처럼 보였다." 부부가 호소하는 증상에 대한 의학적 원인 역시 확인할 수 없었다.

세르게이 마카로프의 진술에 따르면 그는 1990년까지 KGB에 근무했다. 소련이 해체된 뒤에는 브뤼셀과 빈에서 KGB의 후신後身인 SWR(대외정보국)을 위해 일했다. 그는 1992년에 해고됐는데, 그가 빈에서 "현지 KGB 지국의 거대한 부패를 우연히 인지"했기 때문이라고 했다.

마카로프도 리트비넨코와 비슷한 고위급 변절자였던 걸까? 불투명하기로 악명 높은 스파이의 세계를 잘 아는 사람들은 그 가설을 부인한다. 비밀 정보국에 근무하던 시절 마카로프는 정보 평가 업무에만 종사했다. 그는 BND(독일 연방정보부)에게 자신이 러시아 스파이 조직을 잘 아는 내부자로서 정보원 역할을 하겠노라고 자청했지만 BND는 관심을 보이지 않았다.

마카로프가 처음 우리 연구소에 나타난 때는 2010년 11월이었다. 그날 부부는 불안하고 기진맥진한 모습이었다. 부부는 자신들이 엄청난 역경을 헤치고 왔다고 주장했다. 이들이 베를린 어디에 들어가 살든, 슈테글리츠나 쇠네베르크, 샤를로텐부르크 등 어디에서건 추적자들이 최단 시간 안에 쫓아와 집을 오염시켰다고 했다. 두냐는 하루에도 몇 번씩 초산이 함유된 강력 세제로 집을 청소했다. 사용하는 모든 물품을 비닐봉지로 덮었고 아파트 가구에도 포장용 랩을 씌워 놓았다.

이들은 여러 차례 경찰에 신고하면서 자신들이 독살 공격의 피해자라고 주장했다. 마침내 주 범죄수사청이 미지의 범인에 대한 수사에 착수했다. 법의학 수사팀은 부부가 오염됐다고 주장하는 숙소를 조사했다. 하지만 코를 찌를 듯한 식초 냄새 말고는 특이 사항을 발견하지 못했다. 방사능이나 수은을 비롯한 유독 물질도 찾지 못했다.

그러나 법의학자인 비외른 샬러 박사와 마주 앉은 마카로프 부부는 다시금 쇠약해진 몸 상태와 요통을 호소했다. 두냐는 상처가 터져서 딱지가 앉은 자신의 두 손을 내밀었다. 비외른 박사는 두 러시아인의 혈액을 채취했다. 모발과 소변 표본도 제출하도록 했다.

마카로프 부부의 진료 기록에는 두 사람이 이미 몇 달 전 베를린의 연방군병원에서 입원 치료를 받았던 사실이 드러나 있었다. 그들의 주장에 따르면 샤를로텐부르크의 호텔 방에서 방사능에 노출되었다는 것이다. 그러나 수사 당국은 호텔에서 어떤 방사선 수치의 증가도 확인하지 못했다. 연방군병원의 건강검진 카드에도 별다른 이상을 발견했다는 말이 없었다. 연방군병원의 담당 의사 중 한 명은 수사진에게 부부의 불안이 허위로 꾸며낸 것은 아니라고 설명했다. 부부는 독살 공격에 대한 병적인 불안에 빠져 있었다.

입원생활 중 유일하게 언급할 만한 결과는 그들이 진료비를 계산하지 않았다는 점이었다. 세르게이 마카로프는 사전에 외무청이 자신에게 전화해 비용을 책임지겠다고 했노라고 했다. 그러나 외무청에서 그런 말을 했다는 사람은 아무도 없었다.

마카로프 부부의 혈액, 모발, 소변 표본은 우리 연구소에서 조사했다. 이번에는 두 사람에게서 양성 결과가 나왔다. 세르게이뿐 아니라 아내에게서도 높은 수치의 수은이 검출된 것이다.

의문스러운 것은 이들이 어떻게 맹독성 물질을 접했느냐는 점이었다. 우리가 볼 때는 의도적인 자해도 얼마든지 가능했다.

이런 경우에 흔히 그렇듯 베를린의 주 범죄수사청은 우리의 조사 결과를, 특히 그 해석을 검증할 수 있도록 2차 소견을 의뢰했다. 뮌헨대학 법의학 연구소의 법의학자들이 우리가 보관한 표본을 토대로 부부가 수은이나 다른 중금속에 중독됐는지, 그렇다면 중독 농도는 어느 정도나 되는지 조사했다. 특히 오염 시점과 시간 간격, 가능한 오염 장소 등을 조사했다.

뮌헨 법의학자들이 2011년 2월에 내놓은 소견이 우리의 결과를 뒷받침해주었다. 이들은 모발 표본을 근거로 마카로프 부부가 2010년 8월부터 11월까지 한차례 혹은 수차례 수은에 중독됐다는 사실을 확인했다. 조사한 모발 표본의 첫 4센티미터 안쪽에서는 수은 농도가 나머지 부분보다 두 배나 높게 나타났다. 사람의 모발이 한 달에 약 1센티미터씩 자란다는 사실을 염두에 두면, 중독은 4개월 이내에 일어난 것이 분명했다. 법의학자들은 부부의 혈액 및 소변 평가에서도 '고질적이거나 빈번한 수은 섭취 흔적 없음'이라는 소견을 내놓았다.

뮌헨의 법의학자들은 중금속이 어떤 방법으로 부부의 신체에 들어갔는지는 확인하지 못했다. 원칙적으로는 경구 흡수, 즉 수은을 삼키는 일은 수은이 함유된 증기를 흡입하는 일과 마찬가지로 가능하다.

법의학적 관점으로는 마카로프 부부가 스스로 중독됐는지 혹은 제삼자가 이들에게 수은을 주입했는지에 대해서 명쾌한 결론을 내릴 수 없었다. 하지만 적어도 "2010년 3월 이후 꾸준히 수은에 중독됐다"는 부부의 주장은 법의학적 분석 결과와 맞지 않았다. 2010년 3월에 두냐 마카로바의 두 손에서 확인된 습진의 원인은 수은 공격이 아니었다. 모든 정황으로 보았을 때 이들 부부는 우리 연구소에 나타나기 직전에 자신들의 이야기에 신뢰성을 부여하기 위하여 의도적으로 중금속에 중독된 게 분명했다.

베를린의 주 범죄수사청도 같은 결론을 내렸다. 2011년 1월, 그들은 미지의 범인에 대한 수사 절차를 중단하면서 '이곳 독일에서 지속적인 중독이 발생했을 가능성은 없다'라는 최종 보고서를 기록했고, 다음과 같이 덧붙였다. '부부가 의도적으로 자가 중독됐을 가능성은 있다.'

부부는 이 결과를 받아들이지 않았다. 그들은 수사가 흥미 위주로 변질됐다고 주장했다. 두냐는 수사가 중단된 이후에도 자신의 피부에 새로 상처가 생겼노라 주장했다. 그 사실이야말로 "우리가 맹독성 물질에 중독된 명백한 증거"라고 소리치기도 했다. 그러나 신비로운 유독 물질은 그녀나 남편의 체내에서 찾아지지 않았다. 세르게이는 전국을 돌며 여전히 자신의 '내부자 지식'을 팔고자 했다.

부부가 다음에는 어디에 불쑥 나타나서 자신들의 엉뚱한 중독 이 야기를 팔려고 할지 궁금하다. 그들은 베를린을 혼란에 빠트리기 전에 도 러시아와 에스토니아, 폴란드에서 똑같은 짓을 벌인 전과가 있다.

연방 정보부의 냉대를 받은 세르게이 마카로프는 언론 쪽으로 방 향을 틀었다. 연방헌법보호청은 마카로프를 단순히 '허위로 날조하 거나 철 지난 정보를 제공하는 정보 사기꾼'으로 분류했다. 그럼에도 마카로프는 오스트리아 신문 『쿠리어 Kurier』에서 '과거 KGB 분석가 이자 현 저널리스트'로서 현 시리아 정세를 해설하는 기회를 얻었다. 그는 현 정세가 '다른 수단을 통한 냉전의 지속'이라고 평가했다. 적 어도 그들 부부에게 냉전은 끝나지 않은 것으로 보인다.

5장

목숨을 위협하는 모성애

베를린 서남부에 있는 대형 소아과 병원의 15C 병동은 중병에 걸린 아이들을 위한 치료 시설이다. 아동 환자 중 대다수는 암이나 생명을 위협하는 대사장애류의 병을 앓고 있다. 이에 비하면 어린 레온 아펠트의 병은 대수롭지 않은 편이었다. 처음 레온은 별다른 주목을 받지 못했다.

2007년 9월 초, 레온은 담당 소아과 의사 잉그리트 랑케 박사의 소개로 이 병원에 왔다. 생후 18개월이던 레온의 체중은 8킬로그램으로, 유난히 발육이 더뎠다. 근육과 기능 조절능력도 나이만큼 발달하지 못했다. 랑케 박사가 그랬듯이 수석 의사인 울리히 휘터러 교수와 그 밑의 병실 담당 의사들도 아이의 병 앞에서 길을 잃었다. 철저하게 검사했음에도 이 심각한 성장장애의 정확한 원인을 찾을 수 없었다. 게다가 아이는 중병에 시달리고 있었다. 입원할 당시 레온은 너무 허약한 상태라 영양 튜브를 통해 음식물을 주입받아야 했다.

휘터러 교수팀은 병의 원인을 밝혀내기 위한 정밀 검사가 필요하다고 판단했다. 비용이 많이 들고 부담도 큰 검사였다. 나이 든 환자였다면 필요한 진통제나 마취제를 주입할 때 팔이나 손에 정맥 주사를 놓았을 것이다. 그러나 어린 레온의 팔 정맥은 너무 연약하고 섬세해서 주사를 찌를 때마다 계속 손상됐다. 고심하던 휘터러 교수는 목 부위에 '히크만 카테터'(약물 주입 및 채혈을 위해 정맥에 삽입하는 관)를 꽂기로 결정했다. 필수적인 약물을 주입하기 위해서였다.

레온의 가족이 이 가여운 아이의 상태에 모종의 책임이 있으리라고는, 랑케 박사도 병원 의사들도 전혀 생각하지 못했다.

레온의 담당 소아과 의사는 질케와 잉고 아펠트 부부를 '책임질 줄 아는 부모'라고 생각했다. 레온의 엄마는 20대 후반이었고 아빠는 30대 중반이었다. 겉으로 보기에 아펠트 부부의 생활은 정돈된 듯했다. 두 사람 모두 조기 연금을 받는 중이었고, 일은 하지 않았다. 그렇기에 부부는 육아에 온전히 매달릴 수 있었다.

레온은 출산 예정일보다 2~3주 일찍 태어났지만 생후 첫해에는 잘 자랐다. 부모가 늘 때맞춰 예방 검진을 한 것으로 보였다. 랑케 박사가 발달장애의 원인을 찾기 위해 추가 검사를 계획할 때도 부부는 진심으로 아이를 걱정했고 적극적으로 협조했다.

그러나 질케는 때로 아주 부적절한 반응을 보이곤 했다. 2007년 8월 초, 소아과 의사가 그녀에게 가능한 한 조심스럽게 '아이의 발달지체가 정신적인 장애를 의미하는 것일 수도 있다'고 말했을 때였다. 질케는 어깨만 한 번 으쓱해 보이고 이 말을 대수롭지 않게 받아

넘겼다.

랑케 박사는 한참이 지난 후에야 이런 당혹스러운 순간을 기억해 냈다. 레온에게는 이미 너무 늦은 시기였다.

새롭게 옮긴 소아과 병동의 책임간호사인 모니카 에르프스트 역시 질케의 행동에 당황한 적이 있었다.

병원에는 모자동실母子同室〔입원 중 신생아를 육아실에 두지 않고 엄마 침대 옆 유아용 침대에서 기르는 것〕 프로그램이 있어서 부모가 밤낮으로 아이 곁에 머무는 일이 허용됐다. 이런 방식은 어린 환자가 익숙한 환경에서 떨어져 나와 고통스러운 검사 과정을 견뎌야 할 때 가장 가까운 관계인과 헤어져야 하는 충격이라도 줄여주려는 의도로 만들어졌다. 질케는 이 기회를 적극적으로 활용했다. 그녀는 아들 곁에 붙어 떨어질 줄 몰랐고 레온과 한 침대에서 자려고 했다. 그러나 노련한 간호사가 보기에 질케는 감정적으로는 종종 놀라우리만치 냉담한 태도를 보였다.

10월 6일, 입원하고 약 6주가 지났을 때였다. 그렇지 않아도 허약한 상태였던 레온이 갑자기 고열에 시달렸다. 아이는 구토했고 극심한 고통에 빠졌다. 체온이 40도를 넘어갔을 때 아이는 긴급히 중환자실로 옮겨졌다. 의료진은 중환자실에서 아이의 증상이 패혈성 쇼크라는 사실을 확인했다. 세균성 패혈증 중에서 가장 심각한 형태였다. 어린 레온은 목숨이 오락가락할 정도로 위중한 상태였다. 원인을 전혀 알 수 없는 장내 세균이 아이의 혈액 안에서 들끓고 있었다.

중환자실로 옮긴 후 레온의 건강 상태는 신속히 호전됐지만 4주가 지나자 다시 고열이 발생했다. 레온은 소아과 병실로 돌아갔고 계속해서 힘들고 고통스러운 검사를 견뎌야 했다. 레온은 항생제, 때로는 코티손을 처방받았다. 아이의 머리카락이 빠졌다. 4주 동안 무려 열다섯 번의 혈액 분석이 시행됐다. 그때마다 거의 매번 다른 장내 세균이 발견되었다.

레온의 수수께끼는 의사들을 난관에 빠트렸고 불안에 휩싸이게 했다. 장내 세균은 무척 전염성이 강하다. 소화관 외부에서는 미세한 양만 있어도 치명적인 영향력을 발휘한다. 약물 치료를 받은 레온의 혈액에 어떻게 장 세균이 있을 수 있을까? 어떻게 하루 이틀 간격으로 혈액 속의 세균 스펙트럼이 바뀌는 걸까?

기본적으로 세 가지 설명이 가능했다. 혈액암, 병원의 위생 불량, 아니면 장벽에 결함이 있어 세균이 혈관으로 침투했을 가능성. 세 가지 중 하나가 원인일 수 있었다.

레온이 혈액암에 걸렸을 가능성은 검사를 통해서 즉시 배제되었다. 휘터러 교수는 병원의 위생 상태를 점검하도록 했다. 레온이 입원한 병실 세면대의 물까지 조사했다. 예상한 대로 결과는 음성이었다. 해당 병실은 면역력이 약한 어린 환자들 때문에 위생 규정을 특히 엄격하게 살피고 적용하고 있었다. 레온과 유사한 증상을 보이는 어린이 환자도 전혀 없었다.

남은 가능성은 하나뿐이었다. 세균이 아이의 장벽을 통해 혈관으로 침투한 게 틀림없었다. 이제 아이는 장 내시경 검사까지 여러 차례 견뎌야 했다. 그러나 이 고통스러운 검사에서도 성과는 없었다. 아이의 장벽은 멀쩡해 보였다. 그런데도 새로운 혈액 검사를 할 때마다 계속 장 세균의 흔적이(거의 매번 다른 세균이) 발견되었다. 경험 많은 휘터러 교수조차 이런 현상을 본 적이 없었다. 모든 정황으로 볼 때 아이는 지극히 희귀한 병을 앓고 있었다.

휘터러 교수는 휘하의 선임 의사인 루프 박사, 베스테 박사와 함께 레온이 '대식세포활성화증후군'이나 훨씬 드물게 나타나는 하위 형태의 증후군, 가령 고열과 극심한 염증이 나타나는 증후군을 수반한 자가 면역 질환에 걸렸을 가능성을 논의했다. 이들은 외부 전문가의 도움을 받아가며 소모적인 검사를 계속했다. 모든 노력이 허사로 돌아갔다. 의료진은 결국 레온이 고열에 시달리는 원인을 발견하지 못했다.

10월 15일, 심한 고열에 시달리던 레온은 혼수 상태에 빠져 다시 중환자실로 옮겨졌다. 중환자실에 가자 염증은 놀랍도록 빠르게 사라졌고 열도 떨어졌다. 이러한 과정은 다음 몇 주간 두 번이나 반복됐다. 중환자실로 잠시 옮겨졌다가 상태가 호전된 아이는 다시금 엄마가 기다리는 병실로 돌아갔다.

레온의 상태는 갈수록 악화됐다. 열이 심한 날이면 레온은 거의 사경을 헤매는 사람 같았다. 회색빛 피부는 무감각 상태에 빠진 듯 보였다. 얼굴과 배는 부자연스럽게 부풀어올랐다. 휘터러 교수를 비롯한 의사들은 원인을 설명하지도, 효과적인 치료를 하지도 못했다.

그사이 아이 엄마가 보인 태도는 병동 책임간호사뿐 아니라 다른 이들까지 당혹스럽게 만들었다. 베스테 박사와 루프 박사도 아이 엄마를 보며 점점 이상하다는 느낌을 받았다. 질케는 아이를 중환자실로 옮겨야 할 때마다 완강하게 반대했다. 아이 아빠인 잉고가 레온을 중환자실로 옮기자고 설득하면 질케는 "여보, 거긴 안 돼. 집에서 죽는 게 나아!"라며 나무랐다. 베스테 박사가 청소년 복지청에 연락하겠다고 위협해야 비로소 반발을 멈췄다.

책임간호사와 마찬가지로 두 선임 의사 역시 엄마가 아이의 고통에 딱히 괴로워하지 않는다는 느낌을 받았다. 루프 박사가 베스테 박사에게 말했다. "내가 볼 때는 마치 우리가 여기서 레온을 살리기 위해 벌이는 소동을 즐기는 것 같아."

의사들은 부모에게 최선을 다해 레온의 상태를 설명했다. 아들의 목숨이 위태로우며, 전망이 무척 어둡다고까지 말해준 것이다.

잉고의 걱정은 갈수록 깊어지는 듯했으나 질케는 이상할 만큼 부적절한 반응을 보였다. 레온이 다시 중환자실로 옮겨가자 그녀는 이렇게 말하기도 했다. "다음 주 휴가는 포기해야겠네!"

선임 의사는 소스라치게 놀랐다. "지금 휴가 같은 말을 늘어놓다니요! 아기가 사경을 헤매면서 오늘내일 하는 중이라는 걸 몰라요?" 베스테 박사는 호통을 치고서 혼수 상태에 빠진 레온에게로 돌아섰다.

베스테 박사는 루프 박사에게 이 으스스한 이야기를 들려주었다. 두 의사는 질케가 자기 위로의 일환으로 현실을 외면하는 건지, 혹은 정말로 아이가 어떻게 되든 상관 없는 것인지 생각했다. 다만 이 엄마는 몇 주째, 사실상 한순간도 빠짐없이 아들의 병실에 붙어 있었다. 그러면서 의사들에게 검사를 계속해달라고 재촉했다.

"다른 사람이 없을 때 그녀가 어떻게 구는지 봐야 해요." 간호사 모니카는 의사들에게 말했다. "마치 자기와 전혀 관계없는 것처럼 애를 다루거든요. 정말 특이하게 군다고요."

아동 병실에서 근무하는 이리스 간호사도 동의했다. "꼭 장바구니처럼 자기 애를 들고 병실을 돌아다녀요. 아이를 쓰다듬을 때는 이불이라도 꽉꽉 펴려는 사람 같고요." 며칠 전에는 아이 엄마가 이리스 앞에서 레온을 가리키고는 웃으며 소리쳤다고 했다.

"애한테 다시 고열이 생겼는데도 저 사람들은 왜 그런지도 몰라요!"

휘터러 교수도 질케를 걱정했다. '대리인에 의한 뮌하우젠증후군' (어린이를 돌보는 부모나 간병인 등이 주변 사람들의 이목을 끌기 위해 자신이 돌보는 대상에게 끊임없이 상처를 입히는 정신질환)은 지극히 희귀하지만, 대식세포활성화증후군의 원인으로 정확하게 들어맞는다. 아이의 수수께끼 같은 증상에는 분명 어떤 원인이 있을 것이다. 원인이 환자의 체내에 있지도 않고 위생 불량과도 무관하다면, 한 가지 다른 가능성이 있다. 누군가 인위적으로 증상을 야기한 것이다.

10월 말, 레온이 소아과 병원에 입원한 지 거의 8주가 지났을 때였다. 휘터러 교수는 수석 의사의 주간 회진 자리에서 처음으로 이런 의혹을 제기했다. 레온은 병상에 무감각한 상태로 누워 있었다. 하얀 가운을 입은 사람들이 자신을 둘러싸고 있다는 사실을 인지하지 못하는 것 같았다.

"혹시 '대리인에 의한 뮌하우젠증후군'을 생각해보지 않았나?"

휘터러는 지나가듯 던지며 두 선임 의사를 흘낏 쳐다보았다. 베스테 박사와 루프 박사는 깜짝 놀라서 그를 보다가 질케에게로 시선을 돌렸다. 그녀는 아들의 침대 가장자리에 앉아 있었다. 이들 모자는 거의 두 달이나 병원에 있었지만, 그녀의 이상한 표정은(원망하는 것 같기도 하고 의기양양한 것 같기도 한) 의사나 간호사에게 여전히 익숙지 않은 것이었다. 휘터러 교수는 어조를 바꿨다.

"그냥 생각해본 거야. 사실 그런 증상은 거의 상상할 수 없지."

그러나 사후 보고를 듣는 자리에서 휘터러 교수는 다시 자신의 의혹을 드러냈다. 이전에 서부 독일 대학병원에 근무할 때도 그는 '대리인에 의한 뮌하우젠증후군'으로 아이를 괴롭히는 엄마를 본 적이 있었다. 그녀는 자신의 어린 딸에게 몰래 유독 물질을 주입하고는 의사들에게 아이를 "철저히 검사해서" 병의 원인을 찾아내라고 독촉했다. 엄마가 인위적으로 아이의 병을 유도했다는 사실이 드러나고 의사들이 이를 추궁하자 그녀의 완강한 태도는 무너졌다. 아이 엄마는 울면서 자신이 어떻게 딸에게 그런 몹쓸 짓을 할 수 있었는지 정말 모르겠다고 말했다. 딸은 엄마와 떼어놓자마자 빠르게 회복되었다.

휘터러 교수는 그 사건이 무척 당혹스러웠다고 말했다. 그러나 중병에 든 자신의 친자식에게 장 세균 감염을 일으키는 엄마는 도저히 상상이 안 된다고도 덧붙였다. 두 선임 의사도 이 말에 동의했다.

끔찍한 의혹을 뒷받침할 단서도 전혀 없었다. 엄마가 이상하게 행동한다는 것은 분명했다. 그러나 아들의 고통을 동정하지 않는 듯한 태도에도 불구하고 그녀는 벌써 수 주째 쉬지 않고 아들과 함께 지내고 있었다. 15C 병동에 입원한 어린 환자들은 가족이 가끔 한 번씩이라도 찾아오는 일에 기뻐하곤 했다. 이런 점에서 볼 때 레온의 부모,

특히 엄마는 모범적인 사례였다. 게다가 병원에는 병실에서 일어나는 일을 한시도 빠짐없이 감독할 만한 인력이나 기술적인 여력이 없었다. 그런 감시가 법적으로 허용되지 않는다는 사실도 분명했다.

결국 수석 의사는 엄마와 레온을 떼어놓지 않았다. 별로 개운한 기분은 아니었다.

일주일쯤 지났을 때, 레온은 다시 중환자실로 실려갔다. 히크만 카테터를 교체하기 위해서였다. 이 가여운 아이는 다시 장 내시경 검사를 받아야 했다. 의료진의 바람은 여전했다. 그들은 일정한 간격을 두고 나타나는 혈액 감염이 그간 발견되지 않은 장벽의 천공穿孔 때문이길 바랐다. 결함을 찾아내고 문제를 제거하는 데 성공하면 아이는 살아날 수 있다. 그러나 시간은 촉박했다. 레온은 하루하루 약해지고 있었다.

그런데 레온의 이번 중환자실 이동은 원인 파악의 결정적 계기를 마련해줬다. 동시에 아이를 구하는 계기가 되기도 했다. 의료진이 기대했던 것과는 전혀 다른 방식이었다.

중환자실에서 레온을 돌보는 동안 15C 병동의 이리스 간호사가 레온의 병실을 청소했다. 질케가 자리에 없었으므로 이리스 간호사는 아주 편하게 일할 수 있었다. 이리스는 청소 도중 병실 모퉁이 바닥에서 입구가 열린 세면도구 가방 하나를 발견했다. 가방 속에는 일회용 주사기가 두 개 있었다. 주사기 하나에 든 갈색 물질이 간호사의 눈에 띄었다. 냄새를 맡아보니 사람의 배설물이 분명했다.

이리스는 즉시 이 일을 상사 에르프스트에게 보고했다. 책임간호사는 세면도구 가방 안의 내용물 전체를 감정한 후 이 발견이 지닌 파괴력을 곧바로 알아차렸다. 에르프스트는 즉시 휘터러 교수에게 이 사실을 알렸다. 수석 의사는 주사기의 내용물을 병원에 딸린 미생물 실험실에 맡겼다. 미생물 실험실장인 발터 하르트만 박사가 주사기 하나에 들어 있던 갈색 물질을 분석했다. 장내 세균이 먼저 검출되었다.

이틀이 지난 후, 휘터러 교수는 질케와 잉고 아펠트를 불러 이 사실을 추궁했다. 노련한 의사인 그 역시도 엄청난 충격을 받은 터였다. 의혹을 품은 적이야 있지만, 세상 어느 엄마가 친자식에게 그런 짓을 한다고 상상하겠는가?

이 일을 논의하는 자리에는 선임 의사인 베스테 박사와 루프 박사, 수석 미생물학자인 하르트만 박사도 참석했다. 휘터러 교수는 모든 정황상 누군가 외부에서 레온의 혈액에 장 세균을 투입한 것 같다고 설명했다. 그는 구체적인 의혹은 밝히지 않고 그저 물어보듯 부모의 얼굴을 쳐다보았다.

질케는 자신이 의심받는다는 사실을 즉시 알아차렸다. "어쩜 이렇게 뻔뻔스럽게!" 질케 아펠트는 소리치며 병실 밖으로 뛰쳐나갔다. 곧 이 병원의 의사는 모두 돌팔이라고 외치는 소리가 들렸다. 방금 이야기는 근거 없는 모략이며 지나친 상상이라고도 했다.

"여보, 그만 가요!" 질케 아펠트는 완전히 정신이 나간 남편을 독촉했다. "레온을 데리고 집에 가자고요!"

질케는 15C 병동으로 돌아온 레온의 병실로 달려갔다. 건장한 남자 간병인이 질케의 앞을 가로막았다. 사태를 걱정하던 휘터러 교수가 부모와 만나기 전에 병실 문 앞에 미리 경비를 세우도록 조치한 것이다. 부부가 계속 소아과 병동에 들어가려고 하는 사이, 의료진은 청소년 복지청과 경찰에 이 사건을 알렸다. 베를린 라이니켄도르프 청소년 복지청은 더 이상의 공격으로부터 아이를 보호하기 위해 당분간 부모와 아들 사이의 접촉을 일절 금지했다. 잉고 또한 내막을 아는 사람으로 사건에 휘말렸을 가능성이 있기 때문이었다. 그러나 휘터러 교수가 볼 때 잉고는 모든 사실을 몰랐던 게 분명했다. '대리인에 의한 뮌하우젠증후군'의 경우 당사자는 자신의 행위를 주변 사람들에게 능숙하게 숨기며 어느 정도까지는 자기 자신마저도 속인다.

자비네 드릴리히 경감은 원숙한 수사관이었다. 그녀는 베를린주 범죄청의 '보호 의무 위반' 부서 소속으로, 아동 학대 및 아동 성폭력 범죄 추적의 전문가였다. 그런 그녀조차도 루프 박사와 베스테 박사의 범죄 신고를 받고서는 충격을 감추지 못했다. 경감은 확인하듯 물었다.

"그러니까 아이 엄마가 정맥 주사를 통해 아들에게 장 세균을 주입했다는 말입니까?"

선임 의사들은 그렇다고 대답했다. "세면도구 가방에서 발견된 일회용 주사기에 자신의 대변을 넣은 것으로 보고 있습니다." 루프 박사가 설명했다.

베스테 박사가 보충 설명을 했다. 언제나 엄마가 혼자 레온 곁에 있던 직후에 고열이 발생했다. "우리는 레온의 엄마가 '대리인에 의한 뮌하우젠증후군'을 앓고 있다고 판단합니다." 베스테 박사가 말했다.

두 의사는 의학 용어를 잘 모르는 사람들도 이해할 수 있도록 이 증후군이 어린 피해자의 병과 무슨 관계가 있는지 자세하게 설명했다. 영미 언어권에는 '뮌하우젠증후군'〔병이 없는데도 타인의 관심을 끌기 위해 아프다고 거짓말을 하거나 자해를 일삼는 일종의 정신질환)이란 용어가 있다. 이 증상을 가진 당사자는 질병을 가장해 의사나 다른 보호자의 관심을 자신 쪽으로 유도하려 한다. 이를 위해서 당사자는 스스로 자신의 몸을 조작한다. 이와 달리 '대리인에 의한 뮌하우젠증후군'은 부모가 (거의 예외 없이 엄마 쪽이) 친자식의 건강에 해를 끼친다. 여기서 아이는 엄마가 의료진의 관심과 애정을 맛보기 위해 인위적으로 질병을 유도하는 과정의 '대리인' 역할을 할 수밖에 없다.

엄마는 아이의 병을 (대개 유독 물질을 통해) 인위적으로 유발한다. 그런 다음 아이를 의사에게 되풀이해서 보여주고, 아이에게 부담과 고통을 안겨주는 비싸고 번거로운 검사를 요구한다. 병의 원인을 물어보면 끈질기게 모른다고 주장한다. 엄마와 아이가 떨어지면 대부분 아이는 신속하게 건강을 회복한다.

베스테 박사가 계속 설명했다. 핵심적인 특징을 요약하면 증상에 대한 진단은 별로 어렵지 않다. 그러나 '대리인에 의한 뮌하우젠증후군'은 나타나는 경우 자체가 매우 드물다. 그렇기에 이 증상을 알아보는 의사는 극소수에 지나지 않는다. 한편 의료 전문 종사자는 환자나 고통받는 사람에 대한 보호를 개인적인 의무로 믿는 이들이다. 그들에게 엄마가 자식에게 의도적으로 고통과 시련을 안겨주는 일은 상상 밖의 영역일 것이다.

루프 박사가 설명을 이어갔다. 레온이나 그 엄마에게는 다른 증상과 구분되는 몇 가지 독특한 특징이 있었다. 노련한 의사라면 이런 요소를 토대 삼아 눈앞의 상황이 '대리인에 의한 뮌하우젠증후군'인지 아닌지 적절하게 검증할 수 있다.

가령 엄마는 대개 병원에서 아이 곁을 떠나지 않는다. 겉으로는 아이를 위해 희생하는 것 같지만, 아이의 목숨이 위태로운 상황에서도 태연하거나 무관심한 태도를 보이기까지 한다. 아이에게는 철저한 검사를 해도 원인을 규명할 수 없는, 전형적인 증상이 나타난다. 증상은 알려지지 않았거나 극단적으로 희귀한 병에나 들어맞는 양상이다. 효과가 입증된 치료 방식을 동원해도 소용이 없다. 증상 발현은 언제나 엄마와 아이가 함께 있는 시간과 관계가 있다. 엄마가 아이의 병력에 대해 하는 말은 검사 결과나 분석 결과와 맞지 않는다. 의사가 꾸준히 확인하면 보통 엄마가 그때까지 아이의 치료에 대해 잘못된 진술을 하거나 불완전한 말을 해왔다는 사실이 드러난다. 그러나 엄마 쪽이 '대리인에 의한 뮌하우젠증후군'을 의학적으로 아는 경우도 곧잘 있기에 처음에는 꾸며서 하는 이야기조차 그럴듯하게 들리기도 한다.

두 선임 의사는 상세한 설명을 마친 후 질케 아펠트에 대한 형사고발장에 서명했다. 드릴리히 경감이 그들과 헤어지며 말했다.

"이제까지 나는 온갖 범죄를 다 경험했다고 생각했거든요. 아이를 물거나 끓는 물을 붓는 엄마를 본 적도 있고, 뜨거운 담뱃불로 아이를 고문하거나 베란다에서 던지는 아빠를 보기도 했습니다. 그런데 어린 친자식의 혈관에 대변을 주입하는 엄마라니…… 이런 경우는 여태까지 보지 못했네요."

'대리인에 의한 뮌하우젠증후군'의 경우 아이들은 상대의 잔혹함 때문에 학대받는 것이 아니다. 가혹 행위를 하는 사람에게 중요한 것은 오로지 의료 인력 앞에서 잘난 체하고 그들의 주목을 받는 일이다. 또한 아이가 '질병'으로 고생하는 동안 자신의 '희생'에 대한 칭찬과 위로를 듣는 것이다. 그러나 이상한 낌새를 제때 느끼지 못하면 그들은 자기 '대리인'을(대개 두 살도 채 안 된 아이를) 제물로 삼는다.

드릴리히 경감은 그날 중으로 질케 아펠트에 대한 수사를 개시했다. 부모를 신문하자 남편은 아내의 음모를 전혀 알지 못했다는 사실이 금세 드러났다. 반면 질케는 앞뒤가 안 맞는 진술을 했다.

처음에 엄마는 아들을 학대한 혐의만 받았다. 경감은 팀원들에게 모살을 시도한 근거까지 찾아내도록 지시했다. 또 질케의 가방에서 나온 일회용 주사기를 미생물학 및 분자유전학적인 방식으로 조사하도록 했다. 이틀 뒤에 조사 결과가 나왔다. 주사기 하나에 들어 있던 갈색 물질 속 세균은 레온의 혈액에 있는 세균과 같은 종류였다. 담당 검찰은 베를린 라이니켄도르프의 주거 단지에 있는 아펠트 가족의 집을 수색했다. 수사관들은 욕실 선반에서 질케 아펠트의 가방에서 발견된 것과 같은 제품의 일회용 주사기를 찾아냈다.

아이 엄마에 대한 혐의는 더욱 견고해졌다. 모든 정황상, 질케 아펠트는 목 부위의 히크만 카테터를 통해 자신의 배설물을 어린 친자식의 혈관으로 주입한 게 분명했다.

문제는 질케에게 아이를 죽일 의도가 있었는지 여부였다. 자비네 드릴리히는 그렇게 생각했다. 아펠트 가족의 집을 샅샅이 수색한 수사팀은 아이 엄마가 이상한 말을 하더라고 보고했다. "남편과 나를 봐요! 우리 두 사람 다, 중병에 걸려서 병든 아이는 필요 없다고요."

그 말은 자백 같은 걸까? 자비네 드릴리히 생각했다. 그 말은 이 사건이 질케 스스로에게 부담이 된다는 사실을 뜻하는 걸까?

경감은 병원에 가서 증인으로 온 휘터러 교수의 설명을 들었다. 휘터러 교수는 먼저 질케를 형사 고발한 두 선임 의사의 말부터 확인했다. 곧 교수가 설명을 시작했다.

"우리는 여러 주에 걸쳐 아이의 심장과 신장을 조사했어요. 아이는 그야말로 고문당했다고 봐야 합니다. 장 내시경에 골수 천자 등 온갖 검사를 다 했으니까요. 하지만 혈액이 반복해서 장내 세균에 감염됐고, 거기서 발생하는 고열의 내인성 원인이 무엇인지는 찾을 수 없었습니다."

경감이 물었다.

"교수님이 볼 때 아이 엄마는 아이가 목숨이 위태롭다는 사실을 알았나요?"

"혈액에 침투하는 모든 장 세균은 아이를 죽일 수 있었어요. 나는 질케에게 그런 혈액 감염은 바로 목숨을 위협한다고 여러 번 설명했어요."

"아이 엄마는 레온이 죽을 수도 있다는 사실을 알았다는 거죠?" 경감이 다시 물었다.

휘터러 교수는 진지한 표정으로 고개를 끄덕였다. "지난 몇 주 동안 어린 레온의 상태는 몇 번이나 죽음의 문턱까지 갈 만큼 위험했습니다. 질케는 아들이 심각한 중병에 걸렸다는 걸 잘 알고 있었죠."

"아이는 지금 상태가 어떤가요?" 수석 의사와 헤어지기 전에 경감이 다시 물었다. 의사의 얼굴이 밝아졌다. "아주 좋습니다. 엄마와 접촉하지 않은 뒤로 상태가 안정을 찾았어요."

그러나 두 달이 더 지나서야 레온은 퇴원할 수 있었다. 휘터러 교수는 히크만 카테터를 면밀하게 검사한 뒤 이제는 아무도 놀라지 않을 결과를 자비네 드릴리히에게 통보했다. 카테터 끝부분에서는 2007년 11월 초까지 아이의 혈액에서 여러 번 검출된 것과 같은 세균이 발견되었다. 모자의 접촉을 차단한 후로는 단 한 번도 세균이 검출되지 않았다. 레온은 넉 달 가까이 병원생활을 한 뒤에 퇴원했다. 그동안 가정법원은 부모의 양육권을 박탈했다. 레온은 일시적으로 수양가정의 보호를 받게 되었다. 그 사이에 아이의 월령은 20개월이 되었다. 회색빛 얼굴에 무감각하던 아이는 이제 생기로 넘쳐났다. 그러나 신체, 정신적인 발달은 여전히 한참 뒤처졌다.

그동안 정의의 심판을 위한 절차도 꾸준히 진행됐다. 페터 반들러 검사장의 지휘 아래 경찰 수사팀은 살인미수 혐의에 대한 수사를 벌였다.

검찰은 법정신의학과 의사인 헬레네 라그니 박사에게 질케 아펠트의 심리 상태에 대한 전문 소견을 의뢰했다. 특히 범행 시간 동안 피의자의 판단력과 통제력이 정신장애로 인해 유달리 제한받았는지 혹은 아예 상실되었는지 조사해달라고 했다.

라그니 박사는 레온의 엄마가 자신의 범행에 책임질 수 있는 상태라는 결론을 내렸다. 이에 따라서 반들러 검사장은 질케 아펠트를 아들 레온에 대한 살인미수 혐의로 기소했다. 그는 법의학적인 감정도 의뢰했다. 우리 샤리테 법의학 연구소가 이 사건에 발을 담그게 된 것이다.

사람들은 흔히 법의학자가 사망자에 관해서만 조사한다고 생각하지만 사실은 그렇지 않다. 살아 있는 사람에 대한 활동도(이른바 임상법의학) 꽤 큰 부분을 차지한다. 우리는 수사 당국의 의뢰에 따라서 살아 있는 사람이나 폭력 범죄에서 살아남은 피해자, 특히 아동 학대나 성폭력 피해자를 조사한다. 범행 과정을 재구성하기 위해서 사체에 기본적으로 사용하던 방법이 살아남은 폭행 피해자에게도 그대로 적용된다. 특히 자신에게 일어난 일을 스스로 설명할 수 없는 어린아이가 학대받은 사건에서는 임상법의학의 소견이 결정적 역할을 할 때가 많다.

나와 함께 일하는 자스키아 구다트 박사는 (성폭력을 비롯하여) 학대당한 아이에 대한 감정 평가의 전문가다. 구다트 박사는 레온 아펠트 사건에서 나와 함께 검찰이 ('긴급을 요함'이라는 메모를 붙여) 의뢰한 법의학 소견서를 작성했다. 아직 피의자가 공식적으로 자백하지 않은 상태였다. 검찰은 간접 증거에 의한 소송을 목표로 했기에, 피고의 유죄를 입증하기 위해 법의학적 소견은 결정적인 역할을 하게 되었다. 검찰의 의문은 다음과 같았다.

"아이의 진료 기록에서 (의도적인) 제삼자 과실의 근거가 나왔는가? 만일 나왔다면 누구에게 혐의가 있는가? 구체적인 시점 혹은 적어도 구체적인 시간 안에서 각각의 혈액을 근거로 아이의 체내에 장 세균이 주입되었다는 결론을 내릴 수 있는가? 혈액 감염이 병원 직원 및 병실의 위생 불량에서 왔을 가능성도 있는가?"

소견서를 작성할 때 우리는 검찰의 수사 기록과 병원의 진료 기록을 참고했다. 구다트 박사는 책임 감정인으로서 자비네 드릴리히 경감과 접촉했고 화학 검사 결과를 보자고도 했다. 11월 초 우리는 질케 아펠트의 세면도구 가방에서 발견된 일회용 주사기의 내용물에 대한 분자유전학적 분석(DNA 프로파일 추출)을 했다.

소견서에 담긴 답변은 모든 주요한 면에서 병원 의사들의 추정과 일치했다. 내인성 원인, 즉 혈액 감염이나 고열 발생이 어린 환자의 체내에서 발생한 것일 가능성은 없었다. 외부 영향만이 원인으로 간주되었다. 아이 몸속의 세균 종류가 계속 바뀌었다는 사실을 고려하면, 병원의 위생 불량이 감염 원인일 수도 없었다.

반면 일회용 주사기에 들어 있던 장 세균은 아이의 혈액에서 부분적으로 검출된 세균과 같았다. 주사기의 내용물에서는 질케 아펠트의 타액 표본과 똑같은 DNA가 확인되었다. 아이에게서 고열이 발생하기 하루 전날마다 엄마가 아이 옆에 있었다는 점 역시 주목할 만했다. 반대로 레온이 중환자실에 머물 때 채취한 혈액 표본에서는 한 번도 장 세균이 검출되지 않았다.

세균 배양 조사로는 정확히 언제 배설물의 세균이 카테터로 주입됐는지 확인할 수 없다. 체내에서 세균이 번식하는 일은 다양한 요인에 달려 있기 때문이다. 하지만 새로운 세균이 레온의 혈액에서 검출

될 때마다 그 직전 또 다른 세균이 아이에게 주입됐다는 사실만은 분명했다. 진료 기록에는 세균 종류가 총 14회 교체된 것으로 나왔다. 법의학의 관점에서 보면 질케 아펠트가 아이에게 중심정맥관을 통해 여러 번 자신의 배설물을 주입했다는 의혹이 생긴 셈이다. 최소한 열네 번은 주입했을 가능성이 매우 컸다.

2008년 4월 22일, 티어가르텐 지방법원은 질케 아펠트에 대한 구속 영장을 발부했다. 구치소에 수감된 질케는 음식을 거부했고, 체중이 33킬로그램으로 줄었다. 때로는 목숨이 위험할 정도로 건강이 악화되어서 7월 초부터는 구류를 면하게 됐다. 대신 먼저 외부와 차단된 베를린 병원의 정신과 병동에서 치료받기로 했다.

마침내 그녀는 일주일에 두 번, 경찰에 소재를 통보하는 조건으로 브란덴부르크 지역의 부모 집에서 거주해도 된다는 허락을 받았다. 그녀의 부모는 모두 실업자였고 하르츠 IV 실업급여를 받고 있었다.

그동안 가정법원은 잉고 아펠트에게 단독 양육권을 넘겨주었다. 이제 세 살이 된 레온은 아빠와 함께 살고 있었다. 2009년 4월 베를린 지방법원 형사부 32호 대법정에서 재판이 열렸을 때, 질케는 레온과 거의 1년 반이나 접촉하지 못한 상태였다.

언론과 대중은 재판에 열띤 관심을 보였다. 질케의 변호사들은 처음에 승리를 확신했고, 검찰의 주장이 잘못됐다고 주장했다. 그들은 아이 엄마가 음흉한 살인을 의도한 게 아니며 병원의 위생이 지극히 불량한 게 문제라고 했다.

피고는 모든 비난에 침묵했다. 간접 증거에 의한 재판이 진행되었다. 곧 변호사들의 변론이 어설프다는 사실이 드러났다. 반들러 검사장은 수많은 증인을 증언대에 세웠다. 병원 의사들, 미생물학자들, 15C 병동의 간호사들이 증인 신문을 받았다. 드릴리히 경감은 수사 결과를 발표할 시간을 가졌다.

심리학자 모니카 도리트도 증인석에 올랐다. 그녀는 법정신의학과의 소견을 위해 사전에 추가로 피고와 상세히 대화를 나눴다. 상담에서 질케 아펠트는 2009년 초부터 스스로 원해서 심리 치료를 받은 적이 있다고 말했다. 어릴 때 아버지에게 자주 맞았다고도 고백했다. 청소년기에는 삼촌 한 사람에게 수년간 성폭행을 당했다는 이야기도 했다. 질케가 고소하겠다고 하자 삼촌은 자살했으며, 자신은 여전히 죄책감에 시달리는 중이라고 했다.

심리학자가 증언을 이어갔다. 지난 10월에 질케 아펠트는 심리학자에게 "이제 나는 희망이 없어요"라고 말했다. 심리학자는 물었다. "왜 희망이 없죠? 많은 사람이 당신이 아이를 해쳤다고 생각해선가요, 아니면 실제로 그렇게 했기 때문인가요?" 질케는 "실제로 그렇게 했기 때문이죠"라고 대답했다.

자스키아 구타트 박사는 샤리테 법의학 연구소의 전문가로서 소견서에 담긴 핵심 내용을 설명했다. 아이의 혈액이 반복적으로 장 세균에 감염된 원인이 병원의 위생 불량일 가능성은 없다. 일회용 주사기로 세균이 주입된 데는 의심할 여지가 없으며, 주사기의 내용물과 표면에서 질케 아펠트의 DNA와 지문이 검출되었다.

변호인들은 법의학적 소견이 피고의 행적을 보여준다는 사실을 잘 알았다. 그들은 분석 결과에 대한 구다트 박사의 해석을 집요하게 공격했다. 그들은 사건 당시 15C 병동의 위생 불량을 확인하지 못한 사실이 법적 증명이 될 수는 없다고 했다. 병원 스스로 위생 상태를 조사했으므로 자신들이 불결하다고 시인할 리 없다는 말이었다. 그들은 소아과 병동에서 끌어들인 바이러스나 세균이 끊임없이 비극적인 사건을 만들어낸다는 사실은 익히 알려져 있노라고도 했다.

그러나 이런 공격으로도 질케 아펠트를 변호할 수 없었다. 구다트 박사는 상세하게, 어떤 감정도 싣지 않은 채 설명했다. 세균의 종류가 열네 번이나 바뀌면서 반복적으로 혈액이 감염되는 상황은 결코 위생 불량으로 발생할 수 없다. 검출된 세균은 예외 없이 장 세균이었다. 그 원천이 될 수 있는 건 살아 있는 사람의 소화 기관밖에 없다. 그렇기에 의사들은 계속 장 내시경 검사를 하면서 아이의 장벽에 결함이 있는지 찾아내려 애쓴 것이다. 그러나 장벽에는 아무런 결함도 없었다. 세균은 아이 주변인의 배설물에서 온 것일 수밖에 없다. 세면도구 가방에서 발견된 일회용 주사기의 내용물이나 표면에서는 질케 아펠트의 DNA가 검출됐으며, 결정적으로 아이는 사전에 질케의 직접 '보호'를 받고 난 뒤에만 항상 혈액 감염에 시달렸다.

변호인들은 구다트 박사의 증언을 외면했지만, 우리 소견의 신뢰성을 뒤흔드는 데는 실패했다.

증거 압박에 시달리던 피고는 두 달간의 침묵 끝에 결국 무너졌다. 피고는 제10차 공판에서 변호인 한 명에게 진술서를 낭독하게 했다. "저는 제 아들을 심하게 해쳤습니다." 낭독이 시작됐다.

"레온에게 제 배설물을 주입한 건 사실입니다. 방문자 화장실에서 배설물을 주사기에 담고 물과 혼합했습니다. 이 행위를 두 번이나 했습니다. 무슨 이유로 그렇게 했는지, 또 어떻게 그런 생각을 하게 되었는지는 설명할 수 없습니다."

계속되는 진술에서 피고는 결코 아이를 죽일 의도가 없었다고 말했다. "열이 날 때면 레온은 간호사나 의사에게 더 많은 사랑을 받았어요. 레온에게 열이 날 때마다 저는 간호사들을 불렀고, 아이는 다시 좋아졌죠. 중환자실로 옮겨가도 이내 돌아왔기 때문에 저는 레온의 생명을 걱정하지 않았어요. 겉으로는 그렇지 않아 보였겠지만, 저는 의사들을 믿었습니다."

끝으로 피고는 레온이 바라던 끝에 얻은 자식이며, 절대 아이를 해칠 생각이 없었다고 맹세했다. "제 아들을 보지 못하는 게 최대의 형벌입니다. 레온에게 한 짓을 후회해요. 변명의 여지가 없습니다."

제11차 공판에서 피고는 추가로 자신의 배설물을 목 부위의 히크만 카테터를 통하여 아들에게 세 차례 주입했다고 털어놓았다. 그다음 피고는 더는 진술하지 않았고 어떤 물음에도 답하지 않았다.

피고의 자백 이후, 법정에서는 형사상의 책임을 논하고 형량을 정하는 절차가 이어졌다. 다른 전문가가 증인석에 올라왔다. 신경과 의사이자 심리치료사인 아르노 겔러르트였다. 그는 질케 아펠트가 유아기에 가정 폭력에 시달렸고 청소년기에는 성폭력을 당해 정신적인 손상을 입었다고 설명했다. 따라서 피고는 범행 시점에 판단력과 통제력에 심한 제약을 받았지만, 그 능력을 완전히 상실한 건 아니라고 했다.

법정도 전문가의 의견에 동조했다. 피고의 살인미수는 입증할 수 없었다. 어떤 공격을 해도 의사들이 레온을 구해내리라 믿었다는 피고의 주장에는 모순이 없었기 때문이다. 마침내 질케에게 피보호자 학대와 위험한 신체 상해, 보호 및 양육 의무 위반 등의 죄로 징역 4년 6개월이 선고되었다. 변호인들은 항소했으나 연방최고재판소는 2010년 3월 최종심에서 베를린 지방법원의 판사들이 피고의 과실을 유달리 감해줘서 아주 관대한 판결을 내렸다고 판단했다.

피고가 석방되는 시점을 최대로 잡으면 4년 반 뒤다. 질케 아펠트는 그때도 여전히 젊은 여성이다. 법정은 판결을 내릴 때 피고가 다시 아이를 낳을 수 있으며 자신의 "정신질환에 따른 행위를 벌일" 가능성이 있다고 내다보았다. 그럼에도 형사재판부는 복역 후 피고를 정신 의료 시설에 수용하는 결정을 내리지 않았다.

6장

소리 없는 죽음

프랑스 작가 에밀 졸라는 1902년 집 안 난로의 환기장치가 고장 나면서 일산화탄소 중독으로 사망했다. 스위스의 화가이자 조각가로, 오늘날까지 '50프랑짜리 지폐의 여인'으로 알려진 조피 토이버아르프 역시 1943년 일산화탄소 중독으로 목숨을 잃었다. 두 사례 모두 20세기 대중에게 충격을 줬던 비극적인 사망 사건이다.

이런 일들은 석탄으로 난방을 하고 희미한 가스등을 사용한 조부모나 증조부모 시대에 존재하던 비극처럼 보인다. 그러나 지금도 일산화탄소 중독은 선진국의 중독사 중 1위를 차지한다. 독일에서만 해마다 1500명에서 2000명이 일산화탄소 중독으로 목숨을 잃는다.

물론 현대화된 난방 시스템이 사용하는 천연가스에는 일산화탄소가 들어 있지 않다. (독일에서는) 자동차 배기가스를 이용한 자살 역시 현대적인 촉매 기술로 일산화탄소 함유량을 최소화하며 그 빈도가 줄어들었다. 다만 가스나 고체 연료가 연소될 때는 별 차이 없이 일산화탄소가 배출된다. 가스보일러가 고장나거나 굴뚝이 막혀서 온 가족이 사망하는 일도 드물지 않다. 난로와 벽난로가 장식 효과나 저렴한 비용 때문에 인기를 끄는 현상 역시 우리 법의학자가 일산화탄소 중독에 꾸준히 주의하게 만드는 이유다.

오늘날 많은 주택은 단열 유리로 된 창문과 단열 재료로 시공한 벽 덕분에 석탄 난방 시대와는 비교도 안 될 정도로 빈틈없이 외부와 차단되어 있다. 즉 환기가 제대로 되지 않을 때 실내 공기는 일산화탄소와 빠르게 뒤섞일 수 있다. 오늘날 많은 현대인은 이 무취 가스의 위험에 대한 기초 지식이 없는 상태다. 고통스러운 질식의 감각이 없으므로, 인체 기관은 위험 경고를 보내지 않는다.

특히 안전 기준치가 낮은 국가에서는 수많은 광부가 규칙적이라고 할 정도로 빈번히 광산 사고로 목숨을 잃는다. 옛날 하르츠 지방의 광부들은 지하에서 치명적 농도의 일산화탄소와 마주치지 않기 위해 카나리아를 데리고 갱도로 들어갔다. 새들이 울기를 멈추고 의식을 잃은 채 횃대에서 떨어지면 갱도 밖으로 나가야 했다. 현대화된 유럽의 광산에서는 전기 센서가 카나리아를 대체해서, 갱내 가스가 일정한 농도에 다다르면 이를 자동으로 빨아들인다.

그러나 아무리 많은 카나리아를 동원했다고 해도 2012년 바켄 페스티벌에 참가한 젊은 헤비메탈 팬의 목숨은 구하지 못했을 것이다. 이 청년은 추위와 비를 피하려고 승용차에 연결한 트레일러에서 비닐 가림막을 텐트처럼 치고 잠들었다. 바로 옆에서 계속 돌아가는 디젤 발전기를 통해 일산화탄소 배기가스가 가림막 밑으로 들어왔다. 이튿날 아침 청년은 사망한 채 발견되었다. 잠을 자던 중 일산화탄소에 중독되어 목숨을 잃은 것이다.

이런 사고는 세계적으로 빈번하게 일어난다. 그러나 비정상적인 상황이거나 희생자의 숫자가 유난히 비극적으로 보일 때만 이목을 끈다. 예컨대 2010년 12월, 미국 서해안에서 벌어진 사건이 대서특필되었다. 한 모텔 방에서 16~19세 사이의 소년들이 생일 파티를 했다. 이들은 방 바로 아래에 있는 주차장에 차를 세워두었다. 자동차의 점화 장치가 말썽이라, 이들은 시동을 끄지 않고 밤새도록 엔진이 돌아가게 했다. 그들이 자는 동안 배기가스는 마룻바닥 틈을 통해서 침실로 올라왔다. 이튿날 모텔 관리자는 끔찍한 광경을 목격했다. 다섯 명의 소년은 이미 모두 사망한 상태였다.

거의 20년간 법의학자라는 직업에 매달리면서 일산화탄소 중독에 의한 죽음을 너무도 많이 봐왔다. 시신이 발견된 장소든 부검 테이블 앞이든 일일이 셀 수 없을 정도다. 대개는 첫눈에 무슨 일인지 알 수 있다. 중독사는 서로 닮은 경우가 많기 때문이다. 가령 시신 발견 지점의 상황은 일산화탄소 중독과 명백한 관련이 있거나 사고의 구조와 연관된다. 우리는 앞서 벌어졌을 상황을 재구성하고 기술적인 전문가를 불러와 실험 결과를 평가하게 한다. 그후에야 사고 배후에 어떤 비극의 형태가 존재했는지가 드러난다.

이 모든 상황에서 지켜야 할 점이 한 가지 있다. 경찰이나 법의학자는 원인이 불명확한 모든 사망 사고에서 '일산화탄소 중독사'의 가능성을 떠올려봐야 한다는 것이다.

'가스 중독사'

로타르 하베르트는 아들에게 세 번째로 전화를 걸었다. 전화벨이 한참 울렸으나, 스벤은 전화를 받지 않았다. 자동 응답기도 꺼진 상태였다. 하베르트는 점점 더 불안해졌다. 스벤은 청소년기부터 정신적으로 불안정했고, 지금도 딱히 안정된 상태는 아니었다. 지난해 어머니의 죽음을 겪은 후 스벤은 다시 불안정해졌다. 이제 그의 나이는 30대 초반이었다.

하베르트는 책상 앞에 앉아 컴퓨터를 켰다. 밤 9시가 지난 시각이었다. 아들 집을 직접 들러보는 게 가장 낫겠다는 생각이 들었다. 그들은 같은 베를린 샤를로텐부르크 지역에 살았고, 거리도 가까웠다. 그러나 스벤은 예고 없는 방문을 꺼렸다. 언젠가 아들 집에서 마주친 녀석들을 생각하면 찾아갈 기분이 싹 가시기도 했다.

'너무 술에 취해서 전화를 못 받는 걸지도 몰라.' 하베르트는 생각했다. 아들이 밤에 만취하는 게 처음도 아니었다. 그래도 메일을 보내면 나중에라도 읽고 답장을 할 터였다.

스벤, 별일 없냐? 걱정돼서 메일을 보낸다. 답장 좀 하렴. 아빠가.

로타르 하베르트는 스벤의 구글 계정으로 이메일을 보냈다.

그가 막 메일 프로그램을 닫고 컴퓨터를 끄려고 할 때 요란한 신호음이 들렸다. 하베르트가 놀란 눈으로 화면을 보았다. 스벤으로부터 답장이 온 것이다. 자동 응답일 수도 있었다. 스벤이 여행이라도 떠났

171

나? 아버지는 받은 편지함을 열었다.

로타르 하베르트는 모니터를 뚫어지게 쳐다보았지만 눈앞의 내용이 무슨 뜻인지 이해할 수 없었다.

2월 5일, 21:15
제목: 답장: 별일 없냐
스벤 하베르트 —1월 31일 사망

하베르트는 다시 전화기를 들었다. 잠깐 딸 아멜리에게 전화해야 할지 생각했다. 그러나 대기업 직원인 딸은 미국에 출장을 간 상태였다. 하베르트는 심호흡을 하고는 경찰에 신고했다.

옌스 멜러 경감과 그의 파트너 에바 하셀만은 즉시 스벤이 사는 샤를로텐부르크의 슐레스비히슈트라세 17번지로 출발했다. 아버지가 받은 자동 응답 메일로 미루어볼 때 그가 스스로 목숨을 끊었을 가능성도 있었다.

스벤 하베르트는 6층에 살고 있었다. 멜러 경감은 아래층 현관 벨을 눌렀다. 아무도 문을 열어주지 않았다. 현관문은 잠겨 있었지만 문짝을 밀어붙이자 열렸다.

두 형사는 시선을 주고받았다. 스벤의 집은 1930년대에 지은 임대주택으로, 엘리베이터가 있을 리 없었다. 두 사람은 서둘러 계단을 올라가 출입문 앞에 이르렀다. 다시 벨을 눌렀지만 작은 집 안에서는 아무런 인기척이 없었다. 하셀만 경위가 힘차게 문을 두드려도 마찬가지였다. 멜러가 결정을 내렸다.

"소방대를 불러야겠어. 그래야 문을 따고 들어가지. 자살 의혹이 있으니 서두르라고 해. 어쩌면 아직 살아 있을지도 몰라. 메일은 구조 요청 같은 걸로 봐야지."

두 형사가 현관문 앞에서 소방대가 오기를 기다리는 동안, 한 젊은 여자가 계단을 올라왔다.

"스벤에게 무슨 일 있나요?" 그녀가 놀라서 물었다.

경찰관들이 신분증을 내밀었다. 하셸만 경위는 그녀의 이름을 물었다.

"하베르트 씨에게 볼일이 있습니까?"

그녀는 자신을 리자 뮌처라고 소개했다. "아멜리의 친한 친구예요, 스벤의 누나 말이에요." 리자가 설명했다. 그녀는 아멜리의 부탁으로 가끔 스벤을 보러 온다고 했다. "아멜리는 직장 일로 너무 바쁘지만 동생 걱정을 많이 하죠. 작년에 엄마가 돌아가신 다음부터 스벤은 우울증이 생겼어요."

하셸만 경위는 뮌처에게 상황을 설명했다. 곧 소방요원 한 명이 올라와 현관문을 열었다. 문은 닫혔을 뿐 잠긴 게 아니었다.

"스벤!" 리자 뮌처가 먼저 집 안으로 들어가려고 했다.

하셸만 경위가 그녀를 제지했다. "여기 계단에서 기다리는 것이 좋겠어요. 집 안 상황이 어떤지 모르니까요."

리자 뮌처의 얼굴이 창백해졌다. 그녀는 현관 맞은편, 7층으로 올라가는 층계참에 앉았다. 하셸만 경위와 파트너는 안으로 들어가 현관문을 잠갔다.

집은 어둡고 냉장고 안처럼 추웠다. "하베르트 씨?" 멜러 경감이 소리쳤다. 아무 대답도 없었다. 그는 복도 불을 켜고 파트너에게 신호를 보냈다. 하셀만은 조그만 복도 오른편에 있는 두 개의 공간을 보았다. 멜러는 왼쪽에 있는 거실과 복도 끝에 난 공간을 살폈다.

하셀만은 욕실과 주방을 조사했다. 모든 공간이 지저분하고 흐트러진 상태였다. 하셀만이 파트너에게로 돌아서서 고개를 저어 보였다.

거실도 별로 나을 것이 없었다. 멜러는 별 장식이 없는 공간을 빠르게 훑었다. 바닥과 가구에는 먼지가 쌓여 있었다. 책과 잡지가 여기저기 흩어져 있었다. 이곳에도 스벤 하베르트의 흔적은 보이지 않았다.

멜러는 복도 끝 방은 침실이 분명할 거라고 생각했다. 문이 조금 열려 있었다. 문을 열자 얼굴로 찬 공기가 쏟아졌다. 멜러가 천장 등을 켰다.

그는 20년 경력의 경찰이었고, 그간 지금과 비슷한 상황을 겪어본 적도 있었다. 그런데도 방 안 광경을 보자 숨이 턱 막혔다.

침대 위에 한 형체가 아무 움직임 없이, 바닥에 등을 댄 자세로 누워 있었다. 무척 커다란 파란색 쓰레기봉투가 머리와 상체에 씌워져 있었다. 멜러는 조심스럽게 발목의 관절을 잡아본 후 사후 경직이 발생했다는 사실을 확신했다.

쓰레기봉투 안에는 좀더 작은 물체 몇 가지가 들어 있는 것 같았다. 멜러는 곰곰이 생각해보았다. 만약 자살이라면 이 사건은 그가 겪은 가장 희귀한 사건에 속했다.

"응급 의사는 이제 필요 없겠군." 중얼거리던 멜러의 눈길이 침대

위에 흩어진 책과 잡지로 쏠렸다.

"이거 좀 봐." 그가 파트너에게 말했다. "이 사람, 극우파 활동을 했네."

현관에서 벨 소리가 들렸다. 리자 뮌처가 문을 두드리고 있었다. "스벤은 어떻게 됐어요? 이제 들어가도 되나요?"

멜러는 파트너를 보며 말했다. "안 되지. 이제 다시 나가서 사건을 담당 부서에 넘겨야 해."

두 형사가 살인 사건 전담반 동료들을 기다리는 동안, 한 중년 여자가 계단을 올라왔다. 그녀는 7층으로 올라가려던 중 두 형사를 보고서 층계참에 멈춰 섰다.

"하베르트 씨에게 무슨 일 있나요? 괜찮아요?"

멜러 경감이 신분증을 보여주며 설명했다. "스벤 하베르트 씨는 사망했습니다. 정확한 경위는 수사를 해봐야 압니다."

여자가 몹시 슬픈 표정을 지었다. 그녀는 자신을 헬가 바르케라고 소개했다. 꼭대기 층에 사는 이웃이었다. "하베르트 씨랑 잘 알지는 못해요. 계단에서 마주치면 몇 마디 인사를 나누는 정도였죠. 그런데 지난해부터 많이 변한 게 눈에 띄었어요. 항상 뭔가에 압박을 받는 것 같았으니까요. 단지……." 그녀가 갑자기 말을 멈추었다.

하셀만 경위가 웃으며 그녀가 계속 말할 수 있도록 분위기를 유도했다. "무슨 말씀을 하려고 했죠? 무엇이든 수사에 도움이 될 겁니다."

헬가 바르케는 한동안 멍하니 앞을 바라보았다. 결심하기 위해 망설이는 듯했다. 그러다가 마침내 결단한 듯 입을 열었다.

"전에는 하베르트 씨에게 그런 친구가 없었거든요." 그녀가 목소리를 낮췄다.

어떤 친구를 말하는 거냐고 멜러가 물었다. 그는 이미 그녀가 하려는 말을 짐작할 수 있었다.

"승마 부츠를 신고 다니는 사람들 있잖아요!" 헬가 바르케가 난간 너머로 계단을 내려다보았다. "그런 사람들이 찾아올 때마다 하베르트 씨 집은 아주 시끄러워졌죠."

"그에게 극우파 친구들이 있었다는 말씀인가요?"

헬가는 입술을 꾹 다문 채 고개를 끄덕이더니 갑자기 집을 향해 서둘러 올라갔다.

멜러는 더 이상 스벤이 그저 소름 끼치는 방법으로 자살한 것이라고 확신할 수 없었다. 어쩌면 배후에 뭔가 다른 비밀이 있는 걸지도 몰랐다.

그때 외르크 바르투슈 경감과 린다 파울리 경위가 도착했다. 멜러는 두 사람에게 상황을 설명하고 사건을 인계했다.

"극우파에 속했던 걸로 보이네요." 그는 이웃집 여자가 한 말을 반복했다. "집 안에 나치의 주장을 담은 기록이 널렸어요."

바르투슈 경감은 어리둥절한 표정으로 멜러를 보았다. 멜러는 집 안에 있는 무언가에 흥분한 듯 보였다.

먼저 온 두 형사는 사건을 인계하고 떠났다. 바르투슈 경감은 "몸 조심해요"라고만 말했다.

외르크 바르투슈와 린다 파울리가 스벤의 집으로 들어갔을 때는 밤 11시 15분경이었다. 바르투슈가 사망자의 침실을 둘러보는 동안 파울리는 주방을 조사했다.

싱크대 옆 바닥에는 반쯤 찬 쓰레기봉투가 놓여 있었다. 파울리는 장갑을 꼈다. 자신의 DNA와 섬유질 흔적을 남기지 않기 위해서였다. 파울리는 쓰레기봉투를 열고 병 두 개를 꺼냈다. 하나는 플라스틱병인데 '황산'이라고 쓰여 있었다. 두 번째는 할인 매장에서 파는 싸구려 보드카병이었다.

파울리는 다시 일어나며 작은 주방 탁자를 보았다. 지저분한 그릇이 포개진 사이로 '요리책'이라는 글자가 쓰인 문서가 있었다. 파울리는 파일을 열어보고 자신도 모르게 숨을 멈췄다.

문서에는 아주 특별한 '메뉴'를 위한 레시피가 들어 있었다. 폭약, 시한폭탄, 자살 조끼 등등…….

"외르크! 이거 좀 봐요!" 파울리 경위가 손에 문서를 들고 복도를 달려가면서 외쳤다. "스벤 하베르트가 폭탄을 제조했어요." 파울리는 침실 문으로 다가갔다.

바르투슈가 들어오지 말라는 신호를 보냈다. 두 사람은 잠시 말없이 시신을 바라보았다.

경위는 주방에서 발견한 것을 보고했다. "폭약을 설치했을 가능성이 있어요. 시신을 들어올리면 눈앞에서 폭발할지도 몰라요."

"비닐봉지에 숨겨놓은 것이 뭔지 나도 궁금해. 시신은 빼고 말이야. 이렇게 불룩하게 휘어진 게 이상하잖아."

그가 파란 쓰레기봉투를 가리켰다. 머리에 씌운 쪽 비닐의 여러 군데가 특이하게 불룩 솟아 있었다. "꼭 조그만 풍선 같아." 바르투슈가 말했다. 그는 시신 옆에 흩어진 책과 잡지를 가리켰다. "한결같이 폭약과 화기에 대한 사용설명서야. 완벽한 테러를 실행하기 위한 거지."

파울리는 바르투슈에게 침대 옆 벽에 있는 옷장을 가리켜 보였다. 반쯤 열린 옷장 문 너머로 승마 부츠 한 켤레와 옷걸이에 가지런히 걸린 까만 보머 재킷(미국 공군 파일럿의 점퍼형 짧은 윗옷)이 보였다.

바르투슈는 손목시계를 보았다. 11시 30분이었다.

"철수!" 경감이 지시했다. "시신을 보는 것은 나중으로 미루고 집 안을 더 조사해보자고. 먼저 주 범죄수사청의 폭발물 전담반이 와야 해. 또 62과학수사대에 연락해서 현장을 점검하게 하고. 시신 옆이나 밑에 폭발물이 설치되었을지도 몰라. 또 지원 병력과 소방대도 불러야 해. 이 일대를 널찍하게 봉쇄하고 가능하면 주민들도 대피시켜야 겠어."

밤 12시 15분, 주 범죄수사청에서 두 사람이 도착했다. 사제 폭발물USBV 탐지 및 뇌관 제거 전담반이었다.

이들은 탐지기를 들고 폭발물 탐지견과 함께 집 안을 검사했다. 특히 시체가 누운 침대를 조사했다.

그사이 인근 건물과 아래쪽 거리에서 엄청난 소동이 일어났다. 심야인데도 수많은 주민이 길거리로 나와 있었다. 경찰들이 폭발 사태를 경고하며 집을 비우라고 알린 결과였다. 사람들은 깜짝 놀란 얼굴이었다. 경찰차 여섯 대가 거리를 차단하자, 차단선 뒤로 수많은 사람이 모여들었다. 소방대도 출동했다. 주민들을 대피시키는 경찰을 지원하기 위해서였다.

12시 반이 조금 지나자 주 범죄수사청에서 나온 폭발물 전담반이 경보를 해제했다. 스벤 하베르트의 집에서 시한폭탄이나 은폐 폭탄은 발견되지 않았다. 폭발물 전담반은 지침에 따라 발견 당시 상황을 보존하기로 했다. 비닐봉지를 자르지도, 시신에서 제거하지도 않았다. 그러나 이들은 측정기의 도움을 받아 비닐봉지에 위험한 장치가 들어 있지 않다는 사실을 분명히 알아냈다. 폼산이 반쯤 든 플라스틱 통을 제외하면, 사제 폭발물 제조에 적합한 물질이나 도구는 발견되지 않았다.

바르투슈와 파트너는 안도의 한숨을 내쉬었다. 바르투슈는 주민대 피령을 취소하도록 지시했다. 바리케이드도 철거했고 경찰과 소방대의 지원 병력도 철수했다.

"그럼 가볼까. 2단계로." 바루투슈가 파울리에게 말했다.

12시 40분, 두 수사관은 다시 침실 앞에 섰다. 경험 많은 수사관인 바르투슈에게도 볼품없는 비닐봉지가 씌워진 사체의 모습은 갑갑하게 느껴졌다.

범죄수사청의 폭발물 전담반은 탐지기로 사체를 조사했지만 머리 부분의 풍선 같은 물체가 무엇인지는 확인하지 못했다. 혹시 하베르트가 자살하기 위해 독가스를 채워놓은 주머니인지도 몰라. 파울리는 생각했다.

바르투슈가 파트너에게 말했다. "법의학실에 전화해. 수송반을 보내서 비닐봉지나 안에 있는 것 전부를 시신과 함께 실어가라고 해야지. 사체의 최종 확인은 부검이 끝날 때까지 기다려야 할 테고."

파울리는 법의학 연구소로 전화했다. 그동안 바르투슈는 비닐봉지를 건드리지 않으면서 시신을 조사했다. 비닐봉지 아래로 파란 체크 무늬 파자마 바지가 보였다. 갈색 실내화를 신었고, 사각팬티를 입고 있었다.

바르투슈는 등 쪽의 잠옷과 비닐봉지를 위로 살짝 밀어보았다. 파자마의 바짓단을 발목과 정강이까지 올려보았지만, 어떤 상처도 보이지 않았다.

"격투를 벌인 흔적은 없어."

그는 수첩을 꺼내 메모하는 파트너에게 말했다. "사후 경직이 뚜렷해. 등과 다리의 시반 위치가 올바르고 진한 선홍빛이야. 침실 창문이 열려 있어서 그런지 부패 현상은 아직 없어. 여기 실내 온도가 3~4도밖에 안 되니까."

두 사람은 계속 침실을 둘러보았다. 여기저기 흩어진 책과 잡지, 속옷 사이로 문서 같은 게 보였다. 그때까지 누구의 눈에도 띄지 않던 것이었다. 문서는 침대 옆 조그만 유리 탁자에 있었다. 컴퓨터로 작성해서 출력한 것이 분명했다.

나의 마지막 바람

-조문객이 없는 것
-아무에게도 알리지 말 것
-장례식 생략
-목사도 영결사도 필요 없음
-납골당

스벤 하베르트

이 삭막한 유서는 1월 31일 자로 적혔으며, 파란 볼펜으로 서명되어 있었다.

"유서가 진짜 같아요?" 파울리가 물었다.

"신분증을 찾아봐! 서명을 대조해보면 되지."

집을 계속 둘러보던 두 사람은 인조 가죽으로 만든 가방을 발견했다. 거실 소파에 놓인 것이었다. 안쪽에는 열쇠 꾸러미와 신분증이 든 지갑이 있었다. 유서에 쓰인 서명은 하베르트의 신분증에 있는 것과 일치했다.

살인 사건 전담반 수사관들은 처방이 필요한 의약품 등 스벤 하베르트의 질병에 대한 단서를 찾는 데만 치중했다. 이를 통해 자살 동기를 알아낼 수도 있기 때문이었다. 그러나 수사관들은 처방전 없이도 살 수 있는 위경련 약 외에는 무엇도 찾아내지 못했다.

"뮌처가 말한 대로 정말 우울증을 앓았던 거네. 이 남자는 치료를 위해 어떤 노력도 하지 않았어." 바르투슈가 말했다.

파울리는 거실 컴퓨터 책상에서 발견한 문서들을 뒤적였다. "하르츠 IV 실업 수당을 수령했네요. 즐겨 읽은 문서들을 보아하니 외국인을 혐오했어요. 그런데 왜 스스로 목숨을 끊었을까요? 그런 부류는 보통 다른 사람을 해치지, 자신에게 무슨 짓은 하지 않는데요."

바르투슈 경감은 어깨를 으쓱해 보였다. "다른 누구보다 자기 자신을 더 혐오했는지도 몰라."

새벽 1시 반에 법의학 연구소에서 온 수송반이 시신을 가져갔다. 그들은 자루에 시신과 비닐봉지를 한꺼번에 담았다. 수사팀은 스벤 하베르트의 집 열쇠를 챙기고 집을 봉인한 다음 돌아갔다.

181

법의학 연구소는 사망자를 냉동실에 보관했다. 그동안 수사팀은 계속 스벤 하베르트 사건을 조사했다.

이튿날 바르투슈 경감은 사망자의 아버지에게 전화를 걸었다. "아직 사망자 확인이 확실하게 매듭지어진 건 아닙니다만, 일단 선생님의 아들분이 자살한 것으로 보고 있습니다." 그는 애도를 표한 후, 미결 문제를 해결하기 위해 오전 중으로 경찰서로 나와달라 부탁했다.

로타르 하베르트는 정오가 되기 조금 전 수사반 사무실에 나타났다. 크게 충격받은 모습이었다. 그는 실제 나이인 52세보다 더 늙어 보였다. 암에 걸린 아내를 잃은 지 채 반년도 되지 않았는데 이제는 아들마저 잃은 것이다.

"스벤은 사실 언제나 힘들어했어요." 그는 힘없는 목소리로 설명했다. "3년 전에는 병원에서 정신과 치료를 받기도 했죠. 열아홉 살 때 목숨을 끊으려고 한 적도 있습니다."

로타르 하베르트는 잠시 평정심을 잃었다. 경감은 분별력 있게 시선을 돌리고, 로타르가 기운을 차릴 때까지 기다렸다.

"마지막으로 아드님과 얘기한 것은 언젠가요?" 그가 물었다.

로타르 하베르트는 오래 생각하지 않았다. "지지난 주 일요일입니다. 그때 통화를 했는데 기분이 나쁜 내색은 없었어요. 오히려 새로 직장을 얻었다는 말까지 한걸요. 오랜만에 낙관적인 모습을 보였죠." 그가 고개를 흔들었다. "그렇지만 그 애는 언제나 정신적인 문제를 완벽하게 숨겼으니까요."

이날 오후 바르투슈 경감은 잠정적으로 수사보고서를 마무리했다. '제삼자 과실의 가능성이 없는 것에 의문의 여지가 없으며 최종 확인을 위해 부검이 요구됨'이라는 내용이었다.

이튿날 사망자는 우리 해부대 위에 올라왔다. 나와 릴리엔탈 박사, 해부실 조교가 함께 부검을 진행했다. 사체의 머리와 상체는 여전히 커다란 비닐봉지에 싸인 상태였다.

파울리 경위도 파트너인 바르투슈와 함께 참석했다. 사망자의 신원 확인을 위해서 온 것으로, 놀랄 만한 일은 아니었다. 참석자 중 쓰레기봉투 안에서 제삼자 과실의 단서가 나오리라고 생각하는 사람은 아무도 없었다. 다만 사체의 머리 부근에 있는 괴상한 풍선이 바르투슈와 파울리를 불안하게 했다. 저건 도대체 사건과 무슨 관계가 있는 걸까?

시체의 머리를 감싼 비닐은 색깔 없는 테이프로 이어진 여러 장의 파란색 쓰레기봉투였다. 우리는 세로 방향으로 조심스레 봉투를 잘랐다. 내부에 피가 묻어 있었다. 해부대에 등을 대고 누운 사망자의 머리 앞뒤에도 피가 묻어 있었다.

바르투슈는 신분증의 사진을 보고서 사망자를 다시 식별했다. "스벤 하베르트가 맞아. 예상한 대로야."

이로써 신원 확인 문제는 해결됐다. 그러나 우리는 긴장을 풀지 못했다.

비닐봉지의 머리 부분에는 총 일곱 개의 작고 투명한 비닐봉지가 달려 있었다. 각각 봉투는 매듭으로 봉해진 상태였다. 그중 다섯 장은 무색의 가스를 투입한 듯 풍선처럼 부풀어올라 있었다. 나머지 두 장은 찢어졌으며 속이 비어 있었다.

"속이 찬 봉투는 증거물로 가져가서 독극물 검사를 해야겠어." 나는 해부실 조교 쪽으로 돌아섰다.

스벤 하베르트는 양손을 가슴 위로 엇갈리게 모은 모습이었다. 사후강직이 일어난 왼손에는 노란 손잡이가 달린 짤막한 잭나이프를 들고 있었다. 연필을 쥐듯 칼을 움켜쥔 모습이라 중지와 검지 사이로 삼각 끄트머리만 보였다. 손과 칼에도 똑같이 피가 묻어 있었다.

옷을 벗겼을 때도 외상은 보이지 않았다. 피는 스벤 하베르트가 칼을 잡을 때 난 상처에서 흐른 게 아니었다. 여전히 붉은 분비물이 달라붙어 있는 입과 코에서 흘러나온 것이 분명했다.

몸의 앞면과 왼쪽 얼굴 절반에는 붉은 시반이 나타나 있었다. 손톱 밑 피부도 새빨갛게 물든 상태였다.

나는 바르투슈 경감을 쳐다보았다. "내가 볼 때 이 남자는 단순한 질식사를 기도한 게 아닙니다. 그는 중독사를 원했어요. 그래서 독가스를 채운 작은 봉투를 여러 장 이어서 머리 부근에 두었던 거죠."

나는 메스로 해부대 옆 들것에 놓아둔 투명한 비닐봉지를 가리켰다. "그는 아마 칼로 봉투를 차례로 터트리려고 했던 것 같습니다. 독가스가 바로 얼굴 옆에서 흘러나오도록 말이죠. 두 번째 봉투를 터트린 후에 의식을 잃은 것이 분명합니다."

"그러니까 이 작은 봉투에 독가스를 채웠다고 보는 거죠? 무슨 가스인지 벌써 알고 있는 거군요?"

동료와 나는 잠시 눈을 마주쳤다.

"일산화탄소예요." 내가 말했다.

릴리엔탈 박사가 고개를 끄덕였다. "선홍색 시반과 손톱 밑이 눈에 띄게 빨간 건 일산화탄소 중독의 전형적인 증상이죠. 코와 입에서 피가 섞인 분비물이 나오는 것도 마찬가지고요." 그가 설명했다.

파울리 경위는 고개를 절레절레 저으며 물었다. "무엇 때문에 이렇게 번거롭고 소름 끼치는 방법을 택했을까요? 간단하게 비닐봉지를 뒤집어쓰고 질식사하는 방법도 있잖아요."

릴리엔탈 박사도 나도 이 물음에 선뜻 대답하지 못했다. 우리는 사체의 흉강과 복강을 절개했다. 체내에서 발견된 것은 우리의 의혹을 뒷받침해주었다.

시신의 혈액은 선홍색이었다. 심장과 폐, 그 밖의 중요한 장기에는 급성 울혈이 나타나 있었다. 심장 내 혈중 일산화탄소 농도에 대해 속성 검사를 하자 가설로 남아 있던 마지막 의심조차 사라졌다.

일부 법의학자가 '포름알데히드 검사'라고 부르기도 하는 이 검사는 혈액과 포르말린을 같은 비율로 시험관에 넣고 마개를 닫은 다음 힘차게 흔들어주는 것이다. 이때 일산화탄소에 중독된 혈액 표본은 융합이 된 뒤 암적색을 띤다. 비교를 위해 일산화탄소와 무관하게 죽은 사람의 혈액을 똑같이 검사해보면 엷고 흐릿한 암갈색을 볼 수 있다. 나는 확실한 결론을 내렸다.

"스벤 하베르트는 분명히 일산화탄소에 중독되어 사망했어요. 그가 주방에서 가스를 만들어내고 봉투에 채워넣었을 가능성이 아주 큽니다. 황산과 폼산이 모여 화합물 기능을 한 거죠. 이 두 물질이 서로 반응하면 다량의 일산화탄소가 나오거든요."

파울리는 고개를 가로저으며 나를 바라보았다. "그런 아이디어를 짜낼 수 있다면 어느 정도 지적인 능력이 있고 창의적인 사람이겠군요. 그런 창조적인 에너지를 인생을 개척하는 데 조금만 썼더라도 이럴 필요는 없었을 텐데. 또 반드시 죽을 생각이 있었다고 해도." 경위는 같은 의문을 처음부터 다시 반복했다. "왜 간단하게 비닐봉지를 뒤집어쓰는 방법을 택하지 않았을까요?"

"의학적인 관점으로 보면 그게 특별히 미심쩍은 점은 아닙니다. 만일 사람이 산소 결핍으로 죽는다면, 즉 고전적인 질식사를 한다면 그건 고통스러운 죽음이 될 수밖에 없습니다. 반대로 일산화탄소에 중독된다면 질식하는 느낌을 받지 않을 수 있죠. 기껏해야 현기증이나 두통밖에 못 느껴요."

젊은 경위가 미덥지 못하다는 눈길로 나를 보았다. 스벤 하베르트가 가능한 한 고통이 적은 죽음을 위해 이토록 비정상적인 방법을 택했다는 사실을 납득하지 못한 듯 보였다.

"최종적으로 그의 마음을 움직이게 한 것이 무엇이고 어떻게 이런 생각을 하게 되었는지는 나도 당연히 말할 수 없어요." 나는 부족한 부분을 시인했다.

바르투슈 경감은 한동안 생각에 잠긴 채 물끄러미 앞만 바라보았다. "생각났어!" 그가 릴리엔탈 박사와 나를 보다가 파트너 쪽으로 시선을 돌렸다. "기억하지? 현장에서 내가 떠올린 생각 말이야. 이 방법을 알게 되니까 다시 생각나는군." 우리는 호기심 어린 눈으로 그를 보았다.

"가스 중독으로 스스로 목숨을 끊은 수법 있잖아. 이 남자는 자신을 무척이나 혐오하고 경멸한 게 틀림없어!"

내부적 질식

일산화탄소는 색깔도 냄새도 없는 기체로서 유기물이 불완전 연소를 할 때 발생한다. 치사량의 일산화탄소를 마셨을 때 사람은 숨이 막힌다는 느낌도 없이 질식사한다. 그러므로 일산화탄소에 중독된 사람은 (우연이든 의도적이든) 비교적 '평온한' 죽음을 맞이한다. 바로 이런 특징 때문에 일산화탄소는 자살 행위에 필요한 비결이 되며, 그 추종자들은 인터넷을 통해 집단 자살을 계획하기도 한다. 여기에 대해서는 이번 장 말미에서 다루겠다.

누군가의 목을 조르거나, 끈으로 목을 감아 압박하거나, 입과 코를 동시에 막게 되면 그 사람은 더는 숨 쉬지 못하고, 그로 인해 '호흡에 사용한'(산소가 부족하고 이산화탄소가 쌓인) 공기를 몸 밖으로 배출하지 못한다. 몇 초가 지나면 '이산화탄소 정체' 현상이 나타나 혈액 속에 이산화탄소가 축적된다. 이산화탄소는 뇌 속 호흡 자극 물질이다. 혈액에 이산화탄소가 늘어나면 뇌 중추에서 호흡 자극을 높인다. 이때 비교적 긴 시간 숨을 참아본 사람이라면 누구나 아는 질식감이 생긴다.

죽음의 불안을 동반하는 질식감은 앞서 언급한 이유로('내부적 질식') 인해 일산화탄소 중독 과정에서는 나타나지 않는다.

순서대로 말해보겠다. 혈중 일산화탄소 농도가 일정 비율을 넘어서면 당사자는 먼저 어지럼증과 피로감, 두통을 느낀다. 계속 새어나오는 가스에 노출돼서 혈중 일산화탄소 농도가 꾸준히 올라가면 당사자는 의식을 잃는다.

일산화탄소는 핏속에 축적되면서 빨간 혈액 색소인 헤모글로빈에 있는 산소 결합 부위를 차단한다. 그러면서 헤모글로빈의 본래 역할인 산소 공급이 방해받는다. 당사자는 숨 막히는 느낌도 없이 세포 단위에서부터 질식하는 것이다. 모든 과정은 아무런 느낌도 고통도 없이 진행된다.

헤모글로빈의 약 50퍼센트가 일산화탄소에 의해 차단되고 산소 분자의 공급이 멈추면 목숨이 위험해진다. 농도가 계속 상승하면 불가피하게 죽음이 찾아온다.

일산화탄소가 축적된 헤모글로빈은 밝은 빨간색이나 선홍색 같은 독특한 색깔을 보인다. 산소가 축적된 '정상적인' 혈액이 띠는 붉은 색조와는 완연하게 구분되는 색깔이다. 이는 법의학자가 부검에서 가장 먼저 의문을 품게 만드는 요인이 된다.

고대부터 일산화탄소는 자살과 살인에 쓰는 독극물로 알려졌다. 1794년의 프로이센 국법에도 다음과 같은 조항이 있다. '밀폐된 방에서 석탄을 부주의하게 사용하거나 그 방에 있는 사람을 위험에 빠트릴 수 있는 증기를 함부로 사용하면 처벌받는다.'

나는 지금도 조부께서 욕실에 석탄 난로를 설치하고 목욕물을 데우던 모습을 똑똑하게 기억한다. 욕실 바닥 부근에는 통풍구가 있었고, 그 안쪽에 '닫지 마시오!'라고 쓴 경고 팻말이 붙어 있었다.

나치는 악명 높은 'T4 작전'에서 살육을 위한 독극물로 일산화탄소를 이용했다. 1939년 아돌프 히틀러는 이 작전으로 약 10만 명을 학살하도록 명령했다. 나치의 표현으로는 '살 가치가 없는' 사람으로 분류된 이들이었다. 냉소적인 태도로 붙인 '은총의 죽음'이라는 이름 아래, 희생자들은 밀폐되고 격리된 창고나 홀에 갇힌 뒤 약 20분간 일산화탄소를 주입당했다. 움직이는 사람이 아무도 없을 때가 돼서야 주입은 중단됐다. 가스 마스크를 쓴 보조 인력이 문을 열면 지옥 한복판이나 다름없는 광경이 펼쳐졌다. 똥과 토사물로 뒤범벅이 된 시체들이 나뒹굴었다. 많은 희생자가 죽어가면서 서로에게 달라붙었다. 보조원들은 이들을 시체 소각장으로 옮기기 위하여 강제로 떼어놓았다.

이 일화를 볼 때 바르투슈 경감의 생각은 뜬금없는 것이 아니었다. 스벤 하베르트는 교육받지 못한 사람이 아니었다. 형사들이 그의 방에서 '나치'의 투쟁 기록에 관한 온갖 문서를 발견한 점을 감안하면 그는 나치의 대량 살육에서 일산화탄소가 무슨 역할을 했는지 분명히 알았을 것이다. 그는 그 과정에서 스스로 일산화탄소로 질식사할 생각을 떠올렸는지도 모른다. 그렇다면 그는 병적인 자기혐오 때문에 목숨을 끊은 셈이다.

실제로 독극물 검사에서 스벤 하베르트의 혈중 일산화탄소 농도는 66퍼센트가 나왔다. 용의주도하게 만들어 채운 일산화탄소 봉투를 더 터트릴 필요도 없었다.

베를린에서는 1990년대까지 석탄에서 가공한 '도시가스'로 요리와 난방을 했다. 이 가스와 관련된 비극적인 사고는 끊임없이 반복됐다. 도시가스의 일산화탄소 비율은 10퍼센트나 되기 때문이다. 수십년간 주방 조리대에서 가스 파이프를 열고 목숨을 끊은 이들은 경찰관과 응급 의사에게 '익히 알려진' 끔찍한 광경을 보여주었다. 오늘날 가정용으로 사용되는 천연가스에는 일산화탄소가 들어 있지 않다. 그렇다고 이후의 독일 가정이 가스 중독사로부터 안전해졌다는 의미는 결코 아니다.

비극적인 실수

성탄절 이틀 전, 로랑 부아니가 베를린 중앙역에 도착한 이체에 (ICE, 독일의 도시 간 고속 열차)에서 내렸다. 그의 형인 장클로드는 무척 기뻐했다. 형제는 코트디부아르 출신이었지만 장클로드는 여러 해 전부터 가족과 함께 베를린에 살고 있었다. 로랑은 헬싱키에서 기계 제작을 공부했다. 그들은 2년 가까이 서로를 보지 못했다.

두 사람은 열정적으로 인사를 나눴다. 장클로드의 부인인 루이즈와 그들의 세 자녀도 오랫동안 고대한 손님을 맞이하기 위해 정거장에 나와 있었다.

이들은 장클로드의 낡은 도요타를 타고 베를린 라이니켄도르프에 있는 셋집으로 향했다. 다섯 가족이 사는 다락 층의 비좁은 집이었다. 로랑은 주방에서 침대용 의자를 펴고 자야 했다. 스물다섯 살의 대학생에게는 전혀 문제가 되지 않는 일이었다. 중요한 것은 그가 드디어 형과 그의 가족을 만났고, 열띤 대화를 하며 웃고 즐기게 되었다는 사실이었다.

재회의 기쁨에 겨운 로랑과 장은 밤새 술을 마셨다. 이튿날 아침 로랑만이 두통과 현기증을 호소했다. 두 살 위의 장은 동생을 놀려댔다. "난 네 나이 때 두 배로 마시고도 끄떡없었어!"

두 사람은 슈프레 강변에서 오랫동안 산책했다. 차디찬 겨울바람을 쐬자 로랑의 몸이 좀 나아졌다. 가족이 저녁에 다시 거실의 식탁에 둘러앉았을 때 로랑은 술을 한 방울도 마시지 않았다.

그런데도 다음 날 아침 로랑은 전날보다 더 괴로워했다. 머리가 깨질 듯 아팠다. 너무 어지러워 침대용 의자에 누워 있고 싶었지만 그럴 수 없었다. 형수인 루이즈가 주방에서 점심 식사를 준비해야 했기 때문이다.

로랑은 형과 조카들을 따라 스케이트장에 갔다. 크리스마스이브여서 온 시내가 성탄절 분위기였다. 신선한 공기를 쐬자 로랑의 몸은 다시 조금 좋아졌다. 장은 동생을 격려하며 계속 스케이트장으로 불러들였다. 로랑은 스케이트를 타지 않겠노라 했다. 사실 그는 형보다 운동을 더 좋아했으며 헬싱키에서는 열광적으로 동계 스포츠를 즐기곤 했지만 당장은 너무 어지럽고 힘이 없었다.

장과 루이즈는 이제 그를 걱정하기 시작했다. 로랑은 대수롭지 않게 생각했다. "괜찮아." 그는 자신이 틀림없이 독감에 걸렸을 거라고 했다. 형과 형수에게 부담을 주고 싶지 않았기 때문이었다.

이튿날 아침이었다. 가족은 동트기 훨씬 전에 잠에서 깨어났다. 무언가 부글거리는 소음 때문이었다. 장이 주방으로 달려갔다, 그의 동생이 침대용 의자에서 몸이 뒤틀린 채로 누워 있었다. 동공은 돌아가고 입에 거품을 문 채였다. 팔과 다리는 경련을 일으켰다. 로랑은 머리를 뒤흔들더니 다음 순간 깊은 잠에 빠져들었다.

장은 혼비백산했다. 동생이 심각한, 어쩌면 목숨이 위험할 정도의 병에 걸린 것이 분명했다. 그는 한참 만에 간신히 로랑을 흔들어 깨웠다. 동생은 형이 평소 발작한 적이 있냐고 묻자 깜짝 놀란 듯했다.

"무슨 발작?" 동생은 반문하며 침대에서 일어나려고 했다. 그러나 곧 신음을 내뱉었고, 일어나는 것을 무척 힘들어했다. "온몸이 아파." 그가 말했다. "팔다리의 모든 근육이 아파. 종일 장거리 스키를 탄 것 같아."

로랑은 혀가 부어오른 듯한 느낌을 받았다. '발작'을 하는 동안 꽉 깨물고 있었던 게 분명했다. 하지만 기억나는 것은 하나도 없었다.

"간질 발작이야. 당장 의사에게 가보자. 딴소리하지 마!" 동생이 무슨 의사냐고 하자 그는 힘주어 말했다. "여기서는 내가 가장 연장자야. 당장 병원에 가야겠어."

병원에 도착한 로랑 부아니는 정밀 검사를 받았다. 컴퓨터 단층촬영 결과 이 젊은이에게 뇌종양이 있다는 사실이 밝혀졌다. 의사들은 즉시 수술을 해야 한다고 했다. 로랑은 뇌종양에 대해 아는 것이 전혀 없었다. 그는 우울하고 혼란스러웠다. 그는 핀란드로 돌아가 학생 의료 보험으로 새해 초에 수술을 받을 수 있느냐고 물었고, 의사들은 그래도 된다고 대답했다.

의사들은 CT 영상을 통해 로랑의 머리에 있는 종양이 뇌하수체에서 생겼음을 알아냈다. 직경 1센티미터 크기였다. 뇌압은 아직 정상 수치였다. 의사들의 견해에 따르면 종양이 갑자기 커져서 건강이 급속히 악화되는 일은 없을 것이었다.

의사들은 종양이 간질 발작의 원인이라고 확신했다. 전체 뇌종양 환자의 절반은 간질 발작을 앓는다. 이 증상은 항경련제로 쉽게 다스릴 수 있다. 의사 한 명이 단단히 일렀다.

"대신 핀란드로 돌아가면 새해에 바로 수술을 받으세요. 규칙적으로 약 먹는 것 잊지 말고요."

로랑은 병원 의사들의 동의하에 귀가 조치되었다. 그의 형은 검사하는 내내 동생 곁을 지켰다. 두 사람이 집으로 돌아왔을 때는 이미 날이 저물어 있었다. 크리스마스이브였다.

루이즈는 성탄절 선물을 위한 모든 준비를 마쳐놓았다. 크리스마스트리 장식이나 선물 포장도 끝났고, 성탄절 특별 요리가 식탁에 차려졌다. 로랑은 의기소침해 있었다. 장클로드가 보기에 동생은 여전히 압박을 받는 것 같았다. 그런 진단을 받았으니 놀랄 일도 아니라고, 장은 생각했다.

시간이 지나자 로랑의 기분은 다시 좋아졌다. 그는 몇 번이나 종양을 찍은 CT 사진을 들여다보았다. "요렇게 작은 걸 가지고." 그는 형에게 말했다. "이런 콩알만 한 것에 진다면 다들 비웃을 거야!"

그는 항경련제에 들어 있는 설명서를 꼼꼼하게 읽고는 저녁 복용량을 맞춰서 먹었다. 로랑을 생각해 가족은 모두 일찍 잠자리에 들었다.

이튿날 아침 장이 주방에 들어갔을 때 동생은 침대용 의자 밑으로 떨어져 있었다. 머리는 옆으로 돌아갔고 입에는 피거품이 묻어 있었다. 로랑은 티셔츠와 사각팬티만 입고 있었다. 옷차림 때문에 장은 동생이 옷에 똥을 지렸다는 사실도 알아차렸다.

놀란 그는 동생 옆에 무릎을 꿇고 팔을 흔들었다. 로랑의 몸은 얼음장처럼 차가웠다. 게다가 뻣뻣하게 경직되어 있었다.

사후 경직이었다.

장이 외쳤다. "의사들이 내 동생을 죽인 거야! 얘가 뇌종양으로 경련을 하는데도 집에 보냈잖아. 바로 수술했으면 살았을 거라고!"

위르겐 하우크 경감은 이 젊은이의 분노와 고통을 충분히 이해할 수 있었다. 의사들이 누군가의 뇌종양을 확인하고 그를 집으로 돌려보냈는데 이튿날 죽은 채로 발견됐다면 '당장 수술할 필요가 없다'는 판단을 의심할 수밖에 없을 것이다.

병원 측이 크리스마스이브에 발행한 귀가 조치 기록에서 분명하게 드러난 사실은 로랑 부아니가 의사들의 동의하에 집으로 돌아갔다는 것이었다. 경감은 제삼자 과실의 의혹을 가리기 위해 담당 검사에게 부검을 건의했다. 크리스마스 휴가가 지난 후, 검찰의 수사 기록을 넘겨받은 판사가 문서를 꼼꼼히 검토했다. 크리스마스 나흘 뒤 로랑 부아니는 우리 연구소의 부검 테이블까지 오게 되었다.

검찰의 구체적인 의문은 다음과 같았다. 의사들은 귀가 조치 대신 즉시 수술을 해야만 했는가? 적어도 입원 상태에서 계속 지켜봐야 했는가? 로랑 부아니는 진단상의 태만 때문에 사망했는가? 만일 의사들이 즉시 수술을 하거나 입원시키고 지켜보았다면 그는 사망하지 않았을까? 뇌종양을 사인으로 추정하는 데 의문을 제기하는 사람이 있는가?

뇌종양이 빠르게 커지면 뇌압이 상승하며 죽음으로 이어질 수도 있다. 우선 뇌는 종양 때문에 부피가 커진다. 한편으로 '이물질'에 대한 반응으로 뇌가 부풀어오르는 뇌부종 현상이 나타난다. 그러나 뇌는 두개강 내에서는 확장될 수 없다. 골질로 이루어진 머리덮개뼈가 느슨하지 않기 때문이다. 그러므로 뇌가 확장될 수 있는 유일한 방향은 아래의 척추 쪽뿐이다.

이곳의 두개골에는 구멍(대후두공Foramen magnum, 척주관과 두개강을 연결하는 구멍)이 하나 있는데 척수와 뇌가 연결되는 곳이다. 이 대후두공 바로 위에 대뇌, 소뇌, 중뇌 등 뇌의 여러 부분을 척수와 연결해주는 뇌간이 있다. 뇌가 아래쪽으로 확장되면 뇌간은 후두강喉頭腔을 통해 척주관에 압력을 주게 되고 이는 목숨을 위협하는 결과를 가져온다. 뇌간이 이곳에 끼면 순환 중추가 압박을 받고, 뇌간에서 상위 차원의 통제를 받는 순환 및 호흡 반사가 멎는다. 결과는 사망이다.

심각한 알코올 중독이나 외상성 뇌손상의 경우도 마찬가지다. 이와 똑같은 메커니즘이 작용해 죽음으로 이어진다. 뇌는 손상을 부르는 모든 영향에 대해 부기浮氣 반응을 보이며, 이는 뇌간이 척주관에 끼고 순환 중추에 압박을 주는 과정의 결과로 호흡 마비까지 이어진다.

로랑 부아니의 부검 결과는 놀라웠다. 나는 그의 뇌에서 뇌간과 관련된 어떤 흔적도 확인할 수 없었다. 종양은 여전히 직경 1센티미터 크기였고 부종 현상도 없었다. 그렇다면 사망의 원인은 무엇이란 말인가? 병원 의사들은 그를 수술하거나 입원시켜서 지켜보는 대신에 그를 집으로 돌려보냈다. 검사 결과로 보았을 때 그들의 판단은 옳았다. 하지만 그렇다고 해도 진단에 혹시 부분적인 실수는 없었을까?

이런 생각은 직감에 지나지 않았지만, 나는 직감의 신호에 주목하는 것이 몸에 밴 사람이다. 사람의 직관은 잠재의식이 오랜 세월 겪은 경험의 전체적인 합계로서 나타날 때가 많다. 이번 사건에서 내 직관은 이 사건이 일산화탄소 중독과 관련 있다고 말해주고 있었다.

시신의 혈액은 선홍색으로 변색되었지만 그것만으로는 뭐라고 진단할 수 없었다. 나는 연구소 독물학자들에게 혈액의 헤모글로빈에 함유된 일산화탄소 농도를 측정해서 즉시 결과를 알려달라고 부탁했다. 이때 포름알데히드 검사 같은 비전문적인 속성 검사는 도움이 되지 않는다. 이것은 장클로드 부아니 가족 전체의 목숨이 달린 일일 수도 있었다. 사망자의 혈액이 선홍색으로 바뀌었다는 것이 올바른 판단인지 시급히 확인해야 했다.

한편 우리는 소사燒死 사건에서도 규칙적으로 혈중 일산화탄소 농도를 검사한다. 당사자가 화재가 발생한 시점에 살아 있었는지, 아니면 혹시 누군가 폭행 범죄를 은폐하기 위해 사후에 불을 지른 것인지 관련 정보를 알 수 있기 때문이다. 화재 시 희생자가 살아 있었다면 여러 차례 매연을 들이마셨을 것이다. 그러므로 혈액에는 고농도의 일산화탄소가 남아 있을 수밖에 없다.

독물학 검사 결과는 바로 나왔다. 로랑 부아니의 혈중 일산화탄소 농도는 70퍼센트나 됐다. 엄청나게 높은 수치로, 무조건 치사량에 해당했다.

이런 빌어먹을! 나는 생각했다. 그는 형 집에서 일산화탄소에 중독된 것이 분명했다. 사망자가 연구소 냉동실에 보관된 지 나흘이나 되었다. 그렇다면 그 긴 시간, 장클로드의 집 안 어느 곳에서는 일산화탄소가 계속 흘러나오고 있었을 것이다.

나는 수사 기록을 통해서 사망자의 형이 결혼했고 세 자녀가 있다는 사실을 알아냈다. 머릿속으로 집 곳곳에 다섯 구의 시체가 흩어져 있는 광경이 떠올랐다.

"전화기 좀 가져와, 빨리!" 나는 직원들에게 소리쳤다.

나는 담당 경감에게 전화했다. "하우크 경감님, 당장 그 가족을 집에서 데리고 나와야 해요! 로랑 부아니는 일산화탄소에 중독되어 사망했어요. 가족 전체가 끔찍한 사고를 당할지도 모릅니다!" 나는 초조하게 위르겐의 답을 기다렸다. 한 시간쯤 지났을 때, 그가 다시 전화를 걸어왔다. "모두 건강하고 쌩쌩합니다, 교수님. 공연히 불안해하신 것 같군요."

"그럴 리가 없는데. 사망자의 혈중 일산화탄소 농도가 70퍼센트나 된다고요! 그 사람 형은 사망자가 계속 그 집에 머물렀다고 했어요."

"실험실 측정에 착오가 있었던 것 같습니다. 소방대가 그 집에 가서 빠짐없이 조사했거든요. 일산화탄소 농도는 전부 정상이었어요."

경감은 내 말을 곧이듣지 않았다. 우리가 착오를 저질렀다고는 생각되지 않았다. 나는 확실하게 해두기 위해 동료들에게 재측정을 부탁했다. 결과는 똑같이 70퍼센트였다.

세 시간 뒤 나는 다시 전화기를 들었다. "하우크 경감님, 우리는 여러 해 동안 함께 일했죠. 우리 연구소 사람들이 아마추어가 아니라는 것을 잘 아실 겁니다. 모두가 맡은 임무에 성실하게 매달린다고요. 두 번이나 측정했는데 혈중 일산화탄소 농도가 70퍼센트로 나왔다면 그 사람은 일산화탄소 중독으로 사망한 게 맞습니다. 확실해요. 소방대가 뭔가 다른 설명을 할 수 있을 겁니다. 틀림없이 형의 집 어딘가에 일산화탄소가 나오는 곳이 있어요. 제발 내 말을 믿고 일산화탄소를 철저하게 측정할 전문가를 한 명 파견하세요."

내 간청은 효과를 보았다. 하우크 경감은 소방대 외에 누가 그 조사를 맡을 것인지 알아보고 전문가를 부아니 가족이 사는 라이니켄도르프의 집으로 보낸 후 즉시 결과를 알려주겠노라 약속했다. 나는 다시 여러 시간을 긴장 속에서 보냈다.

사망자에게 선홍색 시반이 나타나고 근육이 전형적인 훈제 연어의 색을 띠며 내장 기관에 피가 고여 있을 때, 노련한 법의학자라면 누구나 일산화탄소 중독을 추정할 것이다. 그러나 이것은 결국 비전문적 소견이며, 판단 역시 다소 주관적일 수 있다. 하지만 혈중 일산화탄소 측정은 다르다. 여기에는 주관적인 판단이 개입될 여지가 없다. 로랑 부아니는 치사량에 해당하는 일산화탄소 흡입 때문에 사망한 것이다. 그리고 원인은 형의 집 안에 있는 것이 틀림없었다.

드디어 의혹을 해소해주는 전화가 왔다. 지역 가스 공급사 소속의 전문 기사가 집 안 전체의 수치를 다시 한번 측정했다는 것이다. 그 결과 실내 한 군데의 일산화탄소 농도가 매우 높았다고 했다. 바로 로랑 부아니가 머물던 주방이었다.

기사는 주방에 설치된 가스보일러가 고장 났다고 했다. 가스가 불완전 연소됐고, 거기서 나온 가스가 밖으로 완전하게 배출되지 않았으므로 주방 실내에 일산화탄소가 계속 축적되었다.

소방대는 주거 공간만 측정한 것이 분명했다. 추가의 중독사로 이어질 수도 있는 실수였다. 로랑 부아니는 그 주방에서 유일하게 매일 밤 머물렀고, 혼자서 일산화탄소에 노출된 것이다.

"교수님 판단이 맞았어요." 하우크 경감이 말했다.

우리는 몇 분간 그 비극적인 사건에 대해서 심각한 대화를 나눴다. "그 불쌍한 학생이 형 집에 찾아와서 고장 난 가스보일러 때문에 목숨을 잃은 거예요." 하우크는 깊은 생각에 잠긴 듯했다. "형의 기분이 지금 어떻겠어요?"

나는 이 사건의 또 다른 특징에 주목했다. "우리 진단 방식 말인데요. 사망자의 피부가 검어서 특히 제약받기도 했어요. 일산화탄소 중독의 일차적인 단서는 시반에서 나타나는데, 시반의 선홍색은 피부가 검으면 잘 보이지 않거든요."

"병원 의사들이 좀더 정확하게 살펴봤더라면 뭔가 주목할 수 있지 않았을까요?"

"좋은 질문입니다. 의사들은 뇌종양으로 학생을 괴롭힌 증상을 설명할 수 있다고 생각했을 겁니다. 그의 두통이나 온몸에 힘이 빠지는 것, 어지럼증이나 발작에 대한 이유로 말이죠. 하지만 이 모든 증상은 일산화탄소 중독으로 인한 것들이에요. 간질 발작도 마찬가지죠."

"병원에서 진단상 태만을 저질렀을 가능성도 있습니까?" 하우크는 집요하게 물었다.

"아뇨. 가혹하게 들릴지 모르지만 독일에서 환자의 이런 증상을 목격한 의사 중 그 원인이 일산화탄소 중독일지도 모른다고 생각할 사람은 한 명도 없으리라 생각합니다. 이런 생각을 하는 사람은 법의학자밖에 없어요."

가족의 죽음

7월의 어느 월요일 정오, 노인 한 명이 베를린 비스도르프의 파출소에 나타났다. "당장 같이 가줘요." 남자는 당직 경찰관에게 호소했다. "내 가족이 위험해요!"

조 알토르프 경위는 남자를 진정시키려고 애썼다.

"먼저 본인 소개부터 해주시고요. 무슨 일이 일어난 거고, 가족이 왜 위험하다는 건지 자세하게 설명해주세요."

나이 든 남자의 이름은 알베르트 잔트퀼러였다. 그는 연금생활자였고, 베를린 라이니켄도르프 구역에 거주하고 있었다. 그와 함께 살던 여자가 지난달에 집을 나갔다고 했다. 여자의 이름은 자네테 무르케였다.

"자네테는 우리 아이들을 데리고 토르스텐 홀브루크라는 남자와 함께 이사를 갔습니다. 비스도르프 구역의 오토헨젤슈트라세에 있는 집으로요. 오전 내내 그 집 문을 두드리고 벨을 눌렀는데도 문을 안 여는 거예요, 경찰관님!"

알토르프 경위는 안내소 책상에 팔을 괸 채 미소 지었다. 그는 남자를 달래면서 말했다.

"보세요, 잔트퀼러 씨. 여자분은 성인입니다. 그분이 다른 남자와 살림을 차리는 것은 경찰과 무관한 일이에요. 그녀가 당신과 대화할 생각이 있는지 없는지, 그것은 본인이 결정할 일이고요."

"하지만 아이들을 데리고 갔잖아요! 끔찍한 사고가 일어난 건 아닌지 걱정입니다. 보통 어린애들은 문에서 벨 소리가 나면 달려 나오거나 시끄러운 반응을 보이거든요. 그런데 쥐 죽은 듯 조용하다고요."

알토르프 경위가 카난 뵐룸에게 눈길을 보냈다. 남자가 좀 이상한 사람 같다는 표정을 지어 보이자 동료 역시 그런 것 같다는 눈길을 보냈다. 그들은 잔트퀼러가 질투심 때문에 정신이 나갔을 뿐 아니라 당황해서 어찌할 바를 모르는 것 같다고 생각했다. 남자는 69세로, 나이를 충분히 먹었다고 할 만한 연배였다.

"아이들이 몇 살인가요, 잔트퀼러 씨?" 뵐룸이 물었다.

"큰애가 다섯 살입니다. 자네테는 지난해 가을에 막내 마르첼을 낳았죠. 그때만 해도 아무 문제가 없었답니다."

알베르트 잔트퀼러는 주먹을 쥐더니 어두운 얼굴로 앞을 바라보았다. 경찰관들은 이 남자가 불쾌해지기 시작했다.

"전 파트너는 당신보다 나이가 한참 아래겠군요?" 알토르프가 물었다.

잔트퀼러는 고개를 끄덕였다. "우리가 만났을 때 자네테는 스무 살이었죠. 나는 예순셋이었고요. 우리 둘 다 쉽지 않으리라는 것을 잘 알았습니다. 하지만 5년이 넘도록 잘 살았다고요. 서로 행복했습니다. 지난해 마르첼이 태어날 때까지는 말이죠."

그 직후 자네테가 무너졌다고, 잔트퀼러는 더듬거리며 설명했다. "집 안에 파묻힌 채 갇혀 지내다시피 했죠. 어느 때는 하루 내내 울부짖기만 하면서 말입니다. 의사들은 우울증이라고 했어요. 헬러스도르프에 있는 정신병원에 5주간 입원했었죠. 아이들은 이때도 제 엄마와 함께 지냈고요. 그러다가 병원에서 홀브루크라는 자를 만난 겁니다."

알토르프 경위는 부지런히 메모했다. "그러니까 홀브루크 씨는 병원에 있는 사람이었군요? 나이도 사모님 또래일 테죠?" 알베르트 잔트퀄러는 주먹으로 책상을 내리쳤다. "그래요, 빌어먹을. 그자는 겨우 30대 초반이에요! 문제는 그자가 위험한 놈이라는 겁니다! 그놈은 정신병원의 '환자'였단 말입니다, 내 말 알아듣겠어요? 어쩌다가 정신이 돌아버려서 폭행을 일삼다가 거기서 치료를 받는 중이었다고요! 자네테도 오래전에 그 남자에게 질려버렸어요. 나에게 돌아오고 싶다는 말을 그저께 다시 꺼내더라고요. 그런데 홀브루크에게 솔직하게 말하면 과민 반응을 보일까 겁을 냈어요."

알토르프 경위와 뷜룸 경사는 남자를 바라보며 생각에 잠겼다.

"알았습니다, 잔트퀄러 씨. 사모님과 홀브루크 씨가 사는 집으로 순찰차를 보내겠습니다. 하지만 거기선 뒤로 물러나 있어야 합니다. 알아듣겠어요?"

잔트퀄러는 고개를 끄덕였다. 그는 알토르프에게 지나치게 많이 감사 인사를 했다. "서둘러야 해요!" 그는 밖으로 나가며 재촉했다.

베를린 비스도르프의 오토헨젤슈트라세는 1930년대에 지은 낡은 임대 주택으로 둘러싸인 동네였다. 주로 소액의 연금으로 생활하는 노인이나 하르츠 IV 수당을 받는 실업자가 살았다.

순찰 경찰들은 무선 호출을 통해 자네테 무르케의 집으로 가라는 지시를 받았다. 그들은 잔트퀼러가 말한 것과 똑같은 상황을 마주했다. 벨을 눌러도 열어주는 사람이 없었다. 1층에서는 빈틈없는 적막이 감돌았다. 창문 틈으로 안을 들여다보려고 해도 소용없었다. 창문마다 블라인드가 내려져 있었다.

경찰들은 이웃집을 찾아갔다. "그 아래 누가 산다고요?" 벨을 한참 동안 누르자 나온 2층 여자가 물었다. "무르케라고요? 못 들어봤습니다. 그 집은 비어 있는 줄 알았는데요. 여러 달 됐어요." 이웃집 여자가 덧붙였다.

순찰관들은 차로 돌아갔다. 이들은 알토르프 경위에게 현장 상황을 설명하고, 소방대에 연락해서 문을 따는 것이 좋겠다고 전했다.

10분 뒤, 역시 알토르프의 연락을 받은 헬게 베르톨트 경감과 마르쿠스 슐체 경감이 임대 주택에 도착했다. 이들은 24시간 대기 수사과 소속으로, 주거 침입 및 절도 같은 범죄가 발생할 때 초동 수사를 담당하는 역할을 했다. 시신 처리도 그들 부서의 책임이었다.

숨이 탁 막힐 정도로 무더운 한여름이었다. 속옷 차림의 남자들이 임대 주택을 둘러싼 집들의 베란다에 앉아 있었다. 그들은 소란을 떨면서 악의 어린 눈으로 경찰들을 내려다보았다. 이곳에서 경찰은 별로 인기가 없었다.

소방대 기술자가 문 앞에서 그들을 기다리고 있었다. 잔트퀼러도 오래전에 현장에 와 있었다. "빨리 문 좀 따봐요!" 그는 침착하게 서 있는 소방대원을 보며 소리쳤다.

베르톨트 경감은 이미 알토르프 경위로부터 이 남자에 대한 귀띔을 받은 후였다. "뒤로 물러나세요, 잔트퀼러 씨! 내가 이곳을 지휘합니다.

허락이 떨어지기 전에 들어가면 안 됩니다. 옆으로 물러나세요!"

잔트퀼러는 마지못해 자리를 터주었다.

"문을 열어봐요." 베르톨트는 소방대 기술자에게 요청했다.

이날 전까지 베르톨트는 자신이 어떤 일에도 충격받지 않는 사람이라고 생각했다. 그는 17년간 경찰로 근무하면서 무수한 범죄를 접했고 희생자들을 봐왔다. 하지만 자네테 무르케의 집에서 목격한 광경은 너무나도 참혹해서, 할 말을 잃을 정도였다.

베르톨트와 슐체는 말없이 집 안 이곳저곳을 둘러보았다. 집 모든 곳의 블라인드를 내렸기 때문에 문을 열 때마다 먼저 불을 켜야 했다. 베르톨트는 등을 켤 때마다 곧장 다시 불을 끄고 싶은 충동에 사로잡혔다.

집 안은 완전히 과열 상태였다. 바깥 기온이 30도인데도 방마다 난방 눈금이 끝까지 올라가 있었다. 두 동료는 부딪힐 때마다 서로의 몸이 차갑다고 느꼈다.

"모두 사망했어." 베르톨트가 고개를 절레절레 흔들며 동료를 바라보았다. 슐체도 충격받은 기색이 역력했다.

첫눈에 봐도 외부 폭력으로 인한 희생자는 없었다. 눈에 띄는 부상이나 피를 흘린 흔적도 보이지 않았다. 그러나 베르톨트는 그들이 범죄의 피해자라고 확신했다.

"여기 들어오면 안 돼요!" 현관에서 외치는 소리가 들렸다.

그러나 이미 늦었다. 잔트퀼러는 용케 경찰의 경비를 뚫고 집 안으로 들어왔다.

"자니! 어디 있어? 아이들은 어디 있고? 아, 맙소사! 이 미친놈이 우리 가족을 죽였어!"

"아이들 아빠를 내보내." 베르톨트가 경찰관들에게 말했다. "흔적이 지워지면 완전히 엉망이 된다고."

갑자기 두통이 느껴졌다. 경감은 자신이 끔찍한 광경을 봐서 그런 것이라고 생각했다. 게다가 실내 공기에 숨이 막힐 것 같았다. 집 안에선 토사물과 똥 냄새가 진동했다.

경찰들은 잔트퀼러를 밖으로 내보낸 뒤 현관문을 닫았다. 베르톨트는 살인 사건 전담반과 통화했다.

살인 사건 전담반에서 당직 근무 중이던 잔드라 뮐러 경정과 동료 펠릭스 글라터가 사건 수사를 맡았다. 오토헹젤슈트라세로 가던 중에 글라터가 우리 연구소로 전화했다. 그는 법의학자를 현장에 파견해달라고 요청했다.

릴리엔탈 박사가 동부 베를린의 비스도르프로 출발했다. 그사이 임대 주택 앞에서는 경찰 병력이 반원으로 차단 띠를 치고 일대를 봉쇄하고 있었다. 호기심을 품은 주민들이 베란다와 차단 띠 너머로 몰려들었다.

베르톨트 경감은 수사팀에게 간단히 상황을 설명했다.

"사망한 네 자녀의 친아버지를 밖에서 보호하고 있습니다." 그는 설명을 마무리하며 구급차를 가리켰다. "진술에 따르면 자네테는 애인 곁을 떠나 다시 그에게 돌아오려고 했다고 합니다." 베르톨트는 손으로 얼굴을 문질렀다. "제 생각엔 '확대된 자살'로 보입니다."

이미 뮐러 경정에게도 똑같은 생각이 떠올랐었다. 집 안의 끔찍한 상황을 발견한 순찰대로부터 무선 보고를 받았을 때였다.

'확대된 자살'이란 목숨을 끊기로 한 사람이 본인이 자살하기 전 가까운 사람(대개 배우자와 자녀) 한 명 이상을 살해하는 상황을 가리키는 용어다. 다만 뮐러 경정은 오랜 경험을 통해 사건의 겉만 보고서는 정황을 알 수 없을 때가 많다는 사실을 알고 있었다. 그는 베르톨트 경감의 판단에 고맙다고 인사했지만 공감을 표하지는 않았다.

잔드라 뮐러와 동료 펠릭스 글라터, 릴리엔탈 박사는 집 안의 증거 보전을 위해서 새하얀 안전 작업복을 입었다. 세 사람은 현장 조사에 들어갔다.

집 안에 발을 들여놓았을 때 네 방의 창문에는 여전히 블라인드가 쳐진 상태였고, 천장 등은 모두 켜져 있었다. 두 수사관과 법의학자는 현장을 보존하기 위해 특수 장갑과 비닐 덧신을 착용했다. 과학수사팀이 전체적인 현장의 단서를 확보하기 전까지는 창문도 열면 안 됐다.

"대신 출입문은 활짝 열어놓으세요!" 릴리엔탈 박사가 문 앞에서 보초를 서고 있던 두 경찰관에게 말했다.

좁다란 복도 좌우로 각각 두 개의 방이 있었다. 복도 끝에 있는 두 개의 문은 주방과 욕실로 이어졌다.

오른쪽 첫 번째 방에는 유아용 침대 두 개가 있었다. 방 한복판 바닥에 네 살 정도 되어 보이는 아이의 시신이 있었다. 바닥에 등을 대고 누워 있었는데, 개구리처럼 두 다리를 배에 붙이고 높이 쳐든 모습이었다. 침대 하나에는 다섯 살 정도 된 아이가 똑같은 자세로 누워 있었다. 아이는 입에 거품을 물고 있었다. 두 아이 모두 속옷만 입고 있었고 엉덩이에 대변이 묻어 있었다. 릴리엔탈 박사가 말했다.

"위경련을 일으킨 게 분명해요. 설사도 했고."

묄러 경정은 고개를 끄덕였다. 견딜 수 없을 만큼 더웠다. 묄러는 당장 토할 것 같다고 느꼈다.

욕실에서는 수 분 간격으로 가스보일러가 돌아가는 소리가 들렸다. 글라터 경정이 의아하다는 듯 말했다.

"왜 보일러를 틀어놓았을까? 바깥 날씨가 이렇게 더운데?"

묄러는 어깨를 으쓱해 보였다. "혹시 추웠던 건 아닐까?" 그녀는 창문턱 위 약병을 가리켰다. 병에는 '누오프렌'이라는 글자가 붙어 있었다. 그 옆에는 사용한 듯 보이는 플라스틱 숟가락이 있었다. "이건 뭐죠?" 그녀가 릴리엔탈 박사에게 물었다.

"아이들 진통제예요. 흔히 발열성 전염병의 복통과 두통에 처방하는 약이죠."

다음 오른쪽 방은 아기용 침대 하나 빼고는 텅 비어 있었다. 침대에는 한 살쯤 된 젖먹이가 누워 있었다. 역시 등을 바닥에 대고 두 다리를 배에 붙인 채 누운 자세였다. 머리는 옆으로 돌아갔고 베개는 토사물로 얼룩져 있었다.

"위경련, 구토, 설사." 릴리엔탈이 중얼거렸다.

이들이 다 허물어지는 집에서 살았다는 생각이 묄러의 뇌리를 스치고 지나갔다. 방마다 필요한 최소한의 가구만 있었고 그마저도 누가 내다버린 쓰레기를 들여놓은 것 같았다. 복합재로 된 싸구려 마루는 닳아서 해졌고 습기로 주름져 있었다.

베르톨트 경감은 상황을 설명할 때 2층 여자가 들려준 말도 전했다. 묄러 경정은 아마도 1층은 이 낡은 가구와 함께 집 전체를 세 놓은 건지도 모른다고 생각했다. 그렇다면 누구도 새 이웃이 입주한 것을 몰랐던 이유가 설명된다. 게다가 블라인드도 쳐져 있지 않던가.

이들은 복도 왼쪽 방으로 들어갔다. 침대 겸 소파에 젊은 여자가 있었다. 역시 등을 대고 누운 자세였다. 소파 옆 머리맡에 놓인 청소용 물통에는 노란빛이 섞인 회색 액체가 담겨 있었다. 여자도 토한 게 분명했다. 옆에는 35~40세쯤 된 남자가 옆으로 길게 누워 있었는데 머리는 여자의 발 옆에 있었다. 남자의 오른팔은 닫힌 창문 쪽으로 뻗어 있었다. 창문을 열려고 했던 것으로 보였다.

소파 탁자에는 반쯤 비운 투명 플라스틱 포장의 파라세타몰(아세트아미노펜) 약상자와 빈 아스피린 포장지가 있었다. 그 옆에는 오래 써서 닳은 지갑이 보였다. 글라터는 조심스럽게 지갑을 열고 신분증을 꺼냈다. "토르스텐 홀브루크." 그가 소리 내어 읽었다.

침대 겸 소파 옆 바닥에는 핸드백이 하나 있었다. 글라터 경정은 아무것도 건드리지 않은 채 핸드백만 열어 잠시 훑어본 다음, 값싼 인조 가죽으로 만든 얇은 와인색 서류첩을 꺼냈다. 그 안에는 현금카드와 자네테 무르케라는 이름의 신분증이 들어 있었다. 글라터가 말했다.

"확대된 자살이라…… 그 친구 말이 맞을지도 모르겠군. 지금까지는 모든 상황이 그런 것 같아." 그는 토르스텐 홀브루크의 시신을 가리켰다. "여자가 아이들을 데리고 떠나려고 했을 때 제정신을 잃은 남자가 자신을 포함해 전부 죽인 거야."

뮐러는 다시 어깨만 으쓱했다. 그녀의 머리는 깨질 것처럼 아팠다. 여전히 토할 것 같기도 했다.

네 번째 방에는 두 살쯤 되어 보이는 아이의 시신이 있었다. 유아용 침대 안의 아이는 마찬가지로 바닥에 등을 댄 개구리 자세로 누워 있었다.

릴리엔탈 박사가 말했다. "네 번째 아이와 성인 두 명은 똑같은 증상에 시달린 것이 분명합니다. 건강이 꽤 안 좋았던 것으로 보이네요. 빈 약상자와 반쯤 빈 상자들이 여기저기 흩어져 있는 걸 보니 그런 상태가 오래된 게 분명해요."

"왜 그런 증상이 생긴 것 같아요?" 글라터 경정이 물었다.

"아이 엄마는 아마 전염병이라고 생각한 것 같은데, 그게 이유는 아닙니다. 엄마가 아이들에게 누오프렌 시럽을 먹이고 자신은 파라세타몰과 아스피린을 먹은 걸 보면 그렇게 추측할 수 있죠."

그는 두 성인이 누워 있는 방으로 다시 들어가며 따라오라는 신호를 보냈다. 그는 여자의 몸 위로 고개를 숙이고 소매를 팔꿈치까지 걷어올렸다. "선홍색 시반이 뚜렷이 보이죠?" 그가 물었다.

뮐러가 고개를 끄덕였다.

"또 여기 남자도 마찬가지고요." 박사가 설명을 이어가며 시신의 허리 위로 티셔츠를 걷어올리고 뚜렷이 보이는 짙은 빨간색 시반을 가리켰다.

"자세한 것은 부검을 해봐야 압니다만 현재로서는 정황상 여섯 명 전원이 치사량의 일산화탄소에 중독된 것으로 보입니다." 뮐러 경정이 놀란 눈으로 그를 쳐다보았다. "일산화탄소라고요? 홀브루크가 자신을 포함해 파트너와 아이들을 일산화탄소에 중독시켰다고요?"

릴리엔탈 박사는 이마의 땀을 훔쳤다. "우연한 사고인지 계획적인 살인인지 아니면 자살인지는 아직 말씀드릴 수 없습니다. 확실한 일산화탄소의 출처를 보지 못했으니까요. 하지만 욕실의 가스보일러가 고장 난 거라면 놀랄 일도 아닙니다. 안타깝게도 자주 있는 일이죠."

그는 시신의 옷을 원래대로 돌려놓았다. "지금은 당장 신선한 공기부터 쐬어야겠군요. 두 분도 그렇게 하세요."

여섯 가족의 수수께끼 같은 죽음은 베를린을 넘어 훨씬 많은 여론의 주목을 받았다. 뮐러 경정과 글라터 경정의 지휘 아래 '비스도르프 조사특위'는 가능한 모든 방향으로 수사에 착수했다.

베를린 동부에 살던 한 아버지가 절망에 빠져서 온 가족을 죽이고 자신도 목숨을 끊은 게 불과 몇 년 전 일이었다. 홀브루크도 비슷한 동기에서 똑같은 살해 수법을 사용한 걸까? 자네테 무르케가 자신을 떠나 아이들 아빠에게로 돌아가려고 해서? 의혹이 밀려왔다. 베를린 지역 신문들은 그럴듯한 추측성 제목을 뽑으며 보도 경쟁에 열을 올렸다.

릴리엔탈 박사는 자신이 발견한 소름 끼치는 상황을 보고했고, 나는 현장 사진을 살펴보았다. 그 직전에 훑어본 책의 내용이 떠올랐다. 지금으로부터 50년 전에 나온 『법의학 도해서Atlas der gerichtlichen Medizin』의 한 부분이었다. 법의학 원로인 오토 프로코프가 쓴 이 책에는 사건과 아주 유사한 비극이 기록되어 있다. 부모와 자녀가 집에서 죽은 채로 발견된 사건이었는데, 아무도 모르게 흘러나온 '석탄 도시가스' 중독이 원인이었다. 이 가스는 19세기 프로이센에서 가스등을 켤 때 사용한 것으로, 15퍼센트의 일산화탄소를 함유하고 있었다. 그 책에서는 각각 아이 다수가 사망한 두 사건을 (옛날 흑백사진이기는 했으나) 사진으로 상세하게 비교하고 있었다.

내가 보기에도 릴리엔탈 박사의 추측은 정확해 보였다. 비스도르프 구역의 오토헨젤슈트라세에 살던 가족은 일산화탄소에 중독사했을 가능성이 아주 컸다.

담당 검사는 시신 6구 전체의 즉시 부검을 지시했다.

'즉시 부검'은 우선 추가적인 수사 결과를 취합해 평가하고 그후 부검을 할 것인지 아닌지를 결정하는 (예컨대 사망 시간대의 압축이나, 어떤 무기가 사용되었고, 무슨 도구나 독극물이 동원되었는지를 밝히기 위한) 외적 상황을 허용치 않는다. 즉시 부검은 특수 상황에서 중범죄를 담당하는 각 검사가 판사의 결정 없이 지시할 수 있다. 살인 범죄가 명백할 때, 또 범죄 피의자가 도주나 증거 인멸 혹은 알리바이를 만드는 데 이용할 시간상의 이점을 막아야 할 때 지시한다. 사인이 빨리 밝혀지지 않는 상황이나 다른 사람의 생명이 위험에 빠질 가능성을 빼놓을 수 없을 때도 이 지시가 떨어진다.

시신을 발견한 날 릴리엔탈 박사와 동료 세 명은 2인 1조로 팀을 꾸려 무르케와 네 자녀, 홀브루크에 대한 부검을 시작했다. 이들은 잠시도 쉬지 않고 집중적으로 작업했다. 그런데도 '비스도르프 특위'에 결과를 설명할 준비를 마쳤을 때는 이미 늦은 오후가 되어 있었다.

사망자 전원이 일산화탄소 중독의 전형적인 특징이라고 할 '빨간 시반'을 갖고 있었다. 무르케나 그녀의 자녀들뿐만 아니라 홀브루크에게서도 외부 상처는 확인되지 않았다. "격투가 일어나지 않았다는 뜻이야." 글라터 경정이 결론을 내렸다. "무르케는 끝까지 모두가 단순한 배탈이 났다고 생각한 게 틀림없어."

혈중 일산화탄소 농도가 10퍼센트 미만일 때는 정상으로 간주하며, 이 수치는 위험하지 않다. 아주 심하게 줄담배를 피우는 사람의 혈중 일산화탄소 농도는 15퍼센트까지 올라가기도 한다. 이 상황도 죽음과는 거리가 멀다. 그런데 무르케와 자녀들, 홀브루크의 경우에는 측정 수치가 그 정도를 훨씬 넘어섰다.

무르케는 혈중 일산화탄소가 62퍼센트로 나왔다. 16개월 된 아기는 63퍼센트로 확인되었다. 홀브루크는 혈액 52퍼센트가 일산화탄소에 중독되었다. 나머지 세 아이 중 네 살배기 남자아이는 44퍼센트밖에 되지 않아 치사량에 해당하는 50퍼센트를 밑돌았다. 하지만 이 아이는 화농성 편도선염을 앓고 있었다. 허약한 사람은 일산화탄소 농도가 40퍼센트나 45퍼센트만 되어도 사망할 수 있다. 따라서 법의학적 관점에서 볼 때 여섯 가족 전원이 일산화탄소 중독으로 사망했다는 사실을 분명히 확인할 수 있었다.

게다가 여섯 명 전원의 시신은 일산화탄소 중독의 전형적인 모습을 드러냈다. 밝은 빨간색 시반 외에 훈제 연어 색깔의 근육, 선홍색 혈액, 폐부종, 뇌부종 및 내장 기관의 급성 울혈이 나타난 것이다.

수사관들에게는 해명해야 할 결정적인 의문이 하나 남아 있었다. 일산화탄소의 출처였다. 가스보일러가 고장 났던 걸까? 그렇다면 고장은 누구 책임이고 그 원인은 무엇일까?

시신이 발견되고 사흘 뒤 글라터 경정과 묄러 경정은 이 질문들에 처음으로 답을 제시할 수 있었다. 수사 결과 임대인이나 관리사무소가 믿을 수 없을 만큼 엉망으로 집을 관리했다는 사실이 드러났다. 거의 범죄라 할 만큼 관리에 태만했던 것이다. 여기서 또 다른 두 사람이 수사팀의 안테나에 포착되었다.

가족이 살던 임대 주택은 '캐슬 부동산 관리'라는 유명한 투자 회사 소유였다. 수사관들은 회사에 사건이 발생한 집의 가스보일러를 언제 누가 수리했는지 물었다. 회사는 '옵티말 주식회사'라는 주택관리업체를 일러주었다. 베를린의 수많은 부동산 소유주와 계약을 맺고 관리해주는 업체였다.

'옵티말'의 사장은 알렉산더 그라보프스키였다. 그는 그럴듯한 양식으로 재건축한 낡은 건물에서 뮐러 경정을 맞았다. 건물이 있는 베를린 리히터펠데 리히트야레 구역은 트리스테세 임대 주택 단지가 있는 값비싼 지역으로, 오토헨젤슈트라세에서는 멀리 떨어져 있었다.

그라보프스키의 책상에 놓인 서류철 안에는 몇 장 안 되는 서류가 있었다. 경정이 어쩌자고 뻔히 난방 시설이 고장 난 집을 임대했냐고 질문하자, 그라보프스키는 서류철을 내밀었다.

"직접 확인해보세요. 보일러는 일주일 전에 수리했어요. 여자 쪽이 우리에게 난방이 안 된다고 전화했죠. 우리는 즉시 기사를 보냈습니다. 기사는 보일러를 점검하고 다시 가동될 만큼 수리했습니다. 물론 완벽하게 수리한 것은 아니지만 적어도 다시 따뜻하게 생활할 수 있는 정도였죠."

뮐러 경정은 일가족이 사망하기 일주일 전 기사가 꼼꼼하게 작성한 수리 기록을 훑어보았다. 거기에는 '계량기 연결 파이프의 납땜을

계약에 따라 제거'했다고 쓰여 있었다. '보일러 청소 후 운전 개시.'

"납땜 제거라니요?" 경정이 쓰여 있는 말을 따라 읽으며 물었다. "그라보프스키 씨, 이게 무슨 말인지 설명 좀 해주시겠어요? 왜 보일러 계량기를 납으로 봉한 거죠?"

주택관리사는 의자를 틀며 말했다. 그는 그게 완전히 정상적인 과정이라고 주장했다. "보일러는 6년간 정지된 상태였어요. 무르케 씨의 전 세입자가 시영사업소에 사용료를 내지 않았으니까요. 무르케 씨가 집안의 보일러가 작동하지 않고 계량기가 납으로 봉해져 있다고 알려줘서 우리도 알게 된 사실입니다."

경정은 어리둥절한 표정을 감추려고 애썼다. "그럼 전 세입자는 수년간 난방이 안 되는 집에서 살았다는 말인가요?"

그라보프스키는 쓴웃음을 지었다. "그건 아니죠. 아마 전 세입자는 이동식 전기 히터를 사용했을 겁니다."

뮐러는 믿을 수 없다는 듯 머리를 흔들었다. "어쨌건 당신은 난방 작동이 안 되는 집을 임대한 거군요?"

주택관리사는 어깨를 으쓱해 보였다. "작동이라는 말이 무슨 뜻이죠?" 그가 반문했다. 그에게는 이 모든 용무가 괴롭다기보다 귀찮은 것처럼 보였다. "납땜은 단지 계량기 파이프를 막기 위한 거였고, 다시 간단하게 제거할 수 있는 거예요. 기술적인 측면에서 보일러는 언제든 가동될 준비가 되어 있었다고요. 그들이 지난달에 입주해서 불만을 제기했을 때 우리는 즉시 기술자를 보냈습니다. 그리고 잔트퀼러 씨던가요? 그분의 전남편이 지난주에 보일러가 아직도 만족스럽게 돌아가지 않는다고 연락했을 때도 즉시 다른 수리 회사를 불렀다고요."

그는 고개를 숙이고 서류철을 손끝으로 두들겼다. "이 안에 다 있습니다. 이 회사의 기술자가 무르케 씨와 시간 약속까지 한 기록이 있어요. 지난주 월요일 오후 3시였어요!"

경정은 서류철을 들고 일어났다. "이미 일가족이 사망한 지 적어도 24시간이 지난 시점이군요. 우리는 여기에 책임질 사람을 찾아낼 겁니다."

경정은 그라보프스키가 작별의 뜻으로 내민 손을 무시했다. 그녀는 여러 사람의 죽음에 대한 법적 책임이 주택관리업체에 있든 배후의 부동산 회사에 있든, 모두가 탐욕적인 이익을 추구한다는 점에서는 도덕적인 공범이라고 생각했다.

그러나 도덕적인 죄는 법의학과 마찬가지로 경찰과도 무관한 문제였다.

담당 검사는 전문가에게 보일러에 대한 조사를 의뢰했다. 난방 시설의 고장과 이 사건이 정확하게 무슨 관계가 있는지는 여전히 해명되지 않고 있었다.

그들은 외부 점검에서 가스 배출관의 틈새를 확인할 수 있었다. 뮐러는 노련한 기술자가 기계를 점검하는 현장에 함께 있었다. 설비를 완전히 해체한 순간 모두가 눈을 의심했다. 벽에 붙은 배기관은 누더기 천과 신문지로 꽉 막혀 있었다.

그 광경을 본 펠릭스 글라터는 누더기와 신문지를 끄집어내면서 혼자 중얼거렸다. "홀브루크 짓이야!" 그는 신문지를 펼치면서 제목과 기사를 대강 훑어보았고, 그 순간 자신의 의혹이 잘못되었다는 것을 깨달았다.

모두 5년이 넘은 기사들이었다. 자네테 무르케는 불과 몇 주 전에 아이들과 홀브루크와 함께 이 집에 입주했다.

글라터 경정은 주머니에서 휴대폰을 꺼냈다. 그는 자신이 발견한 것을 뮐러에게 전하고, 그녀가 주택관리사 그라보프스키에 대해서 알아낸 사실을 물었다.

"무르케 전에 여기 살던 사람들의 이름과 실제 주소가 필요해." 글라터는 말했다.

지그리트 베르토네는 작센안할트 태생으로, 시칠리아 출신의 공장 직공 카를로 베르토네와 짧은 결혼생활을 했다. 지그리트는 임시직을 전전했고, 최근 10년 동안은 하르츠 IV 실업 수당에 의존하면서 두 사람 사이에서 태어난 아들 앙겔로를 키웠다.

그사이 앙겔로는 25세가 되었지만 여전히 엄마 집에서 살고 있었다. 그도 엄마와 마찬가지로 실업자였다. 이들의 숙소는 베를린 라이니켄도르프의 허름한 집이었다. 수사팀은 추적 끝에 마침내 그 집에 사는 베르토네 가족을 찾아냈다. 1950년대에 지은 임대 단지의 집은 베르토네 가족이 지난 3월 이사 나온 오토헨젤슈트라세의 집보다는 훨씬 안락해 보였다.

지그리트는 뮐러 경정과 글라터 경정이 신분증을 제시하자 움찔했다.

"왜 우리가 찾아왔는지 아시죠?" 뮐러는 이렇게 물으며 상대를 안심시키고자 미소 지었다. 여섯 가족의 수수께끼 같은 죽음은 수일 전부터 신문에 대서특필되고 있었다.

지그리트는 도움을 청하듯 주위를 두리번거렸다. 그녀 뒤 현관에서 남부 이탈리아인처럼 보이는 젊은 남자가 나타났다. 그가 외쳤다.

"주택관리사가 범인입니다! 그라보프스키라는 사람을 감옥에 보내야 해요! 우리에게 책임을 전가하면 안 된다고요!"

글라터의 마음은 가라앉지 않았다. 그는 베르토네 가족에게 일단 집에 들어가서 얘기하자고 요청했다. 모두 자리에 앉자 모자는 스스로 이야기를 꺼냈다.

"우리는 그 쓰러져가는 집에서 5년 넘게 살았어요. 그동안 앙겔로와 나는 번갈아 병이 났답니다. 벽은 완전히 곰팡이 천지고, 장판 밑의 마루는 습기로 썩어 있었지요. 시영사업소에서 가스를 끊은 건 우리에게 별로 중요한 일이 아니었어요. 어차피 난방이 제대로 되지 않았으니까요. 난방은커녕 가스 배출구를 통해 바람이 들어왔다고요!"

지그리트가 아랫입술을 깨물었다. 뮐러와 글라터는 시선을 교환했다.

"두 분 중 누가 가스 배출구를 막았나요?" 뮐러 경정이 단도직입적으로 물었다.

앙겔로가 두 주먹을 불끈 쥐더니 화가 난 얼굴로 경정을 응시했다.

"우리가 그랬다고 누가 그래요?"

"젊은이, 진정해요." 글라터가 끼어들었다.

"배기관을 막은 신문지가 5년이 넘은 것이더군요. 그때 두 분이 거기 살았잖아요. 그러니 무엇을 했는지 편하게 말해봐요." 뮐러가 말했다.

엄마와 아들은 한동안 서로를 보았다. 앙겔로는 여러 차례 머리를 저었고, 그때마다 지그리트는 힘껏 고개를 끄덕였다. 마침내 앙겔로가 소리쳤다.

"에라, 모르겠다! 우린 그라보프스키에게 수없이 전화해서 어떻게든 외풍이랑 벽에 달라붙은 곰팡이를 해결해달라고 요청했다고요. 하지만 그 약삭빠른 사장은 요구를 들어주지 않았어요. 그는 우리를 화나게 하는 방법을 정확하게 알고 있었죠. 계속 미안하다는 말만 하면서 아무 조치도 취하지 않았으니까요. 이가 덜덜 떨릴 정도로 강추위가 몰아치는 한겨울이었고 엄마는 기관지염에 걸렸거든요. 그래서 나는 그 빌어먹을 보일러를 열었어요. 적어도 얼음장 같은 찬바람만이라도 들어오지 않도록 배기관을 넝마와 신문지로 틀어막은 겁니다."

베르토네 모자는 시영사업소에서 가스 공급을 차단했으므로 일산화탄소에 중독될 위험이 없었다. 뮐러는 상황을 이해했다.

지그리트는 꼿꼿한 자세로 앉아서 두 수사관을 응시했다. "내가 앙겔로에게 배기관을 막아달라고 했어요. 그리고 드디어 이 집을 찾아내서 비스도르프의 쓰러져가는 집에서 나올 때 우리 모두 배기관이 막혔다는 사실을 떠올리지 못했죠."

그녀는 두 수사관에게 양손을 내밀었다. "그러니 우리 두 사람을 다 체포해야 합니다. 만일 당신들이 범인 그라보프스키를 잡으러 갈 엄두가 나지 않는다면 말이죠."

글라터는 고개를 저으며 일어섰다. "우리는 과실치사에 대한 혐의를 놓고 다방면으로 수사하는 중입니다. 현재로선 당신들을 체포할 계획이 없어요." 그는 베르토네 가족을 안심시켰다. "지금 수사 상황으로 볼 때는 6월에 보일러를 재가동하기 전 회사 쪽이 굴뚝 청소부에게 맡겨서 검사부터 해야 했어요. 그런데 그렇게 하지 않은 거죠."

지그리트 베르토네는 희망 어린 눈으로 그를 바라보았다. 글라터의 기분은 썩 좋지 않았다. 그의 머릿속에는 벌써 '캐슬 부동산 관리'와 '옵티말 주식회사'가 모든 법적 책임에서 벗어나기 위해 고액으로 고용한 변호사들이 긴 대열을 이루며 의기양양하게 행진하는 모습이 떠올랐다. 주택관리사 그라보프스키에게 베르토네 가족은 완벽한 희생양이었다.

죽음의 새

난방 시설의 안전은 원칙적으로 집주인의 책임이다. 그들은 법적으로 해당 지역의 굴뚝 청소부를 통해, 혹은 (2008년 이후로는) 자격을 갖춘 EU 회원국 기업을 통해 난방 시설을 점검할 의무가 있다.

현장의 언론 보도를 보면 이런 불행한 사고가 얼마나 빈번하게 일어나는지 알 수 있다. 남프랑스 니스 부근에 있는 한 마을의 2007년 성탄 미사는 재앙으로 끝났다. 68명이나 되는 사람이 일산화탄소 중독 증상으로 병원에 이송된 것이다. 그중 21명은 한동안 산소 호흡기에 의존해야 했다. 원인은 고장 난 가스보일러였다.

이보다 훨씬 심각한 사고는 동스페인에 있는 한 유스호스텔에서 일어났다. 투숙한 손님들이 일산화탄소를 마시며 벌어진 사고였다. 이들은 잠을 자던 중에 중독사했다. 그들은 2005년 2월, 생일 파티를 위해 스페인 전역에서 모였다. 숙박 시설은 15세기에 지방 귀족이 살던 궁전이었다. 중앙 난방 시설이 작동을 멈추었기 때문에 주인은 각 침실에 이동식 가스 난방기를 설치했다. 사람들은 겨울의 찬바람을 막기 위해 창문을 닫았다. 그로 인해 실내 공기에는 곧 다량의 일산화탄소가 축적되었다. 이튿날 유스호스텔 관리자는 열쇠를 가지러 갔다가 끔찍한 광경을 목격했다. 18명이나 되는 손님 모두가 가스 중독으로 사망한 것이다. 환기가 잘 되는 방에 묵은 주인과 여자 친구만이 목숨을 건졌다. 하지만 이들도 의식이 없기는 매한가지였다.

점화기와 배기관뿐 아니라 난방 시설의 굴뚝에도 치명적인 위험이 도사리고 있다. 새들이 굴뚝에 둥지를 트는 등 다른 방법으로 인해 기능이 마비되는 일도 드물지 않다.

2008년 3월, 노르트라인베스트팔렌에서 41세 여자와 두 자녀가 일산화탄소 중독으로 숨졌다. 3층짜리 건물 굴뚝에 까마귀가 둥지를 틀었기 때문이다. 둥지가 굴뚝을 코르크 마개처럼 막았고 보일러의 배기가스 배출을 방해했다. 이들 가족이 창문을 닫고 잠자는 동안 일산화탄소가 함유된 실내 공기가 빠른 속도로 올라왔다. 부인의 조카는 며칠째 이모가 소식이 없는 것을 이상하게 생각하고 집으로 찾아갔지만 구조하기에는 이미 너무 늦은 때였다.

몇 년 전 함부르크의 한 학생도 무척 비극적인 일을 겪었다. 그녀는 시험으로 스트레스를 받고서 실컷 목욕이나 해야겠다 마음먹었다. 학생은 욕실 문뿐만 아니라 창문까지 닫았다. 그녀가 욕조에 느긋하게 누워 있는 긴 시간 내내 보일러는 계속 돌아갔다.

목욕을 마치고 욕조 물을 뺄 때까지도, 학생은 별다른 이상 증상을 느끼지 못했다. 그러나 빈 욕조에 남아 계속 몸단장을 하던 중 학생은 의식을 잃고 쓰러졌다.

그녀의 가족은 걱정하기 시작했다. 두 시간이 지났는데도 딸이 욕실에서 나오지 않았고, 아무리 불러도 대답이 없었다. 가족이 욕실 문을 열었을 때 딸은 빈 욕조에 등을 대고 누워 있었다. 가족은 그녀를 소생시키려고 애썼지만 소용없었다. 급히 불려온 응급 의사도 사망 사실을 확인하는 것에 그쳤다.

하지만 이 의사도, 이후 교체된 다른 응급 의사도, 학생이 일산화탄소 중독으로 사망했으리라는 생각은 하지 못했다. 의사는 (사망자의 젊은 나이에도 불구하고) 학생이 때로 두통과 흉부협착증에 시달렸다는 것을 알고 사망 원인을 급성 심정지로 추정했다. 선홍색 시반과 손톱 밑의 선홍색 조직, 훈제 연어빛 근육 등 전형적인 증상을 맨 먼저 확인한 사람은 법의학자였다. 실제로 학생의 혈중 일산화탄소 농도는 64퍼센트나 됐다.

이후 경찰은 지역을 담당하는 굴뚝 청소부의 도움을 받아 어떻게 이 비극적인 사고가 발생했는지 조사했다. 굴뚝 바닥에는 죽은 지 얼마 안 된 까마귀 사체가 있었다. 부검 결과 까마귀도 일산화탄소 중독으로 죽었다는 사실이 드러났다. 까마귀는 난방 보일러의 배기관과 굴뚝이 합류하는 위치에 잘못 들어갔다가 가스에 중독되어 굴뚝 바닥으로 떨어진 것이다. 이 때문에 보일러의 배기관은 다시 열렸지만, 이미 학생이 마신 일산화탄소가 치사량을 넘은 때였다.

새들이 굴뚝으로 들어오는 것을 막으려면 굴뚝 청소부가 설치해주는 '까마귀 창살'의 도움을 받을 수 있다. 이 밖에 난방 시설을 정기적으로 전문가에게 맡겨 관리하면 일산화탄소 중독의 위험이 줄어든다. 위험성을 완벽하게 차단하려면 일산화탄소 탐지기를 실내에 설치하면 된다. 탐지기는 호텔 방 천장에 달려 있는 장치 같은 것으로, 일부는 연기탐지기 겸용으로도 쓰인다. 이 센서는 주변의 일산화탄소 농도가 일정 수치에 다다르면 이내 경보를 울린다.

이 같은 일산화탄소 탐지기가 로타르 토르가우의 감방에 있었다면 그는 아마 지금도 살아 있을 것이다.

치약을 짜내다

베를린에는 대규모 교도소가 여러 군데 있고 그중에는 폐쇄적인 구치拘置 치료 시설도 있다. 이곳에 입소하는 사람은 갇혀 있는 긴 시간 동안 궤도에서 벗어난 스스로의 삶을 돌아보게 된다. 많은 재소자는 입소 초기의 새로운 환경을 견디지 못한다. 그러니 수감자를 자살 위험군으로 분류하는 것은 놀라운 일이 아니다. 자살 위험성이 있다고 여겨지는 수감자는 감시 인력이 특별 감호하는 가운데 의료적, 심리적 보호를 받는다.

베를린 JVA 교도소에 근무하는 홀거 클레멘스 교도관은 113번 방 수감자가 자살을 시도할 가능성이 없다고 생각했다. 오히려 교도소 당국자 쪽이 돌아버릴 지경이었다. 이 로타르 토르가우라는 수감자가 끈질기게 온갖 구실을 찾아서 석방을 청원했기 때문이다. 45세인 그는 JVA에 입소한 지 몇 주 지나지 않았을 때부터 교도소장이나 감호 과장, 법원, 당국을 상대로 이의 제기를 하거나 탄원서를 썼다. 그 횟수만 해도 10여 차례였다.

2월 중순 아침에도 홀거 클레멘스 교도관은 담당 감호동의 감방문을 열어보는 것으로 일과를 시작했다. 113번 방으로 걸어가는 동안 그는 토르가우가 직업적으로나 사회적으로 성공할 모든 조건을 갖췄다고 생각했다. 토르가우는 지적이었고 충분한 교육을 받았으며, 창의적인 데다가 달변가였다. 그는 스스로 '소통 전문가'를 자처했다. 그러나 지난 10년간 그는 그 뛰어난 소통 능력 대부분을 범죄에 사용했다.

그는 비교적 가벼운 사기 범죄로 여러 번 기소되었다. 그러다가 음주벽 때문에 운전면허가 취소되었다. 이후에도 그는 계속 운전을 했다. 어느 날 그는 교통 검문에 걸렸고, 경찰관이 운전면허증을 요구하자 거구에 걸맞은 괴력으로 경찰관을 쓰러뜨렸다.

베를린 슈테글리츠의 집으로 찾아와 그를 체포하려던 경찰관 두 명도 비슷한 상황을 겪었다. 마침내 이 슈바벤 토박이는 다수의 사기와 무면허 운전, 공권력에 대한 대항 등의 죄목으로 기소되었고 도합 징역 3년 6개월을 선고받았다.

이 판결의 법률상 효력은 이미 6년 전부터 시작되었다. 그러나 토르가우는 '건강상의 이유를 들어' 끊임없이 구속 연기를 신청했다. 자신은 심장병과 혈액 순환 불안정, 호흡 곤란이 있다는 것이었다. 하기야 180센티미터 신장에 체중이 무려 150킬로그램이었으니, 놀랄 일도 아니었다.

토르가우는 클레멘스가 상대하는 재소자 대부분보다 훨씬 더 똑똑했다. 그는 판사가 자신에게 다시 불구속 상태를 허용하도록 설득하기 위해 끊임없이 머리를 굴렸다. 탄원서를 작성하거나 면회 시간에 변호사를 만나는 일을 제외하면 그는 교도소 도서관에서 빌린 법전이나 그 외 전문 서적을 읽으면서 시간을 보냈다.

클레멘스가 113번 방의 육중한 철문을 연 시간은 아침 6시 27분이었다. 이른 시간이기는 했지만 그는 이날도 토르가우가 작은 책상에 앉아 서류나 책을 읽는 일에 빠져 있으리라 생각했다.

문을 열었을 때 클레멘스는 적어도 10초간 가만히 서 있었다. 그는 눈을 껌뻑이며 믿을 수 없다는 듯 고개를 내저었다.

토르가우가 앉아 있던 감방 안쪽으로는 아무것도 보이지 않았다. 고장 난 텔레비전의 백색 화면 같았다. 보이는 건 희뿌연 연기뿐이었다.

"토르가우 씨?" 클레멘스가 이름을 불렀다.

대답이 없었다. 목 안쪽이 심하게 따끔거렸다. 토르가우가 여러 가지 가스를 뒤섞었을지도 모른다는 생각이 클레멘스의 머리를 스쳤다.

그는 호각을 입에 물고 비상 신호를 보냈다.

동료 교도관인 하르트비히 뮐러가 복도를 따라 달려오는 동안, 클레멘스는 주머니에서 무전기를 꺼냈다. "113번 방에 짙은 연기 발생!" 그는 동료에게 소리쳤다. "경찰과 구급 의사에게 연락해! 나는 알트베크 과장에게 보고할게!"

잠시 후 두 교도관과 감호 과장 다나 알트베크가 감방에 도착했다. 클레멘스는 감방 안쪽으로 소방 호스를 들이댔다. 곧 강력한 물줄기가 온 방을 적셨다. 작은 방 어디에서도 확연한 불길은 보이지 않았지만, 클레멘스가 소방 호스를 문 오른편에 있는 변기 쪽으로 돌리는 순간 불꽃과 불타는 종잇조각이 날아올랐다.

"이제 됐어." 다나 알트베크가 말했다.

클레멘스는 호스를 잠갔다. 감호 과장은 목도리로 입을 막은 채 아직도 연기로 가득 찬 감방에 들어가 창문을 열었다.

연기가 걷히면서 감방 안의 시야가 트였다. 변기와 세면대 뒤, 오른쪽 벽 침대와 그 맞은편의 의자가 딸린 탁자, 뒤쪽 구석의 선반 등 모든 것이 물에 흠뻑 젖었다. 방바닥엔 흥건한 물 위로 군데군데 타다 남은 신문지 조각이 떠 있었다.

침대에는 거구의 형상이 똑바로 앉아 있었다. 바닥에 발을 댄 자세였다. 토르가우는 실내화를 신었고, 까만색 속옷만 입고 있었다. 두툼한 상체 지방이 무겁게 흘러내렸다. 피부는 연기와 열기 속에서 갈색으로 변색되었다. 그는 벽에 등을 기대고 앉았고, 오른쪽으로 살짝 미끄러진 상태였다. 두 눈은 바로 앞에 있는 탁자를 응시했다. 탁자 위로 흠뻑 젖은 책과 서류, 그 사이로 반쯤 비운 약 포장지가 보였다.

클레멘스는 물이 고인 바닥을 건너가 토르가우의 경동맥을 만졌다. "맥이 뛰지 않아요."

토르가우의 짧은 금발 머리 위에는 손으로 쓴 쪽지가 있었다. "유서네요." 클레멘스는 손을 대지 않고 쪽지를 들여다보았다.

그는 고개를 돌려 당혹스러운 눈빛으로 알트베크를 바라보았다. "토르가우가 어떻게 이런 일을 꾸몄는지 모르겠군요. 이 친구가 자살이라니, 어떻게 이럴 수가."

구급의와 함께 도착한 경찰관들은 대강 정황을 파악했다. 사망 사실을 확인한 구급 의사는 소생 시도를 포기했다. 소방관들도 잠시 시신을 살펴보았다. 그뒤에는 할 일이 없었다. 이와 달리 수사팀과 법의학 쪽은 사건을 분명히 해명해야 했다. 구급 의사는 사망진단서에 '비자연사'라고 기록했다.

클레멘스가 113번 방의 연기 발생을 확인하고 15분 정도가 지난 6시 45분, 24시간 대기 수사과의 형사 두 명이 JVA에 도착했다.

노련한 형사인 막스 베트만 경정과 그보다 15살 더 어린 파트너 요카루스 경위가 첫 목격자인 클레멘스의 진술을 들었다. 이들은 뒤이어 시신이 흠뻑 젖은 침대에 앉아 있는 감방을 조사했다.

카루스 경위가 유서를 양쪽에서 촬영했다. 두 수사관은 유서를 증거물로 가져갔다.

토르가우는 자신의 글에 '마지막 편지'라는 제목을 붙였다. 이 종잇장 또한 다른 물건들과 마찬가지로 연기와 물에 손상을 입는 바람에 쉽게 알아볼 수 없었다. 두 번째 장 끄트머리에 쓴 추신만 손상을 면했다.

'내 변호사에게 보내는 편지는 팬티 속에 있어요. 좀 전해줘요.'

베트만 경정은 젊은 파트너에게 격려의 시선을 보냈다. "자, 시작해, 요! 완전히 젖기 전에 유서부터 안전하게 확보해야 해. 변질되지 않게 조심하고. 자칫하면 증거 보전이 물거품이 될지도 몰라!"

젊은 수사관은 한숨을 쉬며 행동에 돌입했다. 장갑을 꼈더라도 거구의 시체 엉덩이 틈새에 낀 증거물을 꺼내는 일은 쉽지 않았다. 설상가상으로 그 편지 역시 흠뻑 젖고 더럽혀진 상태였다. 부분적으로

라도 내용을 재구성하려면 수사 기술진이 놀라운 기술을 발휘해야만 할 것이었다.

"이 사람, 방을 완전히 훈제실로 만들어놨군. 어떻게 이런 일을 벌인 거지? 바깥 복도에 있는 연기탐지기는 왜 울리지 않았을까. 이 안에서 대체 무슨 일이 일어난 거야?"

베트만 경정이 말했다.

수사팀은 감방 안을 샅샅이 조사했지만 만족할 만한 성과는 거두지 못했다. 시신과 마찬가지로 감방 안에 있는 모든 물건은 연기와 열기로 인해 흑갈색으로 변해 있었다. 실내 공기는 물을 부어서 식힌 석쇠 그을음처럼 역겨운 냄새를 풍겼다. 그러나 변기 옆 모퉁이를 제외하고는 주변에서 그을린 흔적을 찾을 수 없었다. 모퉁이에는 두툼한 신문지 다발이 검게 타다 남은 잔재가 있었다. 정황을 판단한 베트만 경정이 말했다.

"이쪽 모퉁이에서 신문지로 불꽃 없이 연기만 나는 '훈소 화재'를 낸 것으로 보이는군. 그러려면 라이터나 성냥을 사용했을 텐데, 뭐 발견한 것 없어?"

요 카루스가 침대를 가리켰다. "이 사람 오른손 바로 옆입니다. 이게 뭔지 아시겠어요? 마개가 열린 반쯤 짜낸 치약입니다. 이것으로 뭘 할 수 있었을까요?"

경정은 문 쪽으로 가서 문틀과 테두리에 달라붙은 녹색 찌꺼기를 살폈다. 끈적끈적한 물질을 보아하니 좁은 띠 모양 흔적이 분명했다. 문틀 가장자리를 따라서 붙어 있던 자국이었다.

"말도 안 돼. 연기가 밖으로 나가지 않게 치약으로 문틈을 메웠잖아. 그래서 연기탐지기가 경보를 울리지 않은 거야." 그는 놀란 눈으로 고개를 저었다. "이런 건 처음이네. 치약으로 문틈을 메우고 열기까지 보존할 수 있다는 걸 어떻게 알았을까?"

경정은 왼쪽 모퉁이 뒤쪽의 선반으로 가서 거기 놓인 책을 훑어보았다. 짙은 연기와 소방 호스가 뿌린 물에도 불구하고 책은 아직 읽을 수 있는 상태였다. "기초 화학." 그가 제목을 보며 중얼거렸다. "교도소 도서관에서 대출한 게 아니면 좋을 텐데."

교도소에서 사람이 죽는 소동이 일어나자 언론은 비판 어린 의문부터 제기했다. 로타르 토르가우의 죽음이 자살이 아닐 수도 있을까?

베를린에서는 의혹의 그림자를 남기지 않기 위해 교도소와 경찰서 유치장에서 사망한 모든 사람에 대해 부검을 진행한다. 이 때문에 113번 감방에서 훈소 화재가 발생한 지 닷새 만에 거구의 시신이 우리 연구소 부검대에 오르게 되었다.

한편 수사 기술진은 마침내 그의 유서를 해독하는 데 성공했다. 유서에서 토르가우는 사법 당국과 검찰 당국에 비난을 퍼부었다.

"나는 의사가 처방해준 수면제를 먹고 떠난다." 유서는 이렇게 시작되었다. "내 건강 문제는 검토되지 '않았다'. 5번이나 심리 상담을 신청했지만 한 번도 답을 듣지 못했다! 나에게는 긴급구제 신청도 기회가 주어지지 않았다. (2006년 이후 구금 생활 불능으로 인한) 구속 연기를 결정하지 않음으로써 저들은 계획적으로 내 모든 희망을 앗아갔다. 그들이 승리했다. 행운을 빈다. 나는 제삼자에게 엉뚱한 피해가 돌아가지 않기를 바란다. 그러기 위해 온갖 노력을 기울였다. 스프링 클러가 작동되지 않도록 문틈을 메워놓았다."

JVA의 의료 서비스에 대한 고발은 논란의 소지가 있었다.

의료진의 소견에 따르면 토르가우는 수면 무호흡증, 즉 수면 중의 반복적인 호흡 정지 증상에 시달렸다. 그러나 JVA의 담당 의사는 그에게 불면증과 불안 증상에 효과가 있는 조피클론이 들어 있는 약을 처방했다. 사용설명서에 따르면 이는 수면 무호흡 환자에게는 권장되지 않는 약이었다. 죽기 직전 토르가우는 이 의사를 '직무상 신체 상해' 혐의로 고발하기까지 했다.

부검으로 해결해야 할 의문은 다음과 같았다. 토르가우는 매연 중독으로, 즉 일산화탄소 중독으로 사망했는가? 혹은 다른 사인, 가령 조피클론이 함유된 약물 중독 때문에 죽은 것은 아닌가? 훈소 화재가 발생했을 때 그는 이미 죽어 있었던 건 아닌가?

릴리엔탈 박사와 내가 부검을 진행했다. 우리는 일산화탄소 중독의 전형적인 내외적 현상을 확인했고 그 밖에 병적인 심장비대증과 간의 심각한 지방 과다 현상도 발견했다. 하지만 이 두 가지 내장 기관의 변화 자체는 죽음의 원인이 될 수 없었다.

독물학 조사 결과 토르가우는 죽기 전날 밤 조피클론이 함유된 수면제를 정량의 다섯 배나 복용한 것으로 드러났다. 형사들이 감방 탁자에서 확인한 여덟 개들이 약상자에서 다섯 개를 꺼내 먹은 것이다.

하지만 폐에서 검출된 유난히 많은 매연 입자가 수면제는 조기에 호흡을 정지시킨 원인이 아님을 입증해주었다. 토르가우는 수면제로 야기된 무의식 상태에서 자신이 지른 훈소 화재로 인해 발생한 일산

화탄소가 섞인 독한 연기를 마신 것이다. 그의 일산화탄소 혈중농도
는 49퍼센트로, 신체가 허약한 사람이라면 사망에 이를 수 있는 수치
였다.

우리의 부검소견서는 이런 결론을 냈다. "사망은 직전에 지나친 조
피클론을 복용한 상태에서 독한 일산화탄소 가스를 다량 흡입한 결
과로부터 발생한 것으로 판명됨."

이 당혹스러운 '치약 자살' 사건에서 배울 수 있는 교훈은 두 가지다.

첫째, 사람의 속은 들여다볼 수 없다는 것이다. 경험 많은 JVA 직원
은 토르가우가 패배를 인정하지 않는 유형이라고 확신했지만, 그는
이미 항복한 상태였다.

둘째, 목숨을 끊기로 단호하게 결심한 사람은 어떻게든 자신의 의
지를 관철할 방법을 찾아낸다는 것이다. 국가의 통제와 당국의 감시
를 받는 중이라고 해도.

마지막 바비큐

베를린 베딩 구역에서 35세 남자가 자신과 두 살 연상의 여자 친구
를 위해 하필이면 숯불구이 불판을 가지고 아늑한 보금자리를 만들
고자 시도한 적이 있다. 무지가 아니고서는 도무지 설명할 길이 없는
행동이었다.

재임대 주택에 사는 이 창고관리인은 2007년 여름, 여자 친구를 비

롯한 손님들과 함께 생일 파티를 벌였다. 그는 베란다에서 석쇠에 스테이크와 소시지를 구웠다. 서늘한 여름밤이었고, 파티는 비교적 일찍 끝났다. 손님들은 집으로 돌아갔고 연인은 주인공의 방으로 들어갔다. 이들은 이때 벌겋게 타는 숯불이 가득 담긴, 주철로 된 불판을 가지고 갔다. 연인은 따뜻한 분위기를 만들기 위해서 침대 바로 옆에 불판을 두고 잠자리에 들었다. 방은 금세 훈훈해졌다. 창문과 베란다로 통하는 문도 꼭 닫은 상태였다.

이 집의 원세입자는 이튿날 오전 작별 인사도 하지 않고 여행을 떠났다. 재임대로 사는 사람이 전날에 파티를 벌였으니 늦잠을 자고 싶으리라 생각했기 때문이다. 이후 며칠이 지났다. 창고관리인은 주말이 지나도 일하러 나오지 않았다. 그와 여자 친구 모두 행방불명인 듯 보였다. 상사가 전화로 연락해봐도 소용이 없었다. 친구들이 집을 찾아가 벨을 눌러도 응답하지 않았다. 마침내 주변 사람들은 실종 신고를 했다.

순찰차가 집으로 가보니 두 연인은 침대에서 사망해 있었다. 모두 옷을 벗은 상태였다. 외상은 없는 대신 특유의 선홍색 시반이 보였다. 방에서는 화재나 가스 냄새의 흔적이 확인되지 않았지만, 불판에 차갑게 식은 조개탄과 수북한 재가 사태의 원인을 말해주었다. 경찰관들은 침대 위에 엎드려 누운 남자의 배변을 확인했다. 역시 장시간 새어 나온 일산화탄소 중독의 전형적인 증상이었다.

사흘 후 우리 법의학 연구소에서 두 구의 시신을 부검했다. 추측은 확증으로 변했다. 남자는 혈중 일산화탄소 농도가 68퍼센트가 넘었고, 여자는 조금 낮았지만 별 차이가 없었다.

경찰은 우연히 불행한 사고가 일어난 건지, 아니면 두 연인이 의도적으로 목숨을 끊은 건지를 수사했다. 그러나 이 사건에 자살에 대한 근거는 존재하지 않았다. 유서도 발견되지 않았으며 두 사람 모두 우울증을 앓은 적이 없었다. 자살 동기가 될 만큼 크나큰 시련을 겪지도 않았다. 생일 파티에 참석한 친구들이나 원세입자의 말로는 두 연인 모두 걱정을 모르고 인생을 즐기는 사람들이라고 했다. 밀폐 공간에서 숯불을 피워놓고 잘 만큼 너무 부주의했던 게 안타까울 뿐이었다.

이보다 동기를 찾기가 더 어려웠던 또 다른 사건은 2007년 7월 베를린 북부에서 발생했다.

자동차 불판

월요일 아침 7시, 지게차 운전자인 쿠르트 뢰링이 베를린 북부 외곽에 있는 상공업 복합단지에서 근무를 시작했다. 그는 단지 내 넓은 구역의 가장자리에 있는 창고 안에서 빈 유로 팔레트(유럽 연합 표준규격의 화물 운반용 틀)를 쌓아올리고 있었다. 그때 창고 옆에 있는 두 개의 녹슨 컨테이너 사이로 낡은 오펠 벡트라(1988년부터 2008년까지 생산된 오펠의 승용차)가 보였다. 지난 금요일에는 분명히 그 자리에 없던 차였다. 차 안으로 두 사람의 형체가 얼핏 보였다. 각각 운전석과 조수석에서 잠든 것 같았다. 뭔가 이상한 풍경이었다. 가까이 다가가서 보고 싶은 충동이 일었다. 두 사람을 깨우려는 건 아니었다.

뫼링의 호기심은 점심시간이 돼서야 본격적으로 발동했다. 그는 낡은 컨테이너 쪽으로 가서 차 주위를 한 바퀴 돈 다음 안을 들여다 보았다.

등받이를 뒤로 젖힌 앞자리에 남자와 여자가 누워 있었다. 두 사람 다 40대 언저리로 보였다. 비대한 몸집에 청바지와 아노락을 입고 있었다. 각자 오른쪽 팔에 동물 인형을 안은 채였다. 그들은 마치 깊고 곤한 잠에 빠진 것처럼 보였다. 차창에 때가 잔뜩 끼어 있었기 때문에 자세한 건 보이지 않았다. 그러나 뫼링의 육감은 이상하게 경직된 모습의 두 사람이 살아 있지 않다고 말하고 있었다. 그는 창고로 달려가 경찰서에 전화를 걸었다.

이날 오후 자라 리히터 경감과 레오 존타크 경위가 상공업 복합단지에 도착했다. 과학수사팀이 차 문을 연 상태였고, 의사는 차 안에 있던 두 사람이 사망한 사실을 확인했다.

오펠 벡트라의 문 4개는 모두 안에서 잠겨 있었다. 조수석의 잠금장치는 파손된 흔적이 역력했다.

"전문가 솜씨가 아니네요." 존타크가 말했다.

차 안은 그때까지도 차가운 재 냄새와 뒤섞인 똥과 토사물의 악취로 가득 차 있었다.

"이 고물 차 안에서 뭔가를 구워 먹으려고 한 건 아니겠지?" 리히터가 중얼거렸다.

두 사체의 발치에는 인스턴트 그릴이라고 불리는 석쇠가 세 개나 있었다. 건축 자재 시장에서 개당 몇 유로만 주면 살 수 있는 물건이었다. 그릴은 석쇠 철망이 달린 알루미늄 판으로, 포장지에 적힌 설명에 따르면 쉽게 불이 붙는 조개탄이 500그램씩 든 것이었다. 그릴 두 개는 남자의 발 근처에 있었고 나머지 하나는 여자의 발 앞에 있었다. 현장 조사팀원 한 명이 보고했다.

"차 안이나 주변에서 구워 먹는 식품은 발견하지 못했습니다. 탄 냄새나 바닥 매트의 그을린 흔적을 보면 차 안에서 인스턴트 그릴을 사용한 것으로 추정됩니다."

그는 살짝 탄 매트를 가리켰다.

"연소 시간, 약 한 시간." 경감이 오펠 차의 뒷자리에 있던 인스턴트 그릴 포장에 적힌 글씨를 읽었다.

뒷좌석에서 배낭 하나가 발견되었다. 배낭에는 조수석 문을 땄을 때 사용한 게 분명한 스크루 드라이버가 들어 있었다. 두 사망자의 신분증도 있었다.

기록에 따르면 남자의 이름은 프란치스 크라포트케, 나이는 37세로 루르 지방에 거주했다. 여자는 남자보다 다섯 살 더 많았다. 이름은 주잔 하이덴바허, 주소는 슈투트가르트였다. 두 사람의 옷은 싸구려였고 인상은 전체적으로 말쑥하지 못했다.

사체에 나타난 일산화탄소 중독의 특징들이 노련한 수사관들의 눈에 걸려들었다. 그들의 몸은 부분적으로 밝거나 어두운 빨간색 시반으로 뒤덮여 있었다. 손톱 밑 조직은 선홍색으로 변색된 상태였다. 크라포트케가 입은 청바지 아래쪽은 분뇨로 얼룩져 있었다. 이와 달리 외부에서 입은 폭력 흔적은 눈에 띄지 않았다. 경감은 곰곰이 생각해 보았다.

"이 둘은 베를린에 왜, 언제부터 머문 걸까? 무엇 때문에 수백 킬로미터나 여행해서, 하필이면 이 상공업 복합단지에서 만나 고물 자동차를 따고 안으로 들어갔을까?"

경위가 어깨를 으쓱해 보였다. "좋은 질문입니다."

프란치스 크라포트케와 주잔 하이덴바허가 사망한 자동차의 소유주는 유스틴 지베르트라는 33세 임시직 노동자였다. 그는 상공업 복합단지 바로 옆에 있는 임대 주택에 살고 있었다. 이튿날 경감이 근무지로 찾아와 질문을 던지자, 그는 깜짝 놀란 듯했다.

"그 차를 팔려고 했어요. 금요일에 슈퍼마켓에서 게시물을 작성했습니다. 검사필증이 없어서 거기 세워두었던 겁니다. 그 불쌍한 정신병자들이 무슨 일을 저지를지는 전혀 몰랐죠!" 리히터는 그가 크라포트케나 하이덴바허를 아는지 물어보았다. 유스틴 지베르트는 두 사망자의 사진을 잠시 훑어보더니 힘주어 고개를 저으면서 단언했다.

"한 번도 본 적 없습니다."

수사관들은 그의 진술을 받고, 유스틴 지베르트가 금요일 저녁에 실제로 부근 슈퍼마켓 게시판에 매물 내용을 적어둔 것을 확인했다. 그와 자동차 안에서 사망한 두 떠돌이 사이에서는 아무런 연결 고리도 찾을 수 없었다.

이들이 죽기 전 며칠간 상공업 복합단지나 그 일대에서 크라포트케나 하이덴바허를 본 사람은 아무도 없었다. 두 사람의 주소지인 슈투트가르트와 레클링하우젠 지역의 경찰에 조회해보았지만, 마찬가지로 이렇다 할 성과는 없었다. 두 사람은 사회 변두리에서 아무도 찾지 않는 외톨이였던 게 분명했다.

담당 검사는 두 시신을 부검하는 게 좋겠다는 리히터 경감의 권고에 동의했다.

발견된 지 사흘 후, 하이덴바허와 크라포트케의 사체가 우리 법의학 연구소의 부검대에 올라왔다. 두 사람 모두 심한 비만이었고 이미 사체 부패의 첫 증상이 진행되어 복부 쪽 피부가 회색으로 변해 있었다. 군데군데 외피에 물집이 잡힌 모습이 뚜렷했다.

부검 결과는 예상한 대로였다. 사체 내부에서 보이는 유동적인 선홍색 혈액뿐 아니라 내장 기관의 심한 울혈이나 훈제 연어처럼 불그스레하게 변색된 근육 조직 모두가 의심할 여지 없이 일산화탄소 중독 증상을 가리켰다. 화학-독물학 조사 결과는 한 가닥 의문마저 씻어냈다. 남자의 혈중 일산화탄소 농도는 74퍼센트나 됐고 여자는 그보다 겨우 1퍼센트가 적었다. 이전에 중병을 앓은 흔적은 발견되지 않았다.

두 수사관은 내내 부검을 지켜보았다. 죽음을 둘러싼 의문의 상황 때문에 마음을 졸인 것이 분명했다. 레오 존타크가 경감에게 말했다.

"두 사람이 함께 목숨을 끊기 위해서 의도적으로 베를린에 온 것 같습니다. 인스턴트 그릴을 산 다음 눈에 띄지 않게 들어갈 자동차를 찾은 거죠. 그러다가 상공업 복합단지에 있는 오펠을 본 거예요."

리히터가 생각에 잠긴 눈빛으로 그를 보았다. "유서를 발견하지는 못했지만 내가 보기에도 모든 정황이 계획적인 동반 자살을 가리키고 있어."

"어쨌든 스테이크를 구워 먹으려고 인스턴트 그릴을 산 것은 아닙니다." 레오 존타크가 다시 설명했다. "차 안을 따뜻하게 하려고 불을 피운 것도 아니고요. 주말 내내 여름처럼 더웠고, 그릴 세 개가 연기를 뿜어대는 상태라면 차 안에서는 잠시도 견디지 못했을 테니까요."

"밖에서 그릴에 불을 붙인 다음 조개탄이 빨갛게 달궈졌을 때 차 안으로 가지고 들어갔겠지."

리히터가 말했지만 경위가 즉시 반박했다.

"그것도 아니에요. 숯불이 뜨겁게 타는 얇은 불판에 손을 대고 싶겠어요? 손가락에 심한 화상을 입을 텐데요. 둘 다 화상 흔적이 없잖아요."

"됐어, 그 문제는 그 정도로 해." 경감이 말했다. "동물 인형을 팔에 안고 잠든 걸 보면 한 가지 결론밖에 없어. 개인적인 이유야 어떻든 간에 두 사람 모두 세상과 작별하고 싶었다는 거야."

늘 그렇듯 두 수사관은 이런 결과에 100퍼센트 만족하지 못했다. 자살 사건에 유서도 없고 (훨씬 곤란한 것은) 동기도 찾을 수 없었기 때문이다. 그렇다고 불행한 사고나 외부 영향의 흔적이 발견된 것도 아니었다. 논리적인 배제 과정을 거치고 나니 유일하게 가능한 설명은 동반 자살밖에 없었다. 두 사람은 함께 목숨을 끊기로 했고, 이 결심을 함께 실천으로 옮긴 것이다.

비록 주잔 하이덴바허와 프란치스 크라포트케가 전형적인 인터넷 중독자로 보이지는 않았지만, 그렇다 해도 이들의 동반 자살이 최근 몇 년 사이 유럽에 번진 끔찍한 풍조에 영향을 받았을 가능성은 얼마든지 있었다. 이 풍조란 인터넷으로 알게 된 지식을 따라 숯불 석쇠를 이용하는 '부드러운 자살'을 말한다.

오라, 달콤한 죽음이여

사춘기가 오기 전까지 다프네 클뤼글러는 틈만 나면 웃던 명랑한 소녀였다. 열네 살이 된 후로 다프네는 갑자기 변하기 시작했다. 검은 옷을 입고 새하얀 화장을 했으며 날이 어두워진 후에야 집 밖으로 나갔다. 부모가 듣기에는 유령들의 장송곡 같은 이상한 음악을 몇 시간 내내 듣기도 했다. 학교에서는 따돌림을 당했지만 인터넷에서 만난 사람들과는 밤새 채팅을 했다.

다프네가 열여섯 살이 되었을 때 그녀의 부모는 딸이 동맥을 끊고 욕조에 누워 있는 모습을 발견했다. 2년 후에는 수면제를 먹고 자살을 기도했다. 부모는 몹시 불안해졌다. 그들은 딸을 설득해 정신과 진단을 받게 했다. 담당 의사는 다프네가 심각한 우울증이라는 진단을 내렸다.

다프네 클뤼글러는 고향 드레스덴 부근에 있는 정신 요양 시설에 들어갔다. 몇 달이 지나자 그녀를 담당하는 요양보호사들은 다프네의 경과가 좋아졌다고 생각했다. 다프네는 여전히 노트북을 끼고 살았지만 적어도 밤낮으로 인터넷 채팅을 하지는 않았다.

8월 어느 날 아침, 다프네가 나타나지 않았다. 담당 치료사와 동료 환자들은 그녀를 기다렸다. 여느 월요일과 마찬가지로 요양원에서는 그룹별 모임이 열렸다. 다프네 클뤼글러의 자리는 처음으로 비어 있었다.

보호사들은 그녀의 방을 확인한 뒤 다프네가 달아난 게 분명하다고 판단했다. 다프네의 배낭과 옷 몇 벌, 휴대폰이 보이지 않았기 때문이다. 탁자에는 손수 쓴 편지가 있었다. 세상과의 하직을 알리는 내용이었다.

요양원장은 경찰에 실종 신고를 했다. 담당인 아힘 헤르더 경감은 즉시 수배령을 내렸다. 수사팀은 다프네 클뤼글러의 휴대폰 위치를 파악했다. 경찰은 위치 측정 장치GPS 정보를 토대로 실종자가 니더작센의 엠슬란트에 있다는 것을 확인했다. 하지만 그 직후 GPS 신호가 끊어졌다.

드레스덴 경찰은 니더작센 경찰과 긴밀히 공조하며 수색에 나섰다. 수백 명의 경찰 병력과 소방대원이 대규모 수색 작전을 펼쳤다. 그들은 다프네의 휴대폰 위치가 마지막으로 확인된 장소를 샅샅이 뒤졌다. 인적이 드물고 낮은 숲 지대였다. 추가로 헬기까지 투입했지만 당장은 수색 작업의 성과가 없었다.

부모도 요양원의 보호사들도 그녀가 왜 하필 니더작센까지 갔는지 알 수 없었다. 헤르더 경감은 노트북 데이터를 백업했지만 이를 평가하는 데는 시간이 걸렸다. 수색팀에게는 여유가 없었다. 니더작센 경찰은 실종자를 찾기 위해 광활한 지역을 수색했다. 이튿날 초저녁 숲을 순찰하던 경찰관 두 명이 끔찍한 광경을 목격했다.

겹겹이 선 나무줄기의 뒤쪽 관목 속으로 이글루 모양의 원형 텐트가 반쯤 보였다. 텐트는 까만 강력 접착 테이프를 붙인 비닐 포장으로 밀봉되어 있었다. 빈틈이라곤 없어 보였다.

순찰 경찰들은 살금살금 텐트로 접근했다. 텐트 안에서 나는 차가운 연기 냄새가 그들의 코를 찔렀다. 경찰관 한 명이 소리쳤다.

"경찰입니다! 안에 누구 있어요?"

아무 대꾸도 없었다. 이들은 조심스럽게 테이프 한 가닥을 떼어내고 비닐 포장을 걷어낸 다음 텐트의 지퍼를 열었다. 손전등으로 안쪽을 비췄을 때 눈에 들어온 광경은 그들의 예상을 뛰어넘었다.

조그만 이글루 텐트 안에 젊은 여자 세 명이 누워 있었다. 모두 사망한 게 분명했다. 사망자들 사이 바닥에는 인스턴트 그릴 세 개가 있었다. 은박 불판 속의 조개탄은 다 타버리고 재가 된 상태였다.

수사를 계속한 결과 세 사망자는 다프네 클뤼글러와 그녀보다 약간 어린 두 명의 여성으로 밝혀졌다. 한 명은 사건 현장에서 아주 가까운 마을 출신이었고, 나머지 한 명은 알고이에서 왔다. 다프네와 마찬가지로 두 동반자도 유서를 남겼는데 이것은 텐트 안에서 발견되었다.

며칠 후 니더작센의 법의학자들이 부검을 시작했다. 세 사람 모두 일산화탄소 중독으로 사망한 게 확실하다는 사실이 밝혀졌다. 아힘 헤르더 경감과 그 동료는 이들의 컴퓨터와 휴대폰 자료를 분석한 뒤 머리를 절레절레 흔들었다. 세 여성은 인터넷의 '자살 포럼'에서 알게 된 사이였다. 자살 포럼에서는 자살을 추구하는 수많은 이용자가 '완벽한 자살'을 위한 상세한 조언을 주고받았다. 다프네와 친구들은 수개월 동안 생각할 수 있는 모든 자살 방식의 장단점을 놓고 열심히 토론을 해왔다.

"죽음의 독극물로 일산화탄소를 추천하는 데는 주로 세 가지 확실한 이유가 있다." 포럼의 '전문가'는 이렇게 강의했다. "첫째, 손쉽게 이용할 수 있다. 둘째, 부작용이 없다. 셋째, 효과가 빠르다."

모든 정황으로 볼 때 다프네 클뤼글러와 동반자들은 이 지침을 100퍼센트 따른 것이라고, 헤르더 경감은 충격을 받은 부모에게 설명했다.

새천년 이후 집단 자살은 우울증을 앓는 젊은이들 사이에서 세계적이고도 본격적인 유행이 되었다. 서로 모르던 사람들이 인터넷을 통해 공동의 죽음을 약속하는 것이다. 이들 중 대다수는 홍콩의 한 여성 매니저가 1998년에 '발명'했다는 '숯불구이 석쇠'에 의존한다. 이 여성은 경제 불황 기간에 직장을 잃은 뒤 목숨을 끊기로 결심하고 자살에 대한 조언을 샅샅이 뒤졌으나 마음에 드는 방법을 찾지 못했다. 그러다가 '숯불 석쇠' 방법을 고안하고는 유서에서 꼼꼼하게 이 수법을 설명해놓았다.

언론은 앞다퉈 이 이야기를 다루었고 그때마다 이 방법이 얼마나 간단하며 고통도 따르지 않는지를 부각시켰다. 그 결과, 아시아 지역에서는 일산화탄소 중독이 목을 매는 것 다음으로 비중 있는 자살 방법이 되었다.

몇몇 아시아 국가, 가령 싱가포르에서는 숯불 석쇠를 이용한 일산화탄소 자살의 위험성이 이상한 결과를 만들기도 했다. 가령 싱가포르 슈퍼마켓의 계산원은 고객이 석쇠로 굽는 식품을 별도로 구매하지 않을 때 석쇠용 목탄 판매를 거부해야 한다는 법적 규정이 있다. 그런 고객에게는 대신 전단을 나눠준다. 자살 위험성이 있는 사람들을 위한 구제 조직과 어떻게 접촉하는지에 관한 정보가 실린 전단이다.

이런 조처는 확실히 좋은 뜻에서 나온 것이다. 그러나 이 조처가 전체적인 자살률의 감소, 적어도 목탄 자살의 감소에 효과를 미쳤는지는 (내가 알기로) 입증되지 않았다. 만일 누군가 석쇠용 숯불로 목숨을 끊기로 작정했다면, 자신의 계획을 숨기기 위해 구이용 소시지 한 덩어리만 더 사면 되기 때문이다.

그사이 석쇠용 목탄을 이용한 일산화탄소 자살은 법의학자들 사이에서 '아시아식 자살'이라고 불리게 됐다. 이 끔찍한 유행은 인터넷을 통해 유럽으로 흘러 들어왔다. 그 결과 몇 년 전부터는 독일에서도 숯불 불판을 이용한 자살이 늘어났다. 이는 전체 자살 방법의 1~3퍼센트로 여전히 증가 추세에 있다. 대체로 독일의 자살률은 최근 10년 간의 하향 추세를 지나 다시 오르는 중이다.

2010년 독일에서는 약 7500명의 남성과 2500명이 약간 넘는 여성이 스스로 목숨을 끊었다. 이들 중 80~90퍼센트는 정신질환을 앓았다는 사실이 입증되었다. 이 1만 명은 교통사고 사망자 수의 3배 가까이 된다. 슬픈 비율이다.

7장

인터넷 애인

디아나 크뤼거는 누군가 외치는 소리에 깨어났다. 노부인은 밖을 향해 불안한 얼굴로 귀를 기울였다.

크뤼거 부인은 베를린 빌머스도르프 구역의 샬러베크 길에 살고 있었다. 부인은 종종 한밤중에 깨어나곤 했다. 집 근처 '춤 팔켄' 주점에 들른 취객들 때문이었다. 그러나 방금 들은 소리는 주정뱅이의 고함이 아니었다. 그것은 분명 고통에 차서 내지른 비명이었다.

자명종의 야광 숫자 판은 새벽 1시 8분을 가리키고 있었다. 디아나 크뤼거는 이불을 걷어내고 어두운 집안을 더듬거리며 창가로 다가갔다. 그녀의 집은 5층이었다. 거실 창문에서 내려다보니 한 남자가 맞은편 인도에서 차도 쪽으로 비틀거리며 가는 모습이 보였다.

"야, 이 돼지 같은 놈아! 이 살인자야!"

남자가 고통으로 일그러진 목소리를 내질렀다. 거리 왼쪽으로 빠르게 사라지는 그림자가 보였다. 가로등 조명이 흐릿해서 똑똑히 보이지는 않았다. 이윽고 거리 모퉁이에서 시작되는 어두운 공원이 그림자마저 완전히 집어삼켰다.

오른쪽에서 택시 한 대가 다가왔다. 차도에서 계속 비틀거리던 남자가 두 팔을 휘둘렀다. 택시를 세우려는 게 분명했다. 택시 기사는 잠깐 브레이크를 밟더니 남자를 그대로 지나쳐버렸다. 남자를 취객으로 생각하고 가버린 것이리라. 크뤼거는 생각했다. 그러나 남자는 취한 게 아니었다. 움직이는 모습을 보았을 때 그는 큰 상처를 입은 게 분명했다.

"도와줘요!" 남자가 외쳤다.

그는 주차한 차 한 대를 향해 비틀거리며 걸어갔다. 이어 차의 보닛 위에 상체를 걸치더니 꼼짝하지 않고 누웠다. 그다음 다시 벌떡 일어나 비틀대며 몇 발짝 걷다가 차도 한복판에서 쓰러졌다.

크뤼거는 이미 경찰에게 전화를 걸고 있었다. 그녀 스스로도 믿을 수 없었지만, 고함에 잠을 깨고 겨우 60초밖에 지나지 않았을 때였다.

몇 분 지나지 않아 경찰 순찰차와 구급차가 도착했다. 그동안 다른 남자 한 명이 쓰러진 사람 옆에 다가왔다. 무릎을 꿇고 쓰러진 사람을 살펴보는 이는 '춤 팔켄' 주점의 주인인 아르노 키스트너였다. 그 역시 남자가 차도에서 쓰러지는 것을 목격한 뒤 크뤼거와 거의 동시에 경찰에 신고했다. 주변에 늘어선 주택의 창문에서 군데군데 불이 켜졌다. 다른 경찰차들도 도착했다. 번쩍이는 경광등의 파란 불빛이 어둠을 갈랐다. 구급 의사가 부상자 옆에 쪼그리고 앉았다. 남자는 하복부를 찔린 채 피투성이로 누워 있었다. 그는 그르렁거리며 가쁜 숨을 몰아쉬었지만 말은 하지 못했다.

주변의 다가구 주택에서 한 여자가 실내 가운 차림으로 나왔다. 여자는 자신을 크리스타 후놀트라고 소개하고서 침실 창문으로 모든 과정을 지켜보았다고 말했다. 11월 밤, 새벽 1시 9분부터 1시 11분 사이에 경찰 및 소방대 비상 센터에 신고한 목격자는 총 네 명이었다.

곧 살인 사건 전담 및 과학수사팀의 파울 하크 경정과 슈테판 가르트너 경감이 도착했다. 제복 경찰관들은 테이프를 두르고 현장을 차단했다. 사복 경찰 중 한 명이 주차한 두 대의 차 사이에서 칼을 발견했다. 날 길이가 18센티미터 정도 되는 쇠칼로, 고기를 썰 때 쓰는 것이었다. 칼날에는 흘린 지 얼마 되지 않은 듯한 피가 묻어 있었다. 혈흔은 칼이 발견된 장소에서 부상자가 쓰러진 지점으로 이어졌다.

"범행에 사용한 무기일 거야." 수사를 지휘하는 하크 경정이 말했다. 파트너인 가르트너는 부상자의 몸에서 나온 지갑을 조사했다. 지폐 몇 장과 신용 카드, 신분증이 그대로 들어 있었다. 범인은 지갑의 내용물에는 관심이 없던 게 분명했다. 남자의 이름은 크리스토프 케스트너였고 나이는 47세, 주소는 범행 현장에서 몇 발짝 안 되는 샬러베크 11번지였다.

1시 반이 조금 지났을 때, 구급차는 중상자를 태운 채 사이렌을 울리고 경광등을 번쩍이며 가까운 병원으로 출발했다. 케스트너는 여전히 의식이 없었다. 의사의 말에 따르면 그가 살아날 가능성은 희박했다.

한밤중이었지만 수사팀은 목격자들에게 탐문 수사를 벌였다. 총 여섯 명의 동네 주민이 창문으로 케스트너가 비틀비틀 차도로 나오며 "야, 이 돼지 같은 놈아! 이 살인자야!"라고 외치는 모습을 목격했다. 이들은 한목소리로 남자가 택시를 잡는 데 실패했으며, 몇 발짝 휘청거리다가 쓰러졌다고 진술했다.

목격자들은 그가 쓰러지기 전에 고통스럽게 비명을 내질렀다고도 말했다. 이들 중 두 사람은 비명 이전에 시끄럽게 말다툼하는 소리를 짧게 들은 것 같다고 진술했다. 그러나 케스트너가 칼에 찔리는 모습을 목격한 사람은 아무도 없었다. 범인을 본 사람 역시 없었다. 디아나 크뤼거도 공원 쪽으로 사라지는 그림자를 보았다는 말밖에 하지 못했다.

수사팀은 샬러베크 11번지에 있는 크리스토프 케스트너의 원룸 아파트에 대한 수색 영장을 발부받았다. 그들이 집을 수색하고 있을 때 병원에서 전화가 왔다. 응급 수술 경과가 좋지 못했으며, 케스트너는 다시 의식을 회복하지 못하고 새벽 3시 수술실에서 사망했다는 것이었다. 사인은 복부 부상에 따른 과다 출혈로 추정된다고 했다.

가르트너 경감이 파트너를 보며 말했다. "내가 볼 때는 살인 같아요. 범인은 공원 쪽에 숨어서 케스트너를 기다리다가 찌른 겁니다."

"두 사람이 격투를 벌였을 수도 있어. 심한 말다툼 소리를 들었다고 주장하는 사람도 있으니까." 하크 경정의 의견이었다.

"하지만 다른 증인들은 그런 소리는 못 들었다고 했잖아요." 가르트너는 이의를 제기했다.

일단 모든 방향으로 수사를 진행해야 했다. 격투를 벌이다가 뜻밖에 감정이 고조된 것일 수도 있고 질투심에서 나온 치정 문제거나 애정관계에 대한 실망에서 비롯된 일일 가능성도 똑같이 있었다. 강도

247

살인의 가능성만은 분명히 배제됐다. 어쨌든 범인은 케스트너의 지갑을 건드리지 않았기 때문이다.

처음 피살자의 집을 조사할 때는 아무런 단서도 나오지 않았다. 케스트너는 성실한 사람이었다. 그는 결혼한 적이 있었고, 1년 전부터는 아내 및 두 자녀와 헤어진 채 혼자 살고 있었다. 직업은 기사였고 포츠담 광장에 있는 독일 철도에서 근무했다. 여가 시간에는 연극 배우로 활동했는데 특정 극단 소속으로 무대에 올랐다. 케스트너는 질서 잡힌 삶을 사는 사람이었다. 낯선 자가 한밤중에 그의 배를 칼로 찌르기 전까지는 그랬다.

범인은 맹목적으로 살인을 저지르는 사이코패스일 수도 있었다. 첫눈에 보기에 이 사건은 2001년에 발생했던 미제 살인 사건과 놀라울 정도로 비슷했다. 그 사건도 지금의 범행 현장에서 몇백 미터밖에 떨어지지 않은 베를린 빌머스도르프 구역에서 발생했다. 하지만 노련한 수사관들은 그런 식으로 우연히 겹치는 살인은 범죄 소설에서나 흔할 뿐 현실에서는 드물다는 사실을 잘 알고 있었다. 폭력 범죄와 치정 문제에서 빚어지는 모든 사건의 절대다수에서는 범인이 거의 언제나 피해자 주변에 있다. 경정이 수색을 끝내며 말했다.

"피해자 노트북을 챙겨. 과학수사팀이 하드 디스크에서 쓸 만한 단서를 찾아낼지도 모르니까."

이튿날 아침, 수사팀은 피살자의 전 아내인 잔드라 발디히 케스트너에게 남편의 죽음을 알렸다. 아내는 기절할 듯 놀랐다. 그녀는 크리스토프가 법 없이도 살 수 있을 만큼 온순한 사람이었다고 설명했다.

1년 전 남편은 함께 살던 집에서 나갔지만 두 사람의 관계는 변함없이 가까웠다는 것이다. 부부는 공동으로 두 자녀를 돌보았다. 아내는 크리스토프가 누군가와 심한 갈등을 만드는 일은 절대 있을 수 없다고 강조했다.

수사팀은 케스트너에게 새 여자가 생긴 것은 아니었는지 캐물었다. 그들은 잔드라가 남편의 애인에 대해 알았는지도 물었다.

"크리스토프는 열정적인 장거리 연애를 했어요. 엘자 보르거라고, 그의 첫사랑이었죠."

남편은 지난해에야 비로소 엘자와 접촉했고, 덕분에 무척 행복해 했노라고 했다. 그러나 엘자 보르거는 스페인 남자와 결혼해서 마드리드에 살고 있었다.

"엘자는 두 자녀가 정든 환경과 이별하게 만들면서까지 떠나고 싶어 하지 않았고, 크리스토프도 아이들과 떨어져 마드리드로 가는 것을 원치 않았어요. 제가 아는 한 두 사람은 지난 수개월 동안 딱 한 번밖에 만나지 못했어요. 대신 전화는 매일 했고 이메일과 문자도 매일 주고받았어요."

가르트너 경감이 물었다.

"그러면 엘자 보르거의 남편은요? 그 남편은 케스트너와 자기 아내의 관계에 대해 어떤 태도를 보였습니까?"

잔드라는 머리를 흔들었다. "그건 저도 정확히 모르죠. 듣기로는 질투가 아주 심했다는 것 같았어요."

수사관들은 피살자의 사진을 언론에 배포하고 시민의 협조를 구했다. 살인을 직접적으로 목격한 이들뿐 아니라 전날 밤 케스트너를 본 사람까지 급히 찾아보았다. 어쩌면 케스트너와 살인범은 주점에서 만나 알게 된 관계일 수도 있었다. 누군가가 두 사람을 눈여겨봤을지도 모르는 일이었다. 그러나 시민들을 향한 협조와 호소는 별 성과를 거두지 못했다.

수사팀은 케스트너의 노트북을 조사한 끝에 '정열적인 장거리 연애'에 대한 단서를 추가로 확보했다. 하드 디스크에는 그가 엘자 보르거와 주고받은 수백 통의 메일이 있었다. 두 사람은 수개월을 뜨겁게 불태웠다. 그들은 메일 속에서 자신의 경험을 묘사하고 서로에 대한 사랑을 맹세했다. 하지만 케스트너가 죽기 반년 전, 메일 교환은 갑자기 중단됐다.

케스트너의 노트북에는 남편인 파블로가 우연히 자신의 메일을 보았다고 쓴 엘자의 마지막 메일이 저장되어 있었다. 파블로는 무섭게 화를 냈고 마음에 큰 상처를 받았다고 했다. 그는 낯선 남자와의 관계를 당장 중단하라고 요구했고 그러지 않으면 이혼하겠노라고 선언했다. 엘자는 자녀들과 헤어지는 것이 겁이 나서 남편의 요구를 받아들였다.

두 수사관은 이 정보가 유력한 단서가 될지도 모른다는 사실을 즉시 간파했다. 질투에 휩싸인 남편이나 버림받은 애인이 폭력 범죄를 저지르는 일은 드물지 않았다. 가르트너 경감이 입을 열었다.

"어쩌면 두 사람이 계속 메일을 주고받거나 통화를 했는지도 몰라요. 아내가 자신을 속이고서 계속 독일의 인터넷 애인과 연락한다는 것을 눈치챘을 때 남편의 평정심은 완전히 무너졌을 겁니다."

하크 경정은 생각에 잠긴 표정으로 가르트너를 보았다. "그럴 수도 있지. 하지만 지금으로선 단순한 의혹일 뿐이야."

엘자 보르거는 베를린의 남자 친구에게 보내는 이메일에 몇 번이나 자신의 남편 사진을 첨부했다. 남편의 이름은 파블로 라울 반데라이고 나이는 46세, 검은 머리에 땅딸막한 용모이며 다혈질이었다. 그는 마드리드에 있는 세아트 사에서 기술자로 근무했다.

수사팀은 케스트너가 살해되기 전 며칠 전의 마드리드발 베를린행 비행기 승객 명단을 확인해달라고 요청했다. 곧 파블로 반데라가 살인이 있던 날 저가 항공편으로 마드리드를 떠나 오후에 베를린 쇠네펠트 공항에 착륙했다는 사실이 확인되었다. 그는 며칠 후 12시경 같은 항공편으로 마드리드에 돌아갔다. 그는 이미 몇 달 전인 8월 인터넷으로 왕복 항공권을 예약했었다.

파블로 반데라에 대한 범행 혐의는 더욱 굳어졌다. 어쩌면 그가 오래전부터 이 살인을 계획했을 가능성도 있었다.

수사팀은 즉시 복사한 사진을 다수의 수사관에게 배포했다. 또 케스트너의 이웃과 부근에 있는 주점의 웨이터, 동네 점포의 직원들을 상대로 범행 전날에 사진 속 남자를 보았는지 탐문 수사를 벌였다. 그러나 한밤중 케스트너가 고통스럽게 내지르던 비명에 잠을 깬 목격자 중에 사진 속 파블로 반데라를 알아보는 이는 아무도 없었다. 창문으로 끔찍한 사건을 내려다본 디아나 크뤼거 역시 목격자 진술에서 한 말만 되풀이했다. 공원 방향으로 사라지는 누군가의 자취만 보았다는 것이다. 그건 얼굴 없는 그림자에 불과했다.

구속 영장을 받으려면 승객 명단에 실린 파블로 반데라의 이름 이상이 필요했다. 왕복 비행 일정이 범행 시간과 완벽하게 일치한다는 것만으로는 부족했다.

한편 수사팀은 반데라가 공항에 착륙한 직후 입국장에서 렌터카를 빌렸다는 사실도 알게 되었다. 그는 역시 몇 주 전에 이 회색 포드 포커스를 인터넷으로 예약했고, 며칠 후 마드리드로 돌아가기 전 다시 렌터카 공항 지사에 반납했다. 그러나 수사팀은 이 내용과 상관없이 그가 실제로 빌머스도르프의 샬러베크에 가서 케스트너를 기다리다가 칼로 찔렀다는 사실 먼저 입증해야만 했다. 그러기 위해서는 적어도 범행이 있던 날 밤이나 그 직전 현장 근처에서 반데라를 보았다는 목격자가 필요했다.

수사팀은 현장 부근의 주택과 상점을 끈질기게 뒤졌다. 그들은 마침내 목격자를 찾아냈다. 현장에서 가까운 헤베를린슈트라세의 한 슈퍼마켓 계산원이 사진을 보고서 이 대머리 남자를 기억해낸 것이다. "이 사람, 금요일 밤 7시에 여기에 왔었어요. 정확하게 기억해요. 감자튀김과 음료수, 그 밖에 몇 가지 소소한 물건을 구입했죠. 칼도 하나 샀어요." 점원은 두 손을 벌리며 긴 칼날을 묘사해 보였다.

케스트너의 집을 수색할 때 '버추얼 빌리지'라는 인터넷 카페의 영수증이 발견되었다. 범행 현장에서 몇 발짝 떨어지지 않은 장소였다. 처음 수사관들은 이 증거물에 큰 의미를 두지 않았다. 하지만 노트북을 계속 조사하던 중 내용이 모호한 텍스트 자료가 눈에 띄었다. 이메일 계정과 관련된 로그인 데이터일 가능성이 아주 큰 자료였다.

이제 두 수사관은 앞뒤로 추정한 것을 꿰맞추기만 하면 됐다. 엘자

252
죽음의 키보드

보르거와 크리스토프 케스트너는 다른 계정으로 계속 이메일을 주고받았던 것이다. 두 사람은 반년 전부터 익명의 이메일 계정을 사용해왔다. 그들은 컴퓨터에 흔적을 남기지 않기 위해 오프라인 인터넷 카페에서만 메일을 주고받았다.

하크와 가르트너는 '버추얼 빌리지' 인터넷 카페로 가서 크리스토프 케스트너의 사진을 보여주었다.

카페를 운영하는 케빈 지베르트가 환한 미소를 지었다. 그는 호리호리하고 젊어 보이는 사진 속 남자를 바로 알아보았다.

"단골손님이에요. 거의 매일 한두 번은 와서 적어도 한 시간은 메일만 썼죠. 정신이 나갈 정도로 그 일에 빠져 지냈어요." 그러나 지난 이틀간은 이곳에 오지 않았다고 했다. "금요일 밤에는 자정부터 1시까지 저쪽에 있는 컴퓨터 앞에 앉아 있었어요. 나갈 때는 정말 행복해 보였죠. 틀림없이 메일로 반가운 소식을 받은 겁니다."

하크와 가르트너가 시선을 주고받았다. 모든 정황으로 보았을 때 케스트너는 반데라가 칼을 들고 그의 집 문 앞에 숨어서 기다리던 시점에 엘자 보르거와 마지막 온라인 데이트를 한 게 분명했다.

경감은 케스트너의 계정에 로그인했다. 엘자에게 보내는 마지막 메일에서 케스트너는 자신의 극단이 무대에 오른 이야기를 했다. 메일에서는 그의 고조된 감정이 그대로 드러났다. 메일은 뜨거운 사랑의 맹세로 끝을 맺었다. 발송 시간은 '00시 59분 35초'였다.

"이런 사람이 10분 뒤에 차도에서 피투성이가 되어 있었다니." 하크가 파트너를 보며 말했다. "여기서 샬러베크 11번지까지 걸어서 얼마나 걸릴까?"

두 사람은 바로 실측해보기로 했다. 그들은 토요일로 넘어가는 밤이 별로 춥지 않았다는 걸 기억했다. 비는 그뒤에 멎었다. 날씨를 생각하면 케스트너는 아주 빠른 속도로는 걷지 않았을 터였다. 뿌듯한 기분에 뛰지 않고 어슬렁거리며 걸었을 가능성이 컸다.

적당한 걸음걸이로 이동했을 때 '버추얼 빌리지'에서 샬러베크 11번지까지 7분이 걸렸다. 두 사람이 케스트너의 집 문 앞에 섰을 때 가르트너가 말했다.

"그렇다면 1시 7분쯤에 여기 도착했겠네요. 2분 뒤에 크뤼거 부인이 경찰에 신고했고요."

"말싸움을 하거나 실랑이를 벌일 시간은 없었겠군. 살인범은 즉시 그를 제압하고 칼로 복부를 찌른 거야."

이 추측은 릴리엔탈 박사와 내가 살인이 벌어진 다음 날 아침에 실시한 부검 결과로 뒷받침되었다. 시신의 손이나 팔에서는 격투가 있었을 때 불가피하게 나타나야 할 방어흔이 전혀 발견되지 않았다.

이러한 증거는 담당 검사장을 납득시켰고 예심 판사 역시 여기에 설득당했다. 사건이 벌어진 지 사흘 후, 베를린 티어가르텐 지방법원은 긴급 살인 혐의로 파블로 반데라에 대한 국제 구속 영장을 발부했다. 그리고 이날 중 반데라는 마드리드에 있는 직장에서 체포되었다. 그는 마드리드 발데모로 감옥에 갇힌 채 범인 인도를 위한 임시 구류 상태에 들어갔다. 그가 베를린에서 마드리드로 돌아온 지 48시간도 지나지 않았을 때였다.

이로부터 2주 후 반데라는 베를린 모아비트 구치소로 압송되어 하크와 가르트너 수사관에게 공식적인 신문을 받았다. 반데라는 자신이 비행기를 타고 베를린으로 날아가서 렌터카를 이용해 케스트너의 집으로 찾아간 사실을 시인했다. 다만 자신의 의도는 상대를 해치려는 것이 전혀 아니었노라고 주장했다. "아내가 나를 버리고 아이들과 함께 떠나리란 걸 분명히 알았습니다." 그가 통역의 도움을 받아 설명했다. 그 때문에 자신은 베를린행 비행기를 예약한 것이라고도 했다. "내 아이들이 살아갈 도시를 직접 보고 싶었어요. 우리 가족을 파괴한 남자를 직접 만나서 얘기하고 싶었고요."

하크가 캐물었다.

"케스트너와 단순하게 얘기만 할 생각이었다면, 어째서 그를 만나기 직전에 고기 써는 칼을 산 거죠? 그것도 길이가 18센티미터나 되는?"

반데라는 그것도 설명할 수 있다고 했다. 칼은 독일인과 만나서 얘기할 수 있다는 희망을 포기한 후에 샀다는 것이다. 오후부터 저녁까지 케스트너의 집에서 계속 벨을 눌렀지만 아무도 문을 열어주지 않았다. 자신은 여러 시간 자동차 안에서 기다렸고, 도중에 산책을 했으며 다시 돌아와 벨을 눌렀다고 했다.

"그래도 케스트너는 집에 없었어요. 그러다가 저녁이 되자 그 사람과 만나기는 틀렸다는 생각이 든 겁니다."

"그런데 왜 그다음에 칼을 샀나요? 아무 의미가 없잖아요!"

그 질문에 파블로 반데라는 무척 불쾌한 기색을 내비쳤다. 그는 자신이 8월에도 베를린에 왔고 렌터카에서 밤을 보냈다고 설명하면서 자존심이 상한 표정을 지어 보였다. 당시 자신은 차에서 밤을 보내는 일이 위험하다고 느꼈는데, 슈퍼마켓에서 식품을 살 때 그 생각이 나더라는 것이었다. 칼을 산 이유는 오로지 그뿐이라고 했다. "사실 주머니칼이 더 좋았을 겁니다. 하지만 슈퍼에 작은 칼이 없었어요."

하크와 가르트너는 믿지 않았다. 그의 말은 처음부터 끝까지 꾸며낸 것처럼 들렸다. 그러나 그가 케스트너를 죽였다는 것을 입증하기 위해서는 그가 주장하는 사건 경과의 모순을 지적하고 반박해야 했다. 수사관들은 우선 그가 계속 말하도록 했다. 피의자가 이야기를 세밀하게 털어놓을수록 불합리와 모순을 입증할 가능성은 더 커지는 법이다.

반데라는 설명을 계속했다. 그는 칼이 든 쇼핑백을 들고 케스트너의 집 앞에 세워둔 렌터카로 돌아갔다.

"칼을 어디에 둘지 고민했어요. 봉투에서 음식을 꺼내다가 실수로 칼에 베이진 않을까 걱정됐었으니까요. 그렇다고 칼만 차 안에 그대로 두는 것도 안전하지 않을 것 같았죠. 그래서 잠시 생각하다가 신문지로 말아서 내 윗도리에 꽂아두기로 한 겁니다."

가르트너는 이야기가 갈수록 해괴해진다고 생각했다. "당신 안주머니에 있으면 칼이 안전해 보인다는 건가요?" 그가 재차 물었다.

반데라는 고개를 끄덕였다. "칼날은 플라스틱 덮개로 씌워져 있었거든요. 게다가 칼을 신문지로 말았으니 별일이 있을 수 없죠."

'케스트너의 배를 찌르지 않았다면 그랬다고 말할 수도 있겠지.' 그 생각이 경정의 머리를 스치고 지나갔다. 파블로 반데라가 이어서 말했다. "자정 무렵에 밤을 보낼 장소를 찾아서 차로 이동하려고 했어요. 그런데 그때 아무리 벨을 눌러도 소용이 없던 현관문이 열리면서 웬 남자가 나오는 거예요."

그는 크리스토프 케스트너가 어떻게 생겼는지 몰랐지만, 곧바로 차에서 내려 그를 쫓아갔다고 했다. "케스트너 씨인가요?" 그가 묻자 남자가 그렇다고 답했다는 것이다. "난 독일어를 잘하지 못해서, 베를린으로 오기 전에 질문 몇 가지를 독일어로 준비해두었죠." 반데라가 계속 설명했다. "잠시 얘기 좀 나눌 수 있을까요?" 반데라가 다시 묻자 케스트너는 한 시간 정도 가볼 데가 있으니 다녀와서 이야기하자고 말했다고 했다. "나는 좋다고 했죠. 한 시간 뒤에 케스트너는 정말로 돌아왔어요."

"케스트너가 당신이 누구고 원하는 게 뭔지 묻지 않던가요?" 하크가 이상하다는 듯 물었다.

반데라는 머리를 저었고, 다시 기분이 상한 듯 경정을 마주보았다. 하크는 이 남자가 현실과 환상을 똑바로 구분하지 못한다고 느꼈다. 그렇다고 정신질환자처럼 보이지는 않았다. 가르트너가 캐물었다.

"케스트너가 어떻게 생겼는지 몰랐다고 했죠? 그와 얘기하려고 베를린에 온 거잖아요! 그런데 어쩌자고 케스트너의 사진을 준비하지 않았죠?"

반데라는 한층 더 모욕을 느낀 듯한 눈빛으로 반문했다. "그걸 무슨 수로 구합니까? 그 남자는 단지 내 아내한테 거짓 사랑 맹세를 했기 때문에 알게 된 사람인걸요."

경감은 케스트너가 이 지역에서는 유명한 아마추어 배우라고 말하고 싶었다. 그를 만나 얘기하는 게 간절했더라면 몇 번의 마우스 클릭으로도 그의 사진을 다운로드할 수 있었을 거라는 사실을 말하고 싶어 입이 근질거렸다. 가르트너는 반데라가 의심할 여지 없이 그 과정을 거쳤으리라고 확신했다. 그가 능숙한 인터넷 사용자라는 사실은 얼마든지 입증할 수 있었다. 비행기와 렌터카도 온라인으로 예약했고 아내의 메일 계정도 알아내지 않았던가.

"무슨 근거로 케스트너가 당신 아내에게 거짓 맹세를 한다고 생각했어요?" 이번에는 다시 하크가 물었다.

"그 사람이 나에게 대놓고 그렇게 말했으니까요. 그에게 나를 소개하고 엘자와의 관계에 대해 물었을 때였습니다. 케스트너는 웃음을 터뜨리며 대답했죠. '그럴싸하지만 그럴 일은 없어요. 엘자가 내 말대로 행동한다 해도 나에게는 모든 게 연극일 뿐이에요'라고 말입니다."

앞선 한두 주 동안, 수사팀은 케스트너의 직장과 사적 영역에서 만난 사람들을 상대로 탐문 수사를 벌여왔다. 모든 사람이 케스트너를 솔직하고 사귀기 쉬운 사람이라고 말했으며 절대 남에게 악의적인 말을 할 사람이 아니라고 입을 모았다. 더구나 그 자신이 직장 동료나 극단 배우에게 열심히 이야기하던, 지극히 사랑하던 엘자에 대해서라면 더 말할 나위가 없다는 것이었다.

"케스트너가 아내에 대해 그렇게 경멸스러운 말을 했으니 굉장히 화가 났겠군요." 하크가 말했다.

반데라는 '의아한' 느낌이 들었다고 고백했다. 그렇다 해도 자신은 그 남자와 우호적인 분위기 속에서 헤어지려 했다는 것이다. 그런데 반데라가 떠나려 할 때 케스트너가 자기 주머니에 칼이 있는 걸 눈치 챘다. "이게 뭐요?" 그가 소리치며 칼을 잡았다고 했다.

"그러더니 내 주머니에서 칼을 꺼내는 거예요. 그리고 칼을 감싼 신문지를 풀었어요. 그 바람에 칼날을 씌운 덮개도 벗겨졌죠. 그런데 케스트너가 잡은 칼끝이 하필 본인 배 쪽이었어요." 그는 설명을 계속했다. "나는 반사적으로 칼을 뺏으려고 손을 내밀었고요. 그러다가 티격태격하게 된 겁니다. 케스트너는 비틀거리다가 인도의 난간에 등을 부딪혔죠. 우리 둘 다 칼을 잡고 있었기 때문에 나도 그 위로 쓰러졌어요. 그리고 케스트너가 큰 소리로 비명을 질렀어요. 나는 놀라서 칼에서 손을 떼고 한 발 뒤로 물러났죠."

"그때쯤 무슨 일이 일어났는지 틀림없이 알았겠군요." 하크가 지적했다.

파블로 반데라는 고개를 흔들었다. "칼은 인도 위에 있었습니다. 날에 피도 묻지 않았고요. 그가 부상을 입었을 수도 있다는 생각은 전혀 하지 못했죠. 그저 그 사람이 난간에 등을 부딪혔을 때 아팠겠거니 생각했을 뿐입니다."

반데라는 돌아서서 공원 쪽으로 달아났다고 했다. 케스트너가 욕하며 자신을 쫓아왔고 뒤에서 칼을 던지기까지 했지만 다행히 맞지는 않았다는 것이다. "조용한 밤중이라 소리만 크게 났을 뿐입니다. 케스트너는 다시 칼을 들고 자기 집 쪽으로 갔어요." 반데라는 주장했다. "그는 허리를 굽힌 채 걷다가 배를 움켜잡았어요. 난 그가 난간에 부딪힐 때 생각보다 심하게 부상을 당했나보다 생각했죠. 그를 도우려고 했어요. 그런데 칼을 갖고 있으니 감히 가까이 다가가지는 못한 겁니다. 그래서 도와줄 사람을 찾아보기로 했어요."

하크 경정은 점점 인내심의 한계를 느꼈다. "케스트너를 도울 사람을 찾아보려고 했다고요? 택시가 샬러베크로 들어올 때 도망친 건 아니고요? 택시 기사 눈에 띄지 않으려고 당신 렌터카 쪽으로 달아나려고 한 거겠죠!"

반데라는 다시 크나큰 모욕이라도 받은 듯한 표정을 지었다. "난 다른 방향에서 다가가면 케스트너가 나를 알아보지 못하고 도움을 받을 거라고 생각했어요." 그랬기에 그는 눈에 띄는 파란색 우비를 벗고, 속에 입은 까만 플리스 재킷 차림으로 있었다고 했다.

"설령 그를 도울 생각이 있었다고 해도 당신은 그렇게 하는 대신에 그냥 렌터카로 가버렸어요. 어떻게 설명할 건가요?" 가르트너가 물었다.

비록 아무도 설득하지 못했으나 반데라는 모든 질문에 자신만만하게 대답해냈다. "그야 간단합니다! 다시 케스트너의 집 쪽으로 들어섰을 때 벌써 다른 남자 한 명이 그의 옆에 쪼그리고 앉아서 통화를 하고 있었어요. 케스트너는 이미 필요한 도움을 받은 게 분명했고요. 나는 안심하고 떠날 수 있었죠."

홀로 사건의 경과를 당당하게 진술했지만, 반데라는 베를린 지방 법원 관할 형사 법정에서 자신을 변호하고 열심히 진술을 대신해줄 변호인을 세 명이나 고용해놓았다. 재판은 케스트너가 사망하고 정확히 6개월 후에 시작되었고, 공판도 7회를 넘겼다.

반데라는 형사재판의 피고로서 진실을 공개하여 자신이 불리해질 때 침묵할 권리가 있었고, 거짓말을 할 수도 있었다. 수사관들은 그간 피고가 수많은 쟁점에서 완전히 거짓을 말했다는 사실을 입증했다. 예컨대 반데라가 칼을 산 슈퍼는 점포 안 곳곳에 다양한 크기의 칼을 진열해놓고 있었다. 신문에서 반데라는 가능한 한 주머니칼처럼 작은 칼을 사고 싶었노라 말했지만, 실은 그토록 다양한 종류 안에서 구태여 날이 긴 칼을 골랐던 것이다.

케스트너가 죽기 한 시간 전에 다시 만나기로 약속했다는 말도 터무니없는 거짓말이었다. 엘자 보르거는 케스트너에게 메일을 보내며 여러 차례 남편의 사진을 첨부했었다. 따라서 케스트너는 반데라를 곧장 알아봤을 테고, 그에게서 사전 경고나 다름없는 암시를 받고도 순진하게 계략에 빠지지는 않았을 것이다.

물론 이런 거짓과 모순은 반데라의 혐의를 짙게 만들었다. 그러나 그가 케스트너를 살해했음을 입증하기 위해서는 원고 측의 명백한 증거가 필요했다. 범행 목격자가 없었으므로 간접 증거가 중요한 의미를 갖게 되었다. 비록 정황 증거일지라도, 진실을 발견하는 일에 관심을 쏟으며 해석하는 감정인들에게는 결정적 의미를 줄 수 있는 단서였다.

프레트 골하르트 박사는 법의학 및 정신 감정인으로서 피고를 '자존심에 금이 간 남자'로 묘사했다. 반데라는 정서적으로 압박감을 느끼고 있으며 매우 이기적인 시선으로 세상을 본다고 했다. 반데라는 자신이 오해와 부당한 대우를 받는다고 느꼈다. 그렇다고 그가 병적인 성격장애가 있는 것은 아니었다. 그는 자신의 행동을 통제할 수 있었고 그 행위의 결과에 대한 인식능력도 있었다.

아내 엘자와의 관계에서 반데라는 지적으로 열등감을 느꼈으며, 갈수록 아내에게 압도되었다. 엘자 보르거는 스위스 태생으로, 반데라를 만나 결혼해서 두 자녀를 낳기 전에는 번역가와 통역사로 일했다. 아이들이 학교에 들어갈 나이가 되자 엘자는 그들을 마드리드에 있는 독일 학교에 보내려고 했다. 반데라는 아이들을 스페인 학교에 보낼 것을 주장했다. 이 문제로 싸움이 일어났고 부부관계는 소원해졌다. 엘자는 자기 뜻대로 아이들을 독일 학교에 입학시켰다. 학비는 엘자의 부모가 책임졌다. 반데라는 학비를 감당할 능력이 없었다. 그의 월간 순소득은 약 2000유로밖에 되지 않았다.

엘자 보르거는 살인 재판에서 자발적으로 증언했다. 그녀는 갈수록 남편에게 버림받은 듯 느꼈다. 그렇기에 인터넷을 통해 케스트너를 찾기 시작했다. 두 사람은 청소년기를 함께 보냈으며 서로 무척 사랑하던 사이였다. 1990년대 초반, 그녀와 케스트너는 1년 정도 연인관계로 지냈지만 엘자는 그의 곁을 떠나 파블로 반데라와 결혼했고, 남편을 따라 마드리드로 옮겨갔다. 그때 케스트너는 세상이 무너지는 충격을 받았다고 했다.

인터넷 검색을 하던 중, 엘자는 케스트너도 그사이에 결혼해서 두 자녀를 뒀다는 사실을 알아냈다. 엘자는 두 사람이 함께 다닌 학교 홈페이지에 자신의 메일 주소를 남겼고, 케스트너가 적극적으로 반응을 보이리라 기대했다. 실제로 케스트너 또한 이혼한 뒤 학교 웹사이트에서 엘자의 이름을 검색해 그녀의 주소를 알아냈다. 이때부터 두 사람은 열정적으로 메일을 주고받은 것이다.

두 사람이 직접 만난 것은 꼭 한 번뿐이었다. 케스트너가 살해되기 약 4개월 전이었다. 두 사람은 프랑크푸르트암마인에서 은밀하게 만났고, 뜨거운 몇 시간을 보냈다. 그에 앞서 한두 주 전 반데라는 엘자가 익명의 이메일 계정으로 케스트너와 계속 접촉한다는 사실을 알아냈다. 그는 아내에게 이혼하겠다는 문자를 보냈다. 그렇게 되면 엘자가 아이들을 더는 못 보게 될 것이라고 위협했다.

논의를 거쳐 부부는 다시 한번 표면적인 화해를 했다. 8월 말 엘자와 반데라, 아이들은 친하게 지내는 가족과 함께 스페인의 해수욕장으로 휴가를 갔다. 반데라와 엘자 모두 그들의 실제 부부관계를 숨겼다. 반데라는 이미 11월 초 베를린으로 가는 항공편을 예약해둔 상태였다.

카를 호펜슈테트 검사장이 피고를 기소한 내용처럼, 반데라는 케스트너를 살해할 의도를 가졌던 걸까? 아니면 반데라의 변호인들이 주장하듯 단지 아내의 인터넷 애인과 대화하려는 것이었을까?

파울 하크 경정은 법정에서 왜 피고의 주장이 틀린지 자세하게 설명했다. 반데라가 주장하는 대로 사건이 일어나기에는 시간이 너무 빠듯하다는 내용이었다.

케스트너가 엘자에게 마지막 메일을 보낸 시각은 '00시 59분 35초'였다. 그가 인터넷 카페에서 집까지 가는 데 7분이 걸렸다. 그로부터 2분 뒤인 1시 9분, 그는 이미 차도 한복판에 피투성이로 누워 있었다. 이때 디아나 크뤼거가 비상 센터에 신고했다. 채 2분도 안 되는 사이에 반데라가 주장하는 말싸움이나 티격태격하는 일이 일어날 수는 없다. 두 사건이 연달아 일어난다는 것은 더욱 말이 안 된다. 시간을 확인해보면 오직 아무것도 모르는 피해자를 즉시 공격하는 일만이 가능했다.

법정은 판결의 근거를 제시하면서 이 주장의 손을 들어주었다. 케스트너와의 만남이 피고가 설명한 방식대로 이루어질 수 없다는 이유에서였다. 그렇다면 결정적인 그 2분간, 무슨 일이 일어났던 걸까?

이 의문에도 법정은 명확하고 반박할 수 없는 답변을 제시했다. 릴리엔탈 박사가 공판 기간 중 배심 재판의 전문 감정인으로서 부검 결과를 설명하는 방식을 통해서였다.

반데라의 말에 따르면 그와 케스트너는 서로 칼을 잡으려고 티격태격했고 그때 칼날이 케스트너의 몸을 향했다. 이는 납득할 수 없는 설명이었다. 케스트너가 정말 반데라로부터 칼을 빼앗으려고 했다면, 칼끝이 자신의 몸으로 향하게 만들지는 않았을 것이었다. 그랬다면 우리가 검시할 때 케스트너의 손이나 팔뚝에서 방어흔이 확인되어야 했다.

이뿐만이 아니었다. 부검 결과는 반데라가 묘사한 범행 과정과 완벽히 불일치하는 현상을 두 가지 더 보여주었다. 첫째, 케스트너의 하복부를 거의 수평 방향으로 찌른 약 14센티미터 길이의 상처는 쌍방의 싸움에서는 절대 생길 수 없는 것이다. 절창으로 생긴 구멍은 방어할 틈도 없이 기습적으로 공격당할 때만 생길 수 있다. 둘째는 한층 더 중요한데, 케스트너의 복부 부상은 공격자가 반드시 '두 번' 찔렀을 수밖에 없는 형태를 보여주었다.

릴리엔탈은 부검 중 촬영한 사진을 법정에 제시했다. 사진을 보면 피습자가 소장 간막 뿌리에 나란히 위치한 세 부위를 찔렀다는 사실을 알 수 있었다.

"이런 부상은 단 한 번 찔러서는 절대 생길 수 없습니다."

그는 케스트너의 하복부에 나타난 절창 사진들을 추가로 제시했다.

"이 상처는 삼각형에 가까운 모양입니다. 전문가들 사이에서는 '큰 제비 꼬리'라고 하죠. 이런 상처는 찌른 곳에서 칼을 회전시킬 때 형성됩니다. 먼저 찌르고, 칼이 피해자의 복부에 꽂혀 있는 동안 칼을 회전시키고 다시 찌르는 거죠. 이런 조합은 절대로 한 번의 충돌에서는 일어날 수 없습니다. 이 부상은 범인이 처음 찌른 다음 칼날을 반쯤 뺐다가 회전시키고, 다시 한번 피해자의 하복부를 찔렀다는 사실을 보여주고 있습니다."

부검 결과는 케스트너가 싸우는 와중에 칼에 찔린 게 아니라 계획적으로 피살되었다는 사실을 분명히 입증했다. 반데라의 변호인들은 법의학적 소견을 반박해야만 소송 의뢰인의 살인 혐의에 대한 유죄 판결을 막아낼 수 있었다. 그들은 릴리엔탈 박사를 상대로 본격적인 반대 신문을 하면서 그의 모순을 지적하고 주장의 약점을 증명하려는 등 갖은 수단을 동원했다.

하지만 이런 시도들은 성공하지 못했다. 마침내 그들은 제2의 책임이 있는 부검 당사자로서 나를 법정에 세우는 전략을 내세웠다. 여기에 그치지 않고 그들이 의뢰한 반대 감정인의 소견까지 듣고자 했다.

사람의 소장은 수많은 고리와 주름이 나란히 있는 고무 호스와 비슷하다. 우리가 부검에서 확인했듯이 이런 고리가 삼중으로 관통된 형태는 단 한 차례 찌르는 일로는 생겨날 수 없다. 전문가들 안에서도 일치된 견해다.

이 내용을 비전문가들에게 명확히 보여주기 위해 나는 고무 호스를 재판정까지 가지고 갔다. 적당한 위치를 찌른 다음 절창 부위 중 일직선으로 맞출 수 있는 것은 기껏해야 두 군데일 뿐, 세 군데 전체는 절대 일직선으로 맞출 수 없음을 보여주었다. 이를 통해 칼이 케스트너의 몸속에서 앞뒤로 움직였을 수밖에 없다는 사실이 증명됐다. 나는 소장 고리의 상처 크기가 제각기 다르다는 것도 강조했다. 만일 세 가지 상처가 한 번의 공격으로 발생했다면 크기가 그토록 뚜렷이 다르지는 않았을 것이다.

끈질긴 검증 뒤 법정은 나와 릴리엔탈의 설명에 동조했다. 반대 감정인의 소견을 듣자는 변호인의 신청은 그쪽의 '주장과는 반대되는 사실이 이미 입증되었다'는 이유로 기각되었다.

판결 이유에는 '본 사건은 불행한 사고가 아니라 악랄한 모살'이라는 말이 포함되었다. 반데라는 종신형을 언도받고 베를린 모아비트 교도소에서 복역하게 되었다.

8장

강간살인

성적 동기에 따른 살인은 언론이나 대중의 큰 반향을 불러일으킨다. 이는 지극히 자연스러운 일이다. 잔인한 성범죄자가 '저 밖에서' 마음 놓고 돌아다니며, 여성과 아동을 강간하거나 고문하고 학살한다는 생각은 모두에게 원초적인 불안을 안겨주기 때문이다. 하지만 그 끔찍함에 비해, 강간살인은 경찰에 입건되는 여러 범죄에 섞이며 쉽게 잊히곤 한다.

독일에서는 성적 강요나 강간에 따른 고소가 해마다 약 1만 5000건에 이른다. 연방범죄청의 범죄 통계에 따르면, 수사 대상이 되는 아동에 대한 성적 학대 역시 평균적으로 약 1만 5000건이 발생한다.

이와 달리 성적 동기에 따른 살인은 연간 약 25건이다. 장기적으로 평균을 내면 이 같은 비율은 독일에서 경찰 입건 범죄 중 0.1퍼센트에 지나지 않는다. 이 중에 5분의 1, 즉 연간 발생한 강간살인 중 5건은 14세 미만의 아동이 피해자다.

게다가 수십 년 동안 경찰에 입건된 강간살인의 수는 지속해서 감소하고 있다. 경찰범죄통계PKS에 따르면 전국적으로 1990년부터 2010년까지 성범죄와 관련된 살인 및 살인미수는 정확히 582건이며, 이 중 41건이 베를린에서 발생했다.

사건 해결률과 비공개 수치

강간살인 사건이 비교적 적게 일어나고 그마저 계속 감소하는 현상은 두 가지 관점으로 해석할 수 있다. 하나는 낙관적인 해석이며 다른 하나는 비관적인 해석이다.

낙관적인 관점은 다음 두 가지 사실을 근거로 한다. 지난 수십 년간 성범죄 관련 형법이 여러 차례 개정되었다. 1998년에 나온 '성범죄 및 위험한 범행 퇴치를 위한 법'은 형 집행을 해제하기 전에 폭력범 및 성범죄자에 대한 정신 감정을 실시하는 것을 국가의 의무로 삼았다. 감정인이 '재소자가 (…) 더는 불법 행위를 범하지 않을 것'이라는 점을 확신할 때만 해당 범인은 석방을 허가받는다.

또 다른 근거는 수많은 잠재적 범인이 과학수사 기법의 발달에 겁을 먹는다는 점에 기반한다. 텔레비전의 과학수사 시리즈와 광범위한 언론 보도 덕분에 요즘은 누구나 살인범이 불가피하게 현장에 '유전자 지문'을 남긴다는 사실을 안다. 한 올의 머리카락이나 신체 조직, 침이나 정액 등의 미세한 분비물, 소량의 소변이나 혈액만으로도 그 사람의 DNA를 확인할 수 있다. 이 사실이 잠재적인 성 관련 살인

범을 겁줄 수 있는지 그 영향은 어느 정도인지는 차치하더라도, 과학 수사 기법은 분명 주목할 만한 발전을 이뤘다.

그러나 동시에 강간살인 건수의 감소에는 완전히 다른 원인이 있을 수도 있다. 비관적인 해석은 바로 이 원인과 관계가 깊다.

형사 소추 당국은 빠듯한 공공 예산 때문에 갈수록 긴축 조치를 취하고 있다. 이는 경찰활동의 질적 수준에 부정적인 영향을 미친다. 비관적인 관점은 현재 주장되는 강간살인의 감소가 (적어도 부분적으로는) 점점 더 많은 범죄가 그 자체로 분류돼서 입건되지 않으며, 그 상태로 추적되지도 해결되지도 않기에 나타나는 현상은 아닌가 의심한다.

다만 여기서 비롯되는 공개되지 않은 영역을 제외하면 법 집행 기관의 범인 검거율은 압도적이다. 1990년부터 2010년까지 21년 동안 베를린에서는 강간살인으로 명백하게 분류할 수 있는 범죄가 총 41건이 발생했는데 범인 검거율은 거의 97퍼센트에 이르렀다.

형법 들여다보기

성과 관련한 모살 및 고살에서 피해자의 죽음은 시공간적으로 범인과의 성행위와 밀접한 관련이 있다. 강간과 성적 학대가 피해자의 죽음으로 끝날 수 있다는 뜻이다.

형법 제177조에서는 성적 강요와 강간의 법정 범죄를 다음과 같이 규정한다.

폭력 혹은 협박으로 상대에게 신체 및 생명의 위협을 안기거나 무방비 상태를 이용하여 범인 및 제삼자의 성적 행위를 감내하도록 강요하는 자, 혹은 범인이나 제삼자에게 그런 행위를 하도록 강요하는 자는 1년의 금고형에 처한다. 특히 정도가 심한 경우 2년의 금고형에 처한다.

특히 정도가 심한 경우란 보통 범인이 피해자와 동침하거나 그와 유사한 성행위를 피해자에게 기도할 때, 특히 신체 삽입이 발생할 때(강간), 혹은 여럿이 공동으로 이와 같은 행위를 함으로써 피해자를 욕보일 때를 말한다.

범인이 범행 시 무기 혹은 위험한 다른 도구를 사용하거나 피해자를 육체적으로 심하게 학대하거나 범행을 통해 죽음의 위험을 안겨줄 때 처벌 수준은 5년까지 올라간다.

유난히 정도가 심한 범죄와 관련한 형법 제176조에 따르면, 이런 성행위를 14세 미만의 아동에게 행하면 처벌이 15년의 금고형까지 강화될 수 있다.

형법 제211조에 나온 모살의 범행 규정은 다음과 같다.

모살범은 종신형에 처한다. 모살범은 살의, 성적 충동의 해소, 탐욕 혹은 그 밖의 비열한 동기에서 음흉하거나 잔인하게 혹은 공공의 안녕을 해치는 방법으로 범행을 가능하게 하거나 숨길 목적으로 사람을 살해하는 자를 말한다.

다른 살인과 성 관련 살인을 구분하는 것은 오로지 범인의 성性적인 동기뿐이다. 따라서 법의학은 강간살인을 증명하는 데 결정적인 역할을 한다. 법정에서 범인과 피해자의 성적 행위에 유죄 판결을 내리고(어떤 법정 범죄가 충족되었는가?) 범행의 형태가 모살인지 고살인지를 결정할 때 부검 결과가 기준이 되는 경우가 많다. 이때 형량은 큰 차이를 보인다. 법정에서 모살이나 성적 강요 혹은 강간 여부를 확인하지 못하면 범인에게 내려지는 처벌은 5년 금고형으로 끝날수도 있다. 이것은 단순 고살의 최저 형량에 해당한다. 반대로 범인이 강간살인으로 유죄 판결을 받을 때는 종신형을 각오해야 하며(최하 15년) 대개 예비 구금이 뒤따른다.

공공의 안녕을 위해서라도, 강간살인 자체가 알려지고 그에 합당한 처벌을 받는 일은 중대한 의미를 가진다. 이런 맥락에서만 봐도 원활하게 기능하고 독립적이며 객관적인 법의학은 법치 국가에서 포기할 수 없는 도구다.

성적 동기에 따른 살인은 다음의 기준에서 다수 요인에 해당할 때 성립된다.

1. 범인과 피해자 사이의 성교(질, 구강, 항문)가 입증될 때.

2. 피해자의 의복이 손상되거나 부분적으로 혹은 전체적으로 망실되었을 때.

3. 피해자의 제1차 및 제2차 성징이 노출될 때.

4. 시신이 성행위 자세로 있을 때.

5. 피해자의 신체 개구부에 물체가 들어갔을 때.

6. 성적 보상 행동, 가학적 환상이 입증될 때. 예컨대 성기 훼손 등.

위험 집단과 '피해 전과'

성적 동기에 따른 살인의 범인은 거의 예외 없이 남성이다. 반면 피해자는 압도적인 비율로 여성과 아동이다. 1990년부터 2010년까지 베를린에서 발생했던 41건의 강간살인에서도 마찬가지다. 여기서도 범인과 피해자는 전형적인 통계 양상으로 분류됐다.

- 범인은 예외 없이 남자다. 한 건의 경우 여자 공범이 체포되었다.
- 피해자의 경우 31건은 여성이며 5건은 남성, 5건은 14세 미만의 아동이었다. 이때 여아 3건, 남아 2건으로 나타났다.

경찰과 법의학이 담당하는 다른 폭력 범죄에서는 범인뿐 아니라 피해자까지도 압도적으로 남성일 때가 많다. 반면 여성은 성적 동기에 따른 살인의 피해자가 될 위험성이 몇 배는 더 높다.

범죄학에서는 범행 피해자가 될 위험성을 보통 상·중·하의 세 단계로 분류한다. 생활환경을 토대로 보았을 때 다수 시민은 '하' 단계에 속한다. 가령 박물관 학자나 세무사처럼 연구 및 교수활동을 직업으로 하는 이들은(적어도 통계를 믿는다면) 살인의 피해자가 될 위험이 거의 없다. 같은 맥락에서 공무원과 연수생, 초등학생 등 '민간'의 주민 집단 역시 낮은 위험 단계에 속해 있다.

'중' 집단에는 낯선 사람이나 위험 가능성이 있는 사람과 자주 접촉하는 이들이 속한다. 거주자가 끊임없이 바뀌는 숙소에서 지내는 노동 계층(조립공 등), 섹스 파트너가 자주 바뀌거나 성매매 업소와 접촉하는 사람들, 불법적인 마약 소굴에서 일시적으로라도 수요를 충당하는 대마초 소비자 등. 일시적으로 대인 접촉을 하는 사람들이 여기 포함된다.

범행의 피해자가 될 위험이 '상'인 집단에는 중독성 마약을 거래하는 등 불법 행위에 자주 또 적극적으로 가담하는 사람이 해당된다. 그중 강간살인의 피해자가 될 위험이 특히 큰 이는 성매매 여성이다.

범죄학의 피해자 연구에 따르면 피해자 중 다수는 이미 이전에 어떤 방식으로든 삶을 침해받은 경험이 있다. 여성들이 비교적 짧은 시간 내 여러 차례 성적 강요나 강간 범행의 피해자가 되는 경우는 드물지 않다. 피해를 당할 때마다 다시 범죄의 피해자가 될 가능성이 증가하는 것이다.

이는 언뜻 보면 이해하기 어려운 상황이다. 성적 학대나 강간의 피해자는 무의식중에 (특히 해당 경험이 아동기에 일어났을 때) 자신을 성적 대상으로 이해하는 법을 '학습'하게 된다. 이들은 자신을 제물로 규정하고 그에 따라 굴종하는 태도를 보인다. 피해자들은 자신의 성적 특징을 트라우마의 경험 속에서 왜곡하게 된다. 자신감에 타격을 받으면서 자기방어 기제 또한 약화된다. 범인들은 피해 여성이 정서적으로 상처받기 쉬운 상태라고 느끼며, 바로 그 점에 끌림을 느낀다. 그 결과는 치명적이다. 아동기에 학대당한 여성은 학대 경험이 없는 여성보다 2.4배 더 높은 확률로 성범죄의 피해자가 될 수도 있다.

성범죄자는 가까운 지인일 때가 많다

이런 범죄의 '전형적인' 범인은 놀이터나 한밤중 어두컴컴한 길거리에서 마구잡이로 피해자를 덮치는 '낯선 사람들'이 아니다. 텔레비전은 매일 밤 낯선 사람으로부터 범죄가 발생한다는 암시를 내보내지만, 실제 생활에서 성범죄자들은 피해자와 가까운 관계를 형성한 이들일 확률이 높다.

이런 경험은 우리가 가진 베를린의 강간살인 통계에서도 확인된다. 피해자의 절반 가까이가(48.4퍼센트) 범인과 잘 알거나 친한 사람이었다. 41건 중 7건에서 피해자는 애인이나 배우자의 손에 살해됐다.

법의학 및 정신의학 연구에서는 '강간살인범' 유형의 범인이 정신적으로 타락하는 이유를 더 정확하게 밝히고자 시도하고 있다. 다만 사건 발생 자체가 많지 않으므로 이 시도에는 어려움이 따른다. 데이터베이스의 폭이 너무 좁아서 적용 범위를 일반화하기가 어려운 것이다. 이것은 비단 '학술적인 문제'만은 아니다. 잠재적인 초범을 조기에 확인하려면 신빙성 있는 기준의 목록이 있어야 한다. 조건만 갖춰진다면 범죄를 더 잘 예방할 수 있을 뿐 아니라 유죄 판결을 받은 범인의 재범 위험도 훨씬 정확히 예측할 수 있을 것이다.

현재의 연구를 토대로 말할 수 있는 것은 범인 다수가 이른바 '해체적 범인 유형'에 속한다는 점이다. 범행에서처럼 범인의 전반적인 상황에도 체계가 없다는 말이다. 이들은 혼자 사는 경우가 많고, 성적으로 억압받으며, 방치 증후군을 드러낸다. 이들 중에는 실업자가 눈에 띄게 많은데 이것은 사회적 주변성(반사회성)을 재강화하는 요인이 된다.

　이들은 성적 영역과 무관한 곳에서도 범죄 성향을 노출하는 경우가 잦다. 예컨대 범인은 사기나 강도 범죄로 이미 신원이 경찰에 알려졌을 가능성이 높다. 강간범이나 강간살인범 유형이 평소 법에 순응하는 모습은 범죄 소설에서나 등장하는 것이다. 실제로 과학적인 집단 비교를 통해 보면 강간범과 은행 강도의 범죄활동 폭이 비슷하다는 사실을 알 수 있다. 그러나 여기서는 성범죄자의 압도적 다수가 (요란하게 떠벌리는 황색 신문의 주장과는 달리) 비정상적 충동을 가진 괴물이 아니라는 사실 또한 알 수 있다. 은행 강도와 성범죄자가 다수의 동시대인과 구분되는 점은 무엇보다도 본인이 갖고 싶은 것이라면 돈이든 사람이든 상관없이 단순하게 빼앗는다는 것이다.

　'반사회적'인 범인 다수는 충분한 돌봄이 없는 가정에서 자랐거나 양육자의 부재로 보호 시설에서 성장하는 등 심적 부담을 느낄 여지가 큰 환경에서 성장했다. 이들 중 다수가 아동기에 폭력, 혹은 그보다 덜 흔하게는 학대의 피해자였다. 경험이 많은 수사관조차 이런 범인 유형의 (감정 이입 능력이 극도로 위축되어) 유난히 냉담한 반응을 보고 놀라는 경우가 잦다. 범인들은 사소한 동기에서 강간살인으로까지 폭발할 수 있는 파괴적 충동으로 가득 찬 '정신적 시한폭탄'일 때가 많다.

계획적인 강간살인은 드물다

성적 동기에 따른 살인 사건에서 범인 검거율이 높은 이유는 무엇보다 대부분 범인이 즉흥적이거나 체계 없이 행동하기 때문이다. 가위, 드라이버, 칼처럼 현장에서 우연히 발견한 도구로 범행을 저지르거나, 맨손으로 목을 졸라 살해하는 일도 흔하다.

범인이 직간접적으로 가하는 성적 폭력을 통해 피해자가 목숨을 잃는 일도 벌어진다. 예를 들어 신체(질과 항문)에 도구를 삽입하는 등의 폭행에 따른 출혈이 죽음으로 이어질 수도 있다. 범인이 범행을 감추기 위하여, 즉 피해자가 범인을 발설하는 것을 막기 위해 강간이나 성적 학대 직후에 피해자를 살해하는 경우도 많다.

많은 사례에서 범인은 시신을 포함한 범행의 흔적을 치우지 않고 현장에서 바로 도망친다. 범행 자체와 똑같이 이후 행동에도 체계가 없는 것이다. 1990년부터 2010년까지 베를린에서 발생한 강간살인 사건 절반 이상에서는 범인의 집이나 숙소에서 피해자의 시신이 발견됐다. 비록 몇몇 범인은 시신을 치우려고 시도했지만 대개 아주 가까운 곳, 즉 쉽게 발견될 수 있는 곳에 숨기는 데 그쳤다.

1990~2010년 베를린에서 발생한 강간살인 사건 중 절반 이상은 범행 직후에 범인이 검거됐다. 범인이 범행 후 삶의 의지를 상실하거나, 믿을 만한 사람에게 고백한 후 경찰에 자수한 경우도 15퍼센트 정도 된다. 범행 현장에서 스스로 목을 맨 범인도 한 명 있다. 그 외에도 현장에서 자살을 시도한 범인은 세 명 더 있다.

피해자의 '도발'과 '과잉 살인'

범인이 피해자가 자신을 '도발'했다고 느낄 때 성범죄가 살인으로 이어지기도 한다. 이때 범인은 말 그대로 (평소에도 대개 조절하지 못하지만) '자제력'을 상실한다. 단순히 '모욕적인 말'이 원인이 될 수도 있다. 피해자가 자신을 유혹한 뒤 성행위를 거부하며 '약을 올린다'고 느끼는 게 이유일 수도 있다.

거꾸로 어떤 범인은 피해자의 성적 갈망에 압도되어 자신이 지나친 요구를 받는다고 느끼기도 한다. 예컨대 길거리에서 유객 행위를 하던 성매매 남성(가해자)이 고객(피해자)에게 혐오감을 느끼고 갑자기 분개하는 경우가 여기 해당한다. 강간살인 직전까지 범인과 피해자 사이에 끈끈한 파트너 관계가 지속되는 경우도 적지 않다. 피해자가 두 사람의 관계를 끝내려고 하면 범인이 '자제력을 잃는' 식이다.

지난 30여 년간 베를린에서 발생한 강간살인 중 약 4분의 1은 '과잉 살인'에 해당됐다. 범인이 단순한 살인에서보다 훨씬 많은 부상을 피해자에게 입혔다는 뜻이다. 부검 결과 피해자 중 일곱 명은 얼굴과 가슴, 배, 생식기 부위 등 20~80군데에 자상과 절상을 입었다. 어떤 피해자는 가까운 거리에서 6발의 총격을 받고 목숨을 잃었으며, 또 다른 피해자는 머리와 얼굴에 26군데의 열상을 입고 둔기 가격과 발길질로 인해 두개골과 뇌가 파열됐다.

광적인 폭력이 갖는 메시지는 분명하다. 애인이 자신의 마음이 변했으니 관계를 끊자고 알리면, 범인은 상대의 목숨뿐 아니라 얼굴과 개성, 동시에 정체성까지 말살해야 한다고 생각한다. 이런 현상에 대하여 범죄 현장 분석(프로파일링)에서 말하는 개념이 바로 이인증離人症(자아 상실, 현실감 상실 등의 증상을 동반하는 자아 장애의 일종)이다. 범인은 증오가 아닌 부당한 욕구 때문에 피해자의 신체를 훼손한다. 이런 상황은 원래의 계획에 없던 경우가 대부분이다. 범인은 피해자를 어떤 방법으로 죽일지, 어떻게 제거해야 가장 효과적일지 미리 생각하지 않는다. 또 많은 사례에서 범인은 스스로 그 사건에 '치여서' 쩔쩔맨다.

범인이 범행 과정에서 살해 방식을 바꾸는 일도 드물지 않다. 가령 피해자를 목 졸라 죽이려고 하다가 예상 외로 힘들다는 것을 깨닫는 식이다. 그러다가 뾰족한 흉기나 둔기가 눈에 들어오면 목을 조르는 대신 그것으로 피해자를 찌르거나 가격한다.

병 속의 악마

성적인 살인에서는 음주가 두드러진 역할을 한다. 학술 연구에 따르면 범인의 약 3분의 2, 피해자 중 3분의 1은 범행 시점에 만취했거나 최소한 취기가 도는 정도로 술을 마셨다.

알코올은 자제력을 없애 충동적으로 행동하게 만들며 공격 심리를 촉진할 수 있다. 고질적인 알코올 남용이 인격 변화로 이어지는 상황도 자주 있다. 음주는 범인의 통제력을 약화시킬 수 있고, 훗날 법정에서 책임 감당 능력의 감소 혹은 완전 상실이라는 판결을 내릴 수도 있다. 반대로 잠재적인 피해자에게서는 상황을 현실적으로 판단하고 위험 요인을 인식하거나 안전 조치를 취하는 능력을 떨어뜨릴 수 있다.

법의학 연구에서는 알코올의 영향으로 성적인 살인을 저지르는 세 가지 시나리오를 다음과 같이 제시한다.

1. 범인과 피해자가 함께 술을 마신다. 성행위가 이어지다가 갑자기 통제 바깥의 상황이 연출된다. 대개 범인이 피해자가 자신을 '모욕하거나 약을 올리거나 지나친 요구를 한다'는 느낌을 받기 때문이다.
2. 성적인 폭력 행위의 가능성은 보통 범인에게 무의식적으로 잠재되어 있으며, 자기 통제를 통해서 억눌린 상태로 존재한다. 그러다가 음주를 통해 이 장벽의 문턱이 낮아지고 계획에 없던 범행을 하게 된다.
3. 범인은 해당 행위를 자신의 환상 속에서 자주 실행한 적이 있다. 술에 취한 피해자가 저항력이 없다고 판단한 그는 갑자기 환상을 현실 속에서 맛볼 기회를 잡게 됐다고 느낀다. 범인은 즉흥적으로 행동하고자 결심한다.

3번 항목에서 묘사된 범인 유형은 최근 베를린에서 발생한 사건의 범인에게도 해당한다. 다만 이 범인이 영리하며 비교적 계획적으로 행동했다는 점에서 완전히 똑같다고 말하기는 어렵다.

마지막 춤

사샤 바실로프는 평소처럼 베를린 쇠네베르크의 어학원에서 비텐

베르크 광장 지하철역으로 걸어가고 있었다. 이 북캅카스 출신의 러시아 청년은 23세로, 베를린 라이니켄도르프에 있는 동향인의 집에서 오페어au pair[외국인 가정에서 아이들을 돌봐주면서 숙식하고 급여를 받으며 어학 공부를 하고 현지 문화를 배우는 문화 교류 프로그램] 학생으로 일하며 거주하고 있었다.

그는 오전 9시부터 12시까지 어학원에서 외국인을 위한 독일어 과정을 들었고, 오후 시간과 토요일에는 니콜라이와 베라 마르코프 부부의 어린 아들들을 돌봤다. 자유 시간은 저녁 때와 일요일뿐이었다. 바실로프는 자유 시간에도 잘 외출하지 않았다. 열정적으로 매달리는 취미는 보디빌딩 등 피트니스 훈련뿐이었다. 그는 밤늦도록, 그리고 일요일에는 온종일 니콜라이 마르코프가 운영하는 라이니켄도르프의 물리치료 센터 운동치료실에서 시간을 보냈다. 그는 아령과 밴드로 근육운동을 했고 러닝머신 위를 달렸다.

4월의 어느 금요일 12시 15분경, 바실로프가 라이니켄도르프 방향으로 지하철을 타고 갈 때 그의 휴대폰이 울렸다. 베라 마르코프였다.

"콜랴가 아파요. 심하지는 않고요, 목이 조금 아픈 정도긴 하지만 아무래도 내가 어린이집에서 데려와서 직접 돌봐야겠어요. 사샤는 오늘 쉬어도 돼요. 원하면 시내에서 시간 좀 보내요."

세 살배기 콜랴는 마르코프 부부의 두 아들 중 작은 아이였다.

"그러면 티무르는요?" 사샤가 물었다.

"걱정 마요. 어차피 내가 집에 있을 거니까. 티무르 숙제도 봐줄 수 있고요. 매일 하키 퍽으로 장난치는데 유리창 깨지 못하게 지켜봐야죠."

티무르는 장난이 심한 여덟 살 소년으로, 장차 권투 선수가 되는 게 꿈이었다. 바실로프는 몇 번인가 티무르에게 효과적으로 펀치를 날리는 법을 가르쳐주었다. 바실로프 자신도 청소년기에는 몇 년 정도 카라차옙스크에 있는 복싱 클럽에서 훈련했다. 술집에서 열 살이나 더 나이가 많은 남자와 싸우다가 상대의 코뼈를 부러뜨린 후 그는 복싱 연맹에서 쫓겨났다.

"그럼 운동하러 갈게요. 아주머니네 아버님 집에 들러서 센터 열쇠 좀 받아와도 되죠?"

베라는 잠시 망설였다. "오늘 치료 센터는 오후 3시에 닫아요." 그녀가 뜸을 들이다가 말했다. "내일은 토요일이니까 아버지가 오전에 대청소를 할 거고요. 그러니 오늘은 3시부터 사용하면 될 거예요."

가끔 친구들과 외출도 하고 그러면 기분이 더 나아질 텐데……. 베라가 생각했다. 바실로프는 키가 훤칠하고 어깨가 넓은 엄연한 성인 남자였다. 그러나 베라는 그가 덩치 큰 소년 같다고 느꼈다. 창백하고 수염이 없는 얼굴, 수줍으면서도 진지한 태도가 그런 인상을 줬다.

베라는 즐거운 시간을 보내라고 인사한 후 통화를 끝냈다. 그후 그녀의 아버지 발레리 소보트킨에게 전화를 걸어 바실로프가 치료 센터 열쇠를 가지러 갈 거라고 알렸다.

바실로프가 마르코프 가정에 거주한 지도 1년이 넘었다. 티무르와 콜랴는 바실로프를 친형처럼 따르며 좋아했다. 마르코프 부부 역시 아이들의 보호자로서 그에게 큰 신뢰를 보냈다. 다만 베라는 바실로프가 너무 틀어박혀 지내는 것을 마음에 걸려 하곤 했다

바실로프는 어학원 친구들을 딱히 좋아하지 않았다. 언젠가는 어학원에서 열심히 독일어를 배우는 외국인 학생들을 가리키면서, "시끄럽게 소란만 피우고 머리는 빈" 아이들이라고 평가한 적도 있었다.

반면 1년이 지나자 바실로프의 독일어는 눈에 띌 만큼 늘었다. 바실로프는 신뢰감을 주는 사람이었고 평균 이상으로 똑똑했다. 그는 캅카스 고향 도시에서 생태학을 공부했으며 졸업 시험도 우수한 성적으로 통과했다. 그러나 러시아 전역을 눈 씻고 뒤져봐도 장래가 촉망되는 젊은 생태학 학사를 위한 일자리는 없었다. 바실로프는 베를린에서 행운을 찾아보기로 했다. 그의 아버지는 카라차옙스크에서 직업학교 교사로 일했는데, 니콜라이 마르코프와는 청소년기부터 알고 지내는 사이였다. 마르코프 부부는 젊은 동향인을 기꺼이 자신의 집에서 지낼 오페어 학생으로 받아들였다.

지금까지 마르코프 부부는 그 결정을 한 번도 후회하지 않았다. 그 반대였다. 저녁이면 바실로프는 종종 니콜라이와 오래도록 체스를 두었다. 부부는 아이들이 튼튼한 요새 같은 바실로프의 보호를 받고 있다고 확신했다. 그럼에도 베라 마르코프는 통화 후 다시금 자신의 생각을 곱씹게 되었다. 젊은 남자가 친구들과 어울리지 않는 건 조금 이상하지 않나? 그는 여자 친구에 대해 전혀 관심이 없는 걸까?

사샤 바실로프는 오후 1시 10분쯤 발레리 소보트킨의 집에 도착해서 벨을 눌렀다. 베라의 아버지는 소액의 연금을 받으면서 일주일에 한 번씩 사위의 치료 센터를 청소했다. 그 대가로 몇 유로씩 받으며 생활하고 있었다. 그는 평소 바실로프가 사면을 거울로 감싼 운동

치료실에서 여러 시간 운동하는 모습을 자주 지켜보곤 했다.

발레리 소보트킨도 바실로프에 관해 생각해본 적이 있었다. 그는 저 청년이 어떤 식으로든 끓어넘치는 에너지를 가라앉혀야 한다고 생각했다. 그는 사샤가 애인을 사귄다면 운동량도 정상적인 수준으로 줄어들지 않을까 생각했다.

그러므로 바실로프가 잠시 휴대폰을 빌려도 되는지 물었을 때 노인은 흔쾌히 승낙했다.

"오늘 저녁에 약속이 있는데요. 제 충전 카드가 다 돼서요."

소보트킨은 서둘러 휴대폰을 가져왔다. "예쁜 여자야?" 노인은 눈을 찡긋하면서 물었다.

바실로프는 무표정하게 노인을 바라보았다. 곧 그는 번호를 누른 뒤 수줍은 얼굴로, 또 나지막한 러시아어로 말했다.

"안녕, 두냐! 나야, 사샤. 오늘 저녁에 시내에서 만날까? 좀 돌아다니다가 나이트클럽에 가도 되고."

그는 잠시 상대의 말을 듣더니 미소를 지었다. "오케이, 그럼 동물원역에서 7시." 그는 곧 통화를 끝냈다.

"두냐가 좋아해?" 소보트킨은 짓궂게 물었다.

사샤는 그답게 말없이 어깨만 으쓱해 보였다. 그러나 노인이 계속 캐묻자, 그는 몇 마디 더 말했다.

"어학원에 들어온 지 얼마 안 됐어요. 나란히 앉아서 공부할 때가 많고요. 수업을 마치면 함께 지하철을 타러 가고 그래요. 두냐는 아주 상냥하고, 말 붙이기도 쉬워요."

베라의 아버지는 이 청년이 딱히 열광하는 모습이 아니라고 생각했다. 그러나 평소의 태도로 보면 바실로프에게는 이 정도도 사랑 고백이라 할 수 있었다.

바실로프는 소보트킨에게 휴대폰을 돌려주고서 센터의 열쇠가 필요하다고 했다. 오후에 운동치료실에서 몇 시간 운동할 생각이라는 것이었다. 두냐와 만나기로 한 약속은 7시라서 시간이 남았다.

"하지만 아령으로 힘을 너무 빼지 않는 것이 좋겠네." 노인은 말하고는 다시 눈을 찡긋해 보였다.

두냐 크리토브나는 갓 스무 살 생일을 지나 보냈다. 그녀의 머리칼은 곱슬곱슬한 갈색이었고 미소는 약간 우울해 보였다. 신장은 155센티미터밖에 되지 않아, 바실로프 옆에 서면 그의 어깨에도 미치지 못했다. 무척 호리호리하기도 해서 바실로프의 넓적한 등 뒤에 서면 간단히 숨을 수 있을 것 같았다.

이들의 모습은 너무 대조적이라 베를린동물원역처럼 번잡한 장소에서도 눈에 확연히 띄었다. 훗날 몇몇 목격자는 창백한 얼굴의 젊은 거인과 그 곁에서 우울한 미소를 지으며 남자를 바라보던 조그만 여학생을 기억하게 되었다. 목격자들은 설명했다.

"서로 잘 통하는 것 같았어요. 여자는 계속 남자를 보며 웃었어요. 너무 대화에 열중한 나머지 주변에 누가 있는지 거의 의식하지 못할 정도였지요."

그들은 역에 있는 맥도날드에 들어가 각각 감자튀김과 버거, 큰 콜라를 시켰다. 두 사람은 다니는 어학원과 독일생활, 가족에 관해 대화했다. 바실로프는 대학을 졸업한 뒤 캅카스에서 1년 내내 엄마의 식품점에서 일하다가 독일로 와서 살게 되었다고 설명했다.

두냐가 향수를 자주 느끼는지 묻자, 그는 어깨를 으쓱해 보였다. "그래요." 두냐가 말하며 미소 지었다.

두냐는 바실로프를 너무도 잘 이해했다. 그렇기에 많은 말을 할 필요가 없었다. 이 점이 바실로프의 마음에 들었다. 어차피 대화 대부분은 그녀가 도맡아 했다.

두냐는 열한 살 때 아버지가 가정을 버렸다고 설명했다. 그녀는 그때 받은 충격을 극복하지 못했다면서 한층 슬픈 미소를 지었다. 그녀는 아버지와 정기적으로 메일을 주고받았지만, 그가 가정을 떠난 이후로 부녀관계는 완전히 깨져버렸다는 것이었다.

식사를 마친 둘은 전차를 타고 알렉산더광장으로 갔다. 이들은 잠시 광장을 산책하며 거리의 악사가 연주하는 음악을 듣고, 야바위꾼이 관광객의 돈을 갈취하는 모습을 구경했다. 그들은 시샤〔시샤라는 이름의 담배 혹은 대마를 피우기 위한 도구의 일종〕 바로 들어갔다. 이들은 각각 물담배를 피웠다. 두냐는 럼주와 보드카를 섞은 칵테일을 주문했다. 두냐가 말했다.

"오늘은 취하도록 퍼마실 거야. 당신도 주문해요, 사샤!"

"안 마시는 게 좋겠어. 난 술을 많이 마시면 늘 어지러워요."

두냐는 그를 놀려댔다. 두냐는 사샤보다 세 살 정도 어렸고, 힘든 과거를 떠올릴 때만 아니라면 어린아이처럼 신나게 놀 수 있었다. 두냐는 모스크바의 몰락한 상류층 출신 할머니와 리히텐라데에서 살고 있었다. 그들의 집은 금방이라도 쓰러질 것 같은 낡은 빌라였다.

"오늘 밤은 마리야 이모 집에서 잘 거예요." 두냐는 남은 칵테일을 한 모금 마신 뒤에 선언하듯이 말했다. "이모 집은 할머니 집보다 시내 한복판에 있어요. 형편도 더 낫고요." 두냐는 얼음을 칵테일 잔에 달그락 떨어트리고서 검은 인조 가죽 핸드백을 뒤졌다. 그러더니 낡은 노키아 휴대폰을 꺼내서 단축번호를 눌렀다. 그녀는 이모에게 기습적으로 장광설을 늘어놓은 뒤, 그녀의 집에서 자야겠다고 알렸다. 이모는 그녀의 방문을 허락한 후 할머니에게도 계획을 알려드리라고 말했다. 너무 늦게 오지 말아야 하고, 위험할 수도 있으니 택시를 타라는 말도 덧붙였다.

그녀는 이모의 말대로 하겠다고 약속하고, 웃으면서 전화를 끊었다. 두냐는 잔을 비우고 다시 한 잔을 주문하려고 했다. 그때 바실로프가 더 좋은 생각이 있다고 이야기했다.

"내가 늘 가는 운동치료실을 소개하고 싶어요. 한번 가서 볼래요?" 두냐는 처음에 별로 호기심을 보이지 않다가 "사실 춤추러 가고 싶었는데요"라고 말했다.

"춤은 운동치료실에서도 얼마든지 출 수 있어요. 음악도 있겠다, 댄스 플로어도 우리가 독차지할 수 있다고요. 가다가 마실 것도 살 수 있고." 그가 덧붙였다. "럼주든 보드카든 두냐 마음대로."

두냐가 미소를 지었다. "좋아요, 갈게요. 하지만 쿠바리브레를 만들려면 콜라도 있어야 해요."

두 사람은 활기찬 상태로 시샤 바를 나갔다. 훗날 목격자들은 두냐가 알렉산더광장 지하철역 입구로 향하면서, 사샤 바실로프의 팔짱을 끼고서 춤추듯 스텝을 밟았다고 진술했다.

두 사람은 알트라이니켄도르프 전차역으로부터 멀지 않은 슈퍼마켓에서 바카디 럼주 한 병과 콜라 두 병, 감자튀김을 샀다. 밤 10시 무렵이었다. 이후 경찰이 판독한 감시카메라의 영상에는 두냐가 알코올음료 진열대 앞에 서서 장난치는 모습이 담겨 있었다. 바실로프는 그녀를 바라보고 있었다. 기분이 고조된 듯 보였다.

10시 15분, 이들은 물리치료 센터에 도착했다. 바실로프가 현관문을 열고 전등을 켠 다음 두냐에게 따라오라고 신호했다.

그는 쇼핑한 물건을 접수대에 올려놓고서 두냐에게 센터를 소개했다. 센터는 현대적인 원형 건물의 1층을 통째로 썼고, 입구에는 천장에서 바닥까지 내려오는 통창이 있었다. 중앙 접수대에서는 모든 방향으로 통하는 출입문이 보였다. 문 너머로는 여섯 개의 치료실과 그가 자주 머무는 널따란 운동치료실이 있었다. 치료실 중에는 의료 마사지나 진흙 팩을 하는 공간도 있었다. 니콜라이 마르코프와 네 명의 물리치료사가 그곳에서 운동 요법과 체조 코스를 주관했다.

치료 공간 중 6호실 옆으로 주방과 목욕탕, 도구 창고로 이어지는 작은 복도가 보였다. 그 맞은편 1번 치료실에서는 작은 계단으로 이어지는 문이 나 있는데, 계단은 치료 센터의 지하 사무실과 몇몇 창고로 통했다. 거기에 다시 곁문이 달려 있었고, 그 앞에는 치료 센터의 자동차가 주차되어 있었다. 치료사들이 보행이 불편하거나 몸져누운 환자들을 태우기 위하여 이용하는 르노 클리오였다.

두냐는 깊은 인상을 받은 것 같았다. 치료 센터는 그녀가 예상한 것보다 훨씬 컸다.

바실로프는 6번 치료실로 두냐를 안내했다. 그곳에는 더블사이즈 침대형 의자와 작은 라디오가 있었다. 두냐도 그곳을 안락하게 느끼는 듯했다. 바실로프는 접수대에서 음식들을 가져오고, 찬장에서 잔 두 개를 꺼냈다. 두 사람은 쿠바리브레를 만들어 마시고, 감자튀김을 먹었다. 이어서 음악을 듣고 춤을 추고 담소를 나누다가 칵테일을 몇 잔 더 마셨다.

밤 10시 반부터 1시 반까지, 세 시간 동안 특별히 언급할 만한 일은 일어나지 않았다. 바실로프의 말에 따르면 그랬다.

그로부터 이틀 뒤 베를린 모아비트 구치소에 갇힌 바실로프는 다음과 같이 진술했다. 두냐와 그는 '잠깐'만 춤을 추었다. 라디오에서 나오는 음악이 두냐의 마음에 들지 않았기 때문이다. 두 사람은 곧 침대형 의자에 앉아 두냐의 MP3 플레이어에 연결된 이어폰으로 음악을 들었다. 그들은 오랫동안 이야기를 나누었다. 그러다가 두냐의 아버지가 가정을 버리고 떠난 일이 다시 화제에 올랐다. 사샤는 진술했다.

"우리는 둘 다 많이 취했어요. 럼주를 같이 반 병이나 비웠는데, 저는 과음하면 견디지 못하거든요. 몇 번인가 곁문으로 나가서 담배를 피우기도 했죠. 두 개비 피우고 나니까 벌써 어지러웠어요. 그러다가 얼마나 지났을까, 세 개비째 피웠는데 갑자기 눈앞이 캄캄해지더라고요."

새벽 1시 반에 두냐의 휴대폰이 울렸다. 마리야 이모가 건 전화였다. 이모는 조카딸을 걱정하고 있었다.

두냐는 의자에서 일어나, 이모를 진정시키기 위해 작은 복도로 나갔다.

"저 알트라이니켄도르프에 있어요. 무사하니 걱정 마세요."

이모가 소리쳤다.

"애, 1시 반이야! 지금 당장 집으로 와, 알아들었니? 전차는 이 시간에 너무 위험하니까 택시를 타고."

두냐가 당장 출발하겠다고 약속한 후 전화를 끊었다. 그러나 두냐가 6번 치료실로 돌아가기 전에 다시 휴대폰이 울렸다.

"두냐, 너 대체 어디 있는 거냐? 난 네가 디스코텍이나 나이트클럽에 있으려니 했는데, 왜 아무 소리도 들리지 않는 거지?"

두냐는 살짝 웃었다. 이모의 목소리가 조금 취한 것처럼 들렸기 때문이다. "아무 일 없어요, 이모. 당장 택시 부를게요."

하지만 택시는 부를 수 없었다. 두냐 크리토브나는 베를린 프리드리히스하인에 있는 이모의 집으로 결코 가지 못하게 되었다. 새벽 4시 반이 조금 지나서야 두냐는 물리치료 센터를 떠날 수 있었다. 피투성이 시체가 되어, 자동차 타이어를 보관할 때 쓰는 비닐 자루에 싸인 채였다.

베라 마르코프와 그녀의 아버지는 속을 태우고 있었다. 4월 16일 토요일 아침 8시였다. 전날 밤 바실로프는 평소와 달리 소보트킨의 우체통에 열쇠를 넣어두지 않았다. 심지어 집에 들어오지도 않았다. 그 사실만이 베라 마르코프를 불안하게 만든 건 아니었다. 베라의 아버지는 딸에게 사샤가 어제 웬 여학생과 만나기로 했다고 말했다. 그렇다면 두 사람은 어딘가에서 함께 밤을 보냈을 것이다.

베라와 그녀의 아버지가 센터에 도착했을 때, 센터의 모든 창문은 활짝 열려 있었다. 회사 차량인 빨간색 르노 클리오는 평소 세워두던 자리에 없었다. 모든 정황으로 보았을 때 간밤에 누군가 센터에 침입한 게 분명했다.

이들은 베라의 열쇠로 센터를 열고서 모든 공간을 둘러보았다. 소보트킨은 누군가 6번 치료실과 목욕탕으로 통하는 복도를 청소했음을 알아차렸다. 그때까지도 바닥 몇 군데에는 물기가 남아 있었다. 베라 마르코프가 소리쳤다.

"감시카메라를 확인해봐야겠어요."

이들은 지하 사무실로 급히 내려갔다. 그곳에는 보안용으로 쓰는 조그만 모니터와 녹화 장치가 있었다. 두 사람은 간밤에 접수대를 촬영한 감시카메라의 영상을 당혹스러운 눈길로 지켜보았다. 화질이 썩 좋지는 않았으나 두 사람은 연속적으로 등장하는 젊은 남자를 즉시 알아보았다.

사샤 바실로프였다.

카메라는 치료 센터의 입구 전 구역을 비추고 있었다. 동작 감시 센서의 작동으로 영상은 중간중간 바뀌었다.

화면 중앙에는 접수대가 보였고 앞쪽에는 정문이, 통로 왼쪽 가장자리에는 치료실과 주방, 목욕탕으로 통하는 작은 복도가 보였다. 화면 오른쪽에는 1번 치료실로 가는 통로가 보였는데 그 뒤로 작은 계단과 곁문이 있었다. 바실로프가 젊은 여자와 함께 센터로 들어올 때 화면 아래 표시된 시간은 밤 10시 17분이었다.

그로부터 한 시간쯤 지난 11시 30분, 다시 한번 큰 복도에 있는 젊은 여자의 모습이 보였다. 비디오에 등장한 두냐 크리토브나의 마지막 모습이었다.

새벽 2시 45분, 바실로프 혼자 접수대에 있는 모습이 보였다. 그는 칸막이 함과 서랍을 뒤지다가 벽걸이 캐비닛에서 열쇠를 찾아냈다. 동작은 질서정연했으며 얼굴에도 특별히 흥분한 기색은 보이지 않았다. 바실로프는 금고를 열고 회사 차량 열쇠를 꺼냈다. 그다음 영상은 또 끊겼다.

4시 27분에 사샤는 곁문을 통과해 센터를 나갔다. 그는 아주 무거워 보이는 비닐 자루를 끌고 가고 있었다. 소보트킨은 첫눈에 그 짐 꾸러미를 알아보았다. 그것은 회사 차량의 여름용과 겨울용 타이어를 지하 창고에 보관할 때 담아두는 크고 탄탄한 자루였다.

그 비닐 자루 안에 정확하게 무엇이 들었는지, 베라와 소보트킨은 알 수 없었다. 영상의 화질이 좋지 않았기 때문이다. 자동차 타이어가 아닌 것만은 분명했다. 바실로프는 그 이상한 짐 꾸러미를 끌고 가기 위해 조금 힘을 들이는 듯 보였다.

베라와 그녀의 아버지가 시선을 교환했다. 두 사람의 직감은 이 상황이 단순히 수상쩍은 것 이상이라고 말해주었다.

"사샤에게 전화해봐." 소보트킨이 말했다.

딸이 고개를 끄덕이며 휴대폰을 꺼냈다.

베라는 30분간 계속 전화를 걸었지만 연결이 되지 않았다. 그녀가 포기하려고 한 순간, 마침내 바실로프가 전화를 받았다. "사샤, 지금 어디예요?" 베라의 입에서 말이 터져나왔다. "지금 센터에 와 있어요.

간밤에 무슨 일이 있었던 거죠?"

바실로프는 잠시 망설였다. "제가 아주 나쁜 짓을 했어요. 센터로 갈게요."

베라가 더 말하려고 했지만 전화는 끊어졌다.

바실로프의 목소리는 아주 차분했다. 그 사실이 베라를 더 불안하게 했다. 모든 정황을 볼 때 그가 끌고 나간 것은 함께 온 젊은 여자로 보였다. 그럼에도 영상 속 사샤 바실로프는 아주 침착한 모습이었다. 젊은 여자가 아니라면, 비닐 자루에 든 것은 대체 누구 혹은 무엇이란 말인가?

아버지가 외치는 소리가 그녀의 생각을 흔들어 깨웠다.

"이거 좀 봐! 이거 피 아니야?"

베라는 6번 치료실로 급히 향했다. 작은 복도로 통하는 문 옆의 벽부터 천장까지 피가 흩뿌려져 있었다. 혈흔을 지우려 한 게 분명했다. 스프레이로 닦아내려 했지만 오히려 자국만 번지게 한 것으로 보였다.

"경찰에 신고해야 해요." 베라 마르코프가 말했다.

베라는 다시 휴대폰을 들고 떨리는 손으로 비상 센터의 번호를 눌렀다.

9시 조금 지나서 사샤 바실로프가 치료 센터에 도착했다. 그는 측면 출입문 옆에 똑바로 르노 클리오를 주차한 후 운전석 문을 잠갔다.

베라와 그녀의 아버지가 긴장된 눈빛으로 그를 바라보았다. 젊은 남자는 여전히 침착하고 태연해 보였다. 그러나 그의 두 손에는 흙과 피가 묻어 있었다. 두 사람이 그에게 간밤에 무슨 일이 있었는지 묻기도 전에 순찰차 그리고 경찰 표식이 없는 수사용 차량이 도착했다. 주자네 헤게만 경정과 파트너인 올리버 하우볼트 경위가 그들 대신 질문했다. 경찰들 또한 청년이 신중한 인상이라고 생각했다. 바실로 프는 여권과 체류 허가증을 보여주고 나서, 지난밤과 새벽에 무슨 일이 일어났는지 보고하기 시작했다.

혹은 그의 말대로 기억나는 것만 몇 가지, 단편적으로 설명하기 시작했다.

"제가 두냐를 죽였어요. 시체를 숲으로 가지고 갔습니다. 변두리 교외로요."

그는 피와 진흙이 묻은 손으로 막연하게 북쪽을 가리켰다. 주자네 헤게만은 바짓단을 걷어 올린 그의 왼쪽 정강이가 말라붙은 핏자국으로 더럽혀진 것을 보았다.

그렇다면 두냐를 죽일 때 바지를 입지 않은 상태였으리라, 경정은 판단했다. 그는 이런 생각을 겉으로 드러내는 대신, 시신을 버린 곳을 다시 찾을 수 있겠느냐고 물었다. 바실로프는 찾을 수 있다고 대답했다.

"그럼 우리를 그곳으로 안내할 수 있죠?" 하우볼트 경위가 물었다.

바실로프가 다시 고개를 끄덕였다.

"갑시다." 하우볼트가 말했다.

"안 돼!" 경정이 젊은 파트너를 제지했다. "사건을 살인전담반에 인계할 거야."

한 시간 뒤 베를린 범죄수사청 제4살인전담반 소속의 톰 하이트너 경정과 소냐 말로프 경감이 라이니켄도르프에 있는 물리치료 센터에 도착했다. 두 수사관도 바실로프가 자백을 한 살인범치고는 이상할 정도로 침착해 보인다는 것에 주목했다.

그의 숨결에서는 술 냄새가 나지 않았다. 말이 느리고 억양이 강하기는 했지만 뚜렷한 목소리로 말했다. 통역을 붙여주겠다는 제안도 거절했다.

"다 알아들어요."

바실로프는 말했다.

"그러면 무슨 일이 일어났는지 설명 좀 해봐요. 우리가 이해하게 말이오."

바실로프는 어깨를 으쓱해 보였다. "저도 무슨 일인지 더는 모르겠습니다. 여기 할퀸 자국이랑 부어오른 것 보이죠?" 그는 하이트너의 눈앞에 자신의 주먹을 들이밀었다. "분명히 두냐를 주먹으로 친 것 같습니다. 하지만 왜 그랬는지, 어떻게 쳤는지는 기억나지 않아요."

하이트너와 그의 파트너 말로프가 시선을 교환했다. 경정은 일단 그 정도에서 이야기를 끝내게 했다. 바실로프가 실제로 기억을 잃은 것일 수도 있고, 어쩌면 필름이 끊긴 척하는 것일 수도 있었다. 수사를 하다 보면 밝혀질 것이라고, 경정은 생각했다.

우선 시체를 찾아야 했다. 이때까지는 이들이 폭력 범죄를 다루는 지조차 확인되지 않은 상태였다. 바실로프가 범행을 저지른 척하는 것인지도 몰랐다. 어쩌면 두 젊은이가 마르코프 가족을 상대로 장난을 치는 것일 수도 있었다. 그러나 경정은 그런 가능성은 염두에 두지 않았다. 이처럼 진지한 표정의 청년이 집주인을 놀리기 위해 감시 카메라 앞에서 자신의 여자 친구를 상대로 살인극을 연출하는 모습은 도무지 상상할 수 없었다.

경정은 치료 센터와 회사 차량에 대해 정밀 조사를 하도록 과학 수사팀에 직권으로 요청했다. 그동안 두 수사관은 바실로프를 데리고 베를린 북쪽에 있는 브란덴부르크 지역의 마을과 숲을 뒤지고 다녔다. 청년은 이들을 안내하며 차가 거의 다니지 않는 국도와 들길을 여러 시간 돌아다녔다. 그는 자신이 시체를 버린 곳을 다시 찾아내지 못했다. 장소를 아주 정확하게 묘사하기는 했다. 비포장도로를 따라 가다가 조그만 숲이 나온다고 했다. 찻길 옆에 구덩이가 하나 있는데 그곳에 시체를 놓아뒀다는 것이었다.

"나뭇잎과 가지로 시체를 덮었어요. 그전에 비닐 자루에서 시체를 꺼내고 마사지용 담요로 감쌌습니다. 벌거벗은 상태로 밖에 놓아둘 수가 없어서요."

하이트너 경정이 날카롭게 그를 쏘아보았다. "벌거벗었다고? 당신이 크리토브나를 살해하기 전에 성적인 관계를 가졌다는 거요?"

"우리가 섹스를 했느냐는 뜻인가요?" 바실로프는 고개를 저었다. "우리는 그런 관계가 아니었습니다. 여자로서 두냐에게는 관심이 없었어요. 그냥 잘 통하는 사이였지, 그 이상은 아니었습니다."

"그런데 왜 그녀가 벌거벗은 상태였다는 거죠? 당신이 시체의 옷을 벗긴 건가요? 아니면 살해할 때 두냐가 벌거벗고 있었나요?"

소냐 말로프가 캐물었다. 바실로프는 물끄러미 앞만 바라보았다.

"모르겠어요. 술을 아주 많이 마셨어요. 견딜 수 없을 만큼 말입니다. 두냐가 이모와 통화하고 나서 방으로 다시 들어온 건 기억나요. 그 다음에 두냐가 비닐 자루에 싸인 채 바닥에 있었다는 것도 생각나고요."

하이트너 경정은 기억이 끊겼다는 말이나 술을 많이 마셨다는 진술은 믿지 않았다.

"당신을 일시적으로 체포합니다. 당신은 두냐 크리토브나를 살해한 혐의를 받고 있어요."

바실로프는 아무런 동요 없이 그 말을 들었다. 밤 9시경, 베를린 모아비트 JVA 구치소의 담당 의사가 혈액을 채취할 때도 눈썹 하나 까딱하지 않았다.

검사 결과는 음성으로 나왔다. 그의 혈중알코올농도는 제로(0)였다.

과학수사팀은 범행 현장에서 중요한 혈흔을 발견했다. 범행 후 바실로프는 치료 센터 곳곳을 말끔하게 청소했다. 하지만 혈흔 검출 스프레이로 쓰이는 '무색 말라카이트 그린'은 육안으로는 식별할 수 없는 미세한 혈흔까지 보이게 만들었다.

감식팀은 작은 복도에서 6번 치료실의 눕는 의자까지 이어진 피 묻은 발자국을 발견해냈다. 누군가 주방이나 목욕탕에서 맨발로 피해자의 피를 밟고 간 것이 분명했다. 작은 복도로 통하는 문 옆 벽에서는 피가 집중적으로 뿌려진 흔적이 확인됐다. 핏자국은 70센티미터 높이에서 두드러졌고 240센티미터 높이의 천장까지 이어졌다. 과학수사관들은 혈흔이 갈라진 방향과 형태를 통해 두냐가 문 옆 바닥에 앉거나 쪼그린 자세에서 범인에게 주먹이나 둔기로 여러 차례, 이미 피가 흐르는 그녀의 머리를 가격당했다는 결론을 내렸다.

머리를 가격할 때는 예리한 흉기나 각진 물건으로 전력을 다해 내리쳐도 절대 피가 주위로 튀지 않는다. 이미 피가 흐르는 상처 부위를 다시 가격할 때에야 비로소 핏방울이 현장에 퍼진다.

르노 클리오 차량을 조사할 때는 딱히 중요한 단서가 나오지 않았다. 바실로프는 비닐 자루로 싼 시체를 차 바닥에 놓아두었다고 진술했다. 실제로 차 바닥에서는 뚜렷하게 피가 고인 흔적이 발견되었다. 감식팀은 인조 가죽으로 만든 까만 지갑과 구형 노키아 휴대폰을 확보했다. 모두 두냐 크리토브나의 것이었다. 그 밖에 자질구레한 두냐의 소지품은(핸드백과 특히 옷) 자동차 안에서도 치료 센터에서도 발견되지 않았다.

다음 월요일, 하이트너 경정은 바실로프가 미결 감방에 수감되어 있는 모아비트 교도소로 향했다. 청년은 이날의 신문에서도 침착하고 태연했다. 하이트너는 그간 두냐 크리토브나의 시신을 어디에 두었는지 생각이 났느냐고 물었다. 바실로프는 고개를 저었다. 경정은 금요일 밤에 일어났던 일을 다시 한번 설명해달라고 했다.

바실로프는 오후 7시에 두냐를 동물원역에서 만난 일 등 두 사람이 함께 보낸 저녁 시간에 대해 이야기했다. 그는 두냐가 바에서 마신 칵테일이나 이모와 통화한 일, 라이니켄도르프로 간 것, 슈퍼마켓에서의 쇼핑 등 세세한 사항을 모두 기억했다. 그는 곁문에서 두 번째와 세 번째 담배를 피우고 '심한 어지러움'을 느꼈다고 다시 진술했다. 그전에 계속 럼주에 콜라를 타서 마셨다는 말도 빼놓지 않았다.

이때 하이트너 경정이 끼어들었다. "토요일 저녁의 검사 결과를 보면 당신의 혈액에서는 알코올 성분이 전혀 검출되지 않았어요. 그러니까 범행이 있던 날 밤에 그렇게 많이 마셨을 리가 없어요."

"그건 제가 더 잘 알죠." 바실로프는 눈썹 하나 까딱하지 않고 태연하게 대답했다.

그는 감정이라고는 전혀 없는 상태로 진술하는 것 같았다. 이미 몽롱할 때지만 새벽 1시가 지났을 때 두냐의 휴대폰 벨이 울린 기억도 난다고 했다. 두냐는 작은 복도로 나가 통화를 했다는 것이다.

"그런 다음 두냐는 다시 들어오더니 가봐야 한다고 말했죠. 그뒤에 제가 뭔가 두냐를 겁나게 만든 행동을 한 게 틀림없어요. 그때 무슨 일이 일어난 건지 계속 기억해보려고 했지만 도무지 생각이 나지 않아요."

"당신은 그녀를 때렸어요." 하이트너가 말했다.

"아마 그럴 겁니다." 그가 시인했다.

두 사람은 아직도 뼈를 가격한 흔적이 남아 있는 바실로프의 손을 쳐다보았다. 크고 억센 손에 보이는 열상과 피멍은 있는 힘을 다해서 집중적으로 가격했을 때나 생길 수 있는 것이었다.

하이트너는 그를 날카롭게 응시했다. "섹스 때문이죠! 인정해요, 바실로프 씨! 그 아가씨는 벌거벗은 거나 다름없고 술 때문에 자제력을 잃은 상태였다고. 당신이 원하던 목표가 눈앞에 있었단 말이오. 그때 갑자기 여자가 집에 가겠다고 한 거지. 그러자 당신은 분노가 폭발해서 그녀를 때려죽인 거야!"

바실로프는 고개를 가로저었다. 동시에 그는 어깨를 치켜올렸다.

"우린 그런 관계가 아니었다고요. 섹스 때문이라고 생각하지는 않지만, 어떻게 된 건지 모르겠어요. 그다음에 생각나는 건 두냐를 감싼 자루가 바닥에 있었다는 것뿐이에요. 저는 곁문 쪽으로 자루를 끌고 가서 들어올린 다음 차 뒤에 놓아두었다고요."

"그전에 당신은 센터 곳곳을 청소했지! 또 접수대 금고를 열고 자동차 열쇠를 꺼냈단 말이오." 하이트너가 질책하듯 지적했다.

"그 모든 게 저도 이해가 안 됩니다. 저는 센터에 금고가 있다는 것도 몰랐거든요."

하이트너는 거친 숨을 참기 위해 애를 썼다. "잘 들어봐요, 바실로프 씨. 이 모든 순간이 감시카메라 영상에 다 저장되어 있어요. 그러니 부인해도 소용없단 말이오! 비디오를 보면 당신은 분명히 목적을 가지고 행동했어요. 그런 사람의 기억이 부분적으로 잘렸다는 것은 말이 안 돼요!"

경정은 청년이 동요하는 순간을 놓치지 않으려고 했다. 그러나 감시카메라 영상을 언급했음에도, 바실로프의 표정에는 변화가 없었다.

"할 말이 없네요. 저는 여기 저장된 것만 말씀드릴 뿐입니다." 그는 말하면서 자신의 이마를 가볍게 두드리다가, 갑자기 이 말을 덧붙였다. "차 연료를 채웠어요!"

하이트너는 어리둥절한 눈빛으로 그를 바라보았다.

"차 연료를 채웠어요! 두냐를 숲에 두고 오니까 아침이 되어 있었죠. 제가 차를 가지고 나온 걸 아무도 몰랐을 거예요. 그래서 10유로 정도 주유를 한 겁니다. 다시 출발하려고 할 때 베라 아주머니로부터 전화가 왔어요."

"마르코프 부인 말이오?" 경정이 물었다.

바실로프가 고개를 끄덕였다. "아주머니가 무슨 일이 있었는지 묻더라고요. 꿈에서 깨어난 기분이었죠. 하지만 꿈이 아니란 것도 분명히 알고 있었어요." 그는 다시 자신의 두 손을 바라보았다.

"당신은 아주 나쁜 짓을 했다고 말했어요." 톰 하이트너가 그의 기억을 환기시켰다. "나도 그 말이 무슨 의미인지 생각해봤지. 당신은 두냐 크리토브나를 강간한 거야! 그뒤에 범행을 발설하지 못하도록 죽였다고!" 경정이 목소리를 높였다.

사샤 바실로프는 물끄러미 앞을 바라보았다. "어떻게 그런 생각을 하세요?" 그는 목소리를 키우지 않고 물었다.

하이트너 경정은 회심의 카드를 내밀었다. 최후의 일격을 위해 일부러 아껴둔 카드였다. 그러나 지금까지 바실로프의 행동으로 보았을 때 하이트너는 자신의 카드가 아무런 문제 없이 통하리라고는 확신할 수 없었다.

"우리는 범행일 밤 당신이 걸쳤던 옷을 찾게 했지. 결과가 당신 마음에는 들지 않을 거요, 바실로프 씨. 당신의 겉옷, 스웨트셔츠, 청바지, 신발에서는 두냐의 혈흔을 찾지 못했지."

그는 말을 멈추고 바실로프의 반응을 살폈다.

"왜 그 결과가 제 마음에 들지 않는다는 건가요?" 청년이 물었다. 실제로 관심이 있다기보다는 그저 정중하게 묻는 말투였다. 하이트너가 신랄하게 채근했다.

"왜냐면 그건 당신이 두냐를 죽이는 동안 피해자와 똑같이 계속 벗고 있었다는 뜻이기 때문이지! 당신은 맨발로 피해자의 피를 밟고 여기저기 돌아다녔고 그게 범행 현장의 단서에 그대로 드러났어. 당신은 팬티만 입고 있었지. 옷 중에 피해자의 혈흔이 발견된 유일한 옷이었다고!"

바실로프는 물끄러미 앞만 바라보았다. 그가 불안해진 건지, 혹은 공포에 빠진 건지는 여전히 알 수 없었다.

"설명 좀 해봐요. 두 사람 사이에 성행위가 없었는데, 왜 당신과 두냐가 벗고 있었죠?" 하이트너가 물었다.

바실로프는 고개를 흔들었다. "모르겠어요. 기억나지 않아요."

"범인은 잡았는데, 시체가 없어."

한 주가 지났을 때 하이트너 경정은 전담반 사무실에서 수사 상황을 한마디로 정리했다.

"자백은 받았지만 범행 과정과 동기에 대한 설명은 듣지 못했어. 수년간 내가 담당한 것 중에 가장 희한한 사건이야!"

이때까지 두냐 크리토브나의 시신 수색에서는 아무런 성과도 없었다. 두냐의 옷과 그 밖의 소지품도 모두 감쪽같이 사라졌다. 바실로프는 피살자의 시신을 놓아둔 숲속 어딘가에 그것들을 던진 기억이 난다고 진술했다.

브란덴부르크는 넓은 지역이다. 인가도 적은 편이라 숲에서 일하는 사람이나 운동하는 사람이 우연히 시신에 걸려 넘어지기까지 몇 주 혹은 몇 달이 걸릴지 알 수 없었다. 하이트너가 화난 목소리로 말했다.

"시신 부패가 계속 진행된다면 피해자가 성폭행을 당했는지 아닌지 법의학으로도 확인할 수 없단 말이야. 상황에 따라서는 피살된 건지 아니면 운 나쁘게 실족한 건지도 증명할 수 없다고. 이거 정말 미칠 노릇이로군! 나는 그 아가씨가 강간살인의 피해자라는 데 내기를 걸 수도 있어."

바로 이때 악셀 뤼만 검사가 회의실로 들어왔다.

"내기로는 배심 재판을 설득할 수 없죠. 우리에게 필요한 것은 억측이 아니라 증거예요!"

뤼만 검사는 두냐 크리토브나 사건의 수사를 지휘하고 있었다. 그는 일에 헌신적인 사람이었고, 보통은 거친 말투도 쓰지 않았다. 그런 뤼만에게도 이 사건은 당혹스럽게 느껴졌다. 범인의 태도를 이해할 수 없었기 때문이다.

검사와 수사관들은 계획 없이 폭력 범죄를 저지르는 우발적 범죄자들을 자주 접한다. 하지만 그런 범죄자들이 범행 현장을 말끔하게 청소하고 시신을 용의주도하게 내버리는 것은 한 번도 보지 못했다. 뤼만이 지적했다.

"바실로프의 범행 후 행적을 보면 마치 오래전부터 계획한 것 같다는 인상을 줘요. 물론 본인은 인정하지 않지만 그는 금고에 차 열쇠가 걸려 있는 걸 알았던 게 분명해요. 열쇠를 어디서 찾아야 하는지도 정확하게 알고 있었고, 자신이 차를 사용한 사실이 드러나지 않게 차에 연료를 채워야 한다는 것도 알았습니다. 내가 보기에 바실로프는 단계적으로 모든 절차를 계획했고 머릿속으로 반복해서 실험했어요."

톰 하이트너는 그를 물끄러미 바라보았다. "하지만 바실로프가 세밀한 조사를 했다면 어떻게 감시카메라가 있다는 것을 몰랐을까요?

마르코프 부부는 그를 친아들처럼 대해주었습니다. 바실로프는 마르코프 집 안 곳곳을 마음 놓고 드나들었다고요. 그러니 치료 센터 지하 사무실에도 분명히 한 번 이상 가봤을 겁니다. 그리고 그곳의 모니터는 눈에 잘 띄는 책상 위에 있죠."

뤼만 검사는 어깨를 으쓱하고는 손으로 얼굴을 쓸어내렸다.

"바실로프가 모든 것을 오래전부터 계획한 거라면, 카메라에 대해서도 알았겠죠. 바실로프는 지적인 청년이지만 정서적으로는 뒤처진 것 같아요. 마치 내면이 사춘기에서 정체된 것처럼 말이죠." 말로프 경감이 한마디 거들었다.

뤼만과 하이트너가 의아한 표정으로 그녀를 바라보았다. 말로프가 설명을 이었다.

"내가 볼 때 모순되는 태도는 이런 식으로 설명할 수 있어요. 그는 정서적으로는 통제가 안 된 겁니다. 그리고 자신이 저지른 일을 숨기기 위해 지적 능력을 총동원했죠. 엄마 역할을 해주는 베라가 전화했을 때 스스로 무너져내리고 더 발뺌을 못 한 거예요. 이 시점에서 그는 감시카메라에 대해서는 전혀 모르고 있었어요."

뤼만 검사가 뭐라고 대꾸하려고 했지만 경감의 말은 아직 끝나지 않았다. 그녀가 사샤 바실로프의 말을 인용하며 계속 설명했다.

"'제가 아주 나쁜 짓을 했어요'라는 말은 성인 남자라면 쓰지 않는 표현이에요. 열두 살짜리 소년이 뭘 훔치다 들켰을 때나 하는 말이라고요!"

"그러면 왜 그는 모든 것을 인정하지 않는단 말이오? 왜 살인을 고백하면서 동시에 아무 기억이 안 난다고 하는 거죠?"

"아주 간단합니다. 부끄럽기 때문이죠! 그건 반장님처럼, 내가 정확히 알아요." 경감이 하이트너를 향해 돌아서며 말했다. "나도 그가 먼저 저지른 성폭행을 감추기 위해 두냐를 살해했다고 생각해요."

"당신도 그렇게 생각하고 반장은 내기까지 한다지만, 우리에게는 여전히 증거가 없어요. 우리는 시신이 필요해요. 그래야 부검을 하고, 모살 혐의가 있는지 없는지도 입증할 수 있단 말이오!" 뤼만이 진퇴양난의 수사 상황을 지적했다.

"부검을 해도 성폭력 범죄에 대한 근거가 안 나오면요? 그땐 어떡하죠?" 하이트너가 물었다.

뤼만 검사는 어두운 표정으로 앞을 응시했다. "그래도 흉계에 의한 모살 혐의는 남아요. 그래야 모든 정황이 앞뒤가 맞지요." 그는 소냐 말로프를 보며 말했다. "바실로프는 처음부터 두냐를 죽일 의도가 있었던 거요. 그는 치료 센터에서 혼자 오랜 시간을 보내며 끊임없이 모살 계획을 준비했어요. 어쩌면 그가 말한 대로 실제로 섹스 때문이 아니었을 수도 있어요. 그저 순진한 희생양을 죽이려고 기회를 엿보고 있었던 겁니다. 단순한 살인 욕구에서 벌인 짓일지도 모르죠! 그렇다면 두냐는 그저 운이 나빴다고 할 수밖에……."

하이트너와 말로프는 시선을 교환했다.

"우린 수색 구역을 확대해서 다시 시신을 찾아볼게요. 과학수사팀에서 부검할 사항이 있는 한, 반드시 시신을 찾아야 합니다."

그러나 2주가 지나도 시신의 소재는 여전히 알 수 없었다. 그 2주 동안 바실로프는 입을 다물거나 기껏해야 "그날 밤 일어난 일을 아무리 생각하려고 해도 기억나지 않아요"라는 말만 단조롭게 되풀이했다.

　정신과 전문의인 후베르트 비젤 박사 앞에서도 바실로프는 줄곧 자신이 기억을 잃었다고 주장했다. 간결하긴 했으나 러시아에서의 생활이나 이후 베를린에서 지낸 이야기는 선선히 들려주었다. 그는 폭력적인 아버지 밑에서 자라지도 않았고, 소아성욕이 있는 삼촌이나 이웃이 있었던 것도 아니었다. 부모는 화목한 가정을 꾸렸다. 바실로프는 학교나 스포츠 클럽에서 따돌림을 당하지도 않았다. 그가 청소년기부터 자신의 테두리에 갇혀 지냈다면, 그건 어디까지나 자신의 결정에 따른 것이었다. 그가 볼 때 또래들은 너무 시끄러웠고, 허풍쟁이에 바보 같았다. 청소년기가 지나 청년이 되었을 때는 물리적인 충돌에 여러 번 휘말렸지만 언제나 무사히 지나갔다. 그는 독일에서도 러시아에서도 사법 당국에 알려지지 않은 인물이었다.

　'사샤 바실로프는 지속적이고 병적인 정신장애에 걸리지 않았고 그 밖의 심각한 정신 이상 증상이 있는 것도 아니다.' 비젤 박사의 소견서에는 그렇게 적혀 있었다. '범행이 있던 날 밤 그의 통제력은 알코올이나 고도의 흥분 상태에 심각한 방해를 받지도 않았다. 그렇지 않았다면 그토록 분별력 있고 평온하게 행동할 수 없었을 것이다. 정신의학적인 측면에서 볼 때 그가 말하는 부분적인 기억 상실은 오직 사건 후 망각을 원하는 강박증이 발생한 것이라고밖에 설명할 수 없다.'

　비젤 박사는 바실로프가 기억이 나지 않는 척한다는 가능성도 완전히 배제하지 않았다. 그러나 그것은 그의 책임 감당 능력에 비하면 사소한 문제라는 것이다. 앞서 말한 2주가 지나고, 비젤 박사는 바실로프에 대한 소견을 마무리했다.

그 무렵 베를린 북쪽의 한 숲에서 산책하던 두 사람이 끔찍한 광경을 목격했다.

나뭇잎과 가지가 수북이 쌓인 길가에 부패하기 시작한 사람의 손이 튀어나와 있었다. 자신을 본 두 사람에게 손짓하는 것만 같았다. 산책 중이던 50대 부부는 용기를 내어 그 앞으로 다가갔다. 그들은 막대기로 손 위에 덮인 나뭇가지와 잎사귀를 밀어냈다.

시체는 손과 팔 절반 정도밖에 보이지 않았다. 바실로프가 체포될 때 진술한 대로 노란 담요에 싸여 있었기 때문이다. 담요는 단단히 묶여 있었다. 부부는 몸집이 자그마한 사람이 틀림없다고 판단했다. 어쩌면 아이의 시체인지도 몰랐다. 시체는 옆으로 누운 자세였는데, 태아처럼 두 다리가 몸에 바싹 붙어 있었다.

'베를린에서 벌어진 살인 사건과 관계있는 건 아닐까?' 아내 쪽의 머릿속에 퍼뜩 그 생각이 떠올랐다.

다행히 두 사람은 발견 장소에서 어물거리지 않고 즉시 경찰에 이 사실을 알렸다.

릴리엔탈 박사와 내가 부검을 진행했다. 시신은 부패로 변질됐지만 온화한 4월 기온과 3주가 넘는 방치 상태를 고려하면 예상만큼 심한 정도는 아니었다. 그사이에 계절은 5월 초로 바뀌어 있었다. 아마 담요가 합성 섬유 제품이고 시신이 놓였던 땅이 건조한 모래 성분이어서 시신의 부패 과정이 더뎠던 것으로 보였다.

시신을 외형적으로 검안해보니 두냐는 강력한 힘에 의해서 목 부상을 입은 상태였다. 얼굴은 칼로 심하게 베였으며, 코는 으스러지고 치아 두 개가 부러져 있었다. 입과 오른쪽 눈이 찢어져 크게 훼손된 상태였다. 부패 때문에 부상이 발생한 정확한 순서는 더 재구성할 수가 없었다. 그러나 릴리엔탈 박사와 나는 목에 가해진 엄청난 압력이 사인이라는 데 바로 의견을 모았다. 범인은 피해자의 목을 강력한 완력으로 짓눌렀다. 목의 연조직을 해부할 때 드러난 부러진 목뿔뼈는 1차 소견이 옳다는 사실을 확인해주었다.

반면 방어 시 부상과 생식기의 상처는 확인하지 못했다. 이 사실이 두냐 크리토브나가 성폭행을 당하지 않았다는 증거는 결코 아니었다. 이는 그녀가 이미 의식을 잃었기 때문이든, 자신을 방어하기에 너무 취했기 때문이든, 아니면 완전히 기습적으로 공격을 당했기 때문이든, 방어할 수 없는 상태였음을 보여주는 증거였다.

두냐가 사망 시점에 알코올의 영향을 받았다는 사실은 경찰이 범행 당일을 재구성한 날 명백히 드러났다. 그러나 그녀가 얼마나 취해 있었는지 더 확인할 수는 없었다.

심장이 사후에 박동을 멈추면 전반적인 신체의 신진대사 과정이 비교적 빨리 중단되므로 알코올은 더 분해되지 않는다. 따라서 사망자에게서 확인된 혈중알코올농도는 사망 당시의 농도라고 볼 수 있다. 그러나 부패로 변한 시신에서 혈중알코올농도를 증명하는 일에는 두 가지 문제가 따른다. 첫째, 비교적 오랜 방치 기간이 지나면 분석할 수 있는 혈액이 더는 존재하지 않는다. 피가 혈관에서 조직으로 스며들었기 때문이다. 둘째, 시신의 부패 과정에서 세균 작용을 통해 알코올이 새로 형성된다. 그러므로 시신에 혈액이 남았더라도 혈중

알코올농도가 왜곡될 수 있다.

우리의 부검 소견을 토대 삼아 확실히 말할 수 있는 것은 아주 강력한 힘이 두냐의 목을 졸랐다는 사실이었다. 그녀를 부검할 때 현장에 있었던 뤼만 검사의 판단에 따르면, 살해 의도가 분명히 드러날 정도로 강한 힘이었다. 범인은 무지막지한 힘을 다해 주먹 또는 둔기로 피해자의 얼굴을 여러 차례 가격했다. 그녀가 여러 부위에서 이미 많은 피를 흘리는 동안에도 아주 잔인하게 가격을 거듭했고, 피해자의 피는 6번 치료실 벽과 작은 복도의 문, 심지어 240센티미터 높이의 천정까지 튀었다. 피해자의 오른쪽 눈과 입술이 찢어졌으며, 왼쪽 뺨의 피하 지방은 부분적으로 그 아래 얼굴 뼈와 분리되었다. 코뼈도 훼손된 상태였다.

수사팀이 비디오 판독으로 사건을 재구성한 바에 따르면 두냐의 끔찍한 고통은 4월 16일 밤 1시 35분부터 2시 40분까지, 약 한 시간 정도 지속되었다. 두냐가 바닥에 쭈그리거나 무릎을 꿇었을 때는 이미 의식을 잃었거나 평형 감각을 상실한 후였다. 그후에 목에 대한 압박으로 숨이 끊어진 것이다.

범행이 일어나고 약 반년 후, 베를린 관할 형사 법정에서 배심 재판이 열렸다.

뤼만 검사는 사샤 바실로프가 '악의적인 동기와 흉계에 의한 모살' 혐의로 기소되었음을 알렸다. 그러나 법정은 검사의 논고도, '그다지 심각하지 않은 고살'을 주장하는 변호인의 변론도 따르지 않았다.

네 차례의 공판이 끝난 뒤 재판장은 다음과 같이 선고했다.

"사샤 바실로프에게는 형법 212조에 의거해 고살 혐의로 유죄 판결을 내린다."

법정은 피고가 자백했다는 사실, 그리고 릴리엔탈과 내가 두 번째 공판에 전문가로 나가서 증언한 법의학적 소견에 바탕해 선고를 내렸다. 법정은 피해자의 목을 강력하게 압박하고 얼굴을 잔인하게 주먹으로 가격한 행위가 범인의 무조건적인 살해 의도를 증명한다고 판단했다. 그러나 바실로프 사건에서 악의적인 동기나 흉계에 의한 모살의 특징이 드러난다고고는 보지 않았다. 재판장은 말했다.

"이 사건을 악의적인 동기에서 일어난 것으로 판단하려면 사샤 바실로프가 두냐 크리토브나와 성관계를 했거나 하려고 한 사실이 증명되어야 하며, 피해자가 귀가하려는 행동에 분노했음이 입증돼야 할 것입니다."

하지만 피고에게서 이런 사실을 입증해낼 수는 없었다. 법정은 확인된 근거들도(함께 춤춘 것, 벌거벗은 시신, 범인의 팬티에 남은 단서) 이를 증명하기에는 부족하다고 판단했다. 법적인 시각으로 볼 때 모살은 형법 211조에 기술된 하나 혹은 그 이상의 특징을 통해 고살과 구분된다. 흔히 인용되는 '악의적인 동기'가 그 특징 중 하나이며 '흉계' 또한 마찬가지다.

이런 이유로 뤼만 검사는 부검 결과를 제출하며 곧장 흉계를 비난하는 쪽에 기소의 무게를 두기로 했다. 바실로프는 자신을 완전히 신뢰하던 여성을 함정으로 유인한 뒤 의도적으로 술에 취하게 해서 무방비 상태로 만들었다. 정작 자신은 술에 취한 척하는 모습을 보였는데, 거기서 그의 음흉한 의도가 고스란히 드러난다. 바실로프가 이 모든 것을 오래전에 계획했다는 사실은 그가 한 인간을 잔인하게 살해할 목표를 밀어붙이고 죽어가는 피해자의 모습을 보며 즐긴 상황으로 확인할 수 있다고 했다.

재판장은 "적대적인 의도를 가지고, 피살자의 순진한 무방비 상태를 의도적으로 살해에 이용했다"는 의견에 대하여 이의를 제기했다. 이 사건에서 범행 경과는 "명백한 우발적 범행의 특징"을 보여준다는 것이다. 그러므로 "그가 의도적으로 무방비 상태에 있는 순진한 사람을 기습적으로 공격했다는 사실"을 확실하게 입증할 수는 없다고 했다.

'인 듀비오 프로 레오In dubio pro reo' 즉 '의심스러울 때는 피고에게 유리하게'라는 법언에 따른 판단이었다.

법정이 검찰에서 내세우는 주장을 받아들이지 않았기에 바실로프는 모살에 대한 유죄 판결을 면할 수 있었다. 법정이 그의 처벌을 경감한 이유는 몇 가지 더 있었다. 바실로프가 범행 시점에 23세밖에 되지 않았고, 자백했으며, 경찰에 협조했다는 사실 때문이었다. 바실로프는 고살에 대한 죄로 12년의 금고형에 처해졌다.

많은 재판 관계자와 방청객은 바실로프가 억세게 운이 좋아서(다수가 그렇게 생각했다) 훨씬 강한 처벌을 면했다고 느꼈다. 문외한이보더라도 두냐가 강간살인의 희생자라는 사실에는 의문의 여지가 없었다.

그러나 유감스럽게도 법의학조차 성적 동기에 의한 살인을 입증할 때면 번번이 한계에 부딪힌다. 폭행 피해자를 부검할 때는 검찰이 말하는 '무조건적인 살해 의도'의 근거가 입증될 때가 많다. 하지만 범인의 성적 동기와 물리적 방어를 하지 못한 피해자에 대한 성행위가 반드시 가시적인 흔적을 남기는 것은 아니다. 시신의 부패가 진행되면 미세한 생식기의 부상은 더 이상의 확인이 불가능하다.

바실로프가 감옥에서 어떤 죄를 추가로 저지르지 않는다면 그는 형기의 3분의 2를 마치는 2017년, 여전히 젊은 나이인 32세 청년으로 석방될 것이다.

콜 오브 듀티

베를린에 매서운 한파가 몰아친 1월 초였다. 동북쪽 교외에 자리 잡은 재활용품 처리 센터가 눈과 얼음에 휩싸였다.

밤 10시 20분, 샤워를 마친 나디네 가스트로가 오들오들 떨고 있었다. 재활용 회사의 직원들을 위한 탈의실의 난방은 열악했으며 건물에는 외풍도 들어왔다. 탈의실은 3번 창고 쪽으로, 부지 전체에 들릴 만한 굉음을 울리며 돌아가는 거대한 고철 압쇄기가 놓인 중앙 창고의 맞은편이었다. 그녀는 서둘러 따뜻한 겨울옷을 입었다. 스타킹 두 개에 레깅스, 청바지, 플리스 재킷에 아노락까지.

창고에서는 한 남자가 지게차에 앉아서 고철 압쇄기에 폐품 더미를 넣고 있었다. 더미에 있던 철사 고리가 지게차 바퀴에 얽히자 남자는 투덜대며 엔진을 껐다. 그는 운전석 옆에 있는 공구함에서 날 길이가 30센티미터 정도 되는 칼 하나를 꺼냈고, 차에서 뛰어내려 바퀴에 걸린 철사 고리를 풀어내려고 했다. 하지만 성급하게 움직인 나머지 칼날에 오른손 중지를 베이고서 분노의 비명을 내질렀다.

여자 탈의실에 있던 나디네 가스트로는 이 광경을 전혀 보지 못했다. 설사 이 사소한 사건을 보았다고 해도, 별 관심을 두지 않았을 것이다.

25세의 나디네는 모든 동료와 좋은 관계를 유지했다. 나디네는 쾌활했고 스스로를 잘 관리했으며, 가벼운 장난도 잘 쳤다. 그녀가 재활용 센터에서 용기 포장 분류 담당자로 일한 지도 2년이 되었다. 그러나 쓰레기 압축 프레스와 고철 압쇄기에서 번갈아 근무하는 23세의 지게차 운전사와는 지나가는 말로 한두 마디 나눈 게 전부였다. 지게차를 운전하는 케빈 페르버는 수줍음을 타는 가냘픈 청년으로, 말이 어눌한 편이었다.

나디네는 운동화를 신은 다음 간이 옷장으로 가서 배낭을 꺼냈다. 그녀는 헤드폰을 쓰고 MP3 플레이어를 켰다. 핑크의 최신 히트곡이 여덟 시간 동안 분류 벨트에서 일하면서 쌓인 피로를 날려주었다.

나디네는 베를린 카울스도르프의 허름한 원룸으로 곧장 귀가하고 싶지 않았다. 그녀는 마지막 쉬는 시간에 어떤 친구와 만날지 생각하다가 미리 약속을 잡았다. 실은 특별히 축하할 거리가 있었다. 교대조 감독인 파울 퀸하르트가 경영진이 그녀의 정규직 신청을 승인했다는 말을 전해주었기 때문이다. 지금까지 나디네는 재활용 센터의 비정규직으로 일해왔지만, 2월 1일부터는 무기한 계약의 정규직 자격으로 일할 수 있었다.

그 말은 봉급이 오르고 휴가 기간도 길어지며 더 나은 해고 보호(피고용자에 대한 자의적 해고를 금한 법규)를 받는다는 의미였다. 물론 앞으로 순소득 800유로를 받는다고 해도, 지금까지와 마찬가지로 별 여유는 없을 터였다. 그러나 나디네는 일부 동료와 마찬가지로 직업 교육을 받은 적이 없었고, 내세울 만한 학교 졸업장도 없었다. 게다가 불과 2년 전 메클렌부르크 시골 마을에서 수도로 옮겨온 처지였다. 이런 상황에서 분류 담당 정규직으로 승진한다는 건 보통 경사가 아니었다.

오른손 중지를 다친 케빈 페르버는 여전히 씩씩거리는 중이었다. 이날은 시작부터 재수가 없었다. 그러더니 급기야 이런 일까지 벌어진 것이다.

그때 갑자기 어떤 생각이 그의 머리를 스치고 지나갔다.

누군가를 죽여야 해! 누구라도 상관없어! 그럼 운이 트일 거야!

페르버는 작업복 위에 멘 가방에 칼을 넣고 3번 창고 쪽으로 건너갔다. 그는 들떠 있었다. 머릿속에서 찰칵거리는 소리가 지속해서 들렸다. 그 소리가 무엇을 의미하는지는 너무 분명했다. 누군가를 죽이라는 뜻이었다.

3번 창고로 간 그는 적당한 희생양이 없는지 둘러보았다. 아무도 보이지 않았다. 이리저리 대상을 물색하는 사이 속에서는 갈수록 뜨거운 분노가 솟구쳤다.

지금까지 내 인생에는 기막힌 환멸만 가득했지, 누가 거기에 대해서 대가를 치러야 해!

페르버는 남자 탈의실로 갔다. 역시 아무도 없었다. 그는 옆 화장실로 들어가 담배를 한 대 피웠다. 그동안 살인에 대한 생각은 더 강렬해졌다. 그는 여러 해 전부터 계부를 총으로 쏴죽이면 어떨지 상상해보았다. 계부는 살려달라고 애걸복걸할 것이다. 어린 페르버를 수없이 때린 것을 용서해달라며 흐느껴 울겠지. 페르버는 계부의 이마에 총을 겨누고 눈썹 하나 까딱하지 않은 채 총을 쏠 생각이었다.

하지만 그에게는 총이 없었다. 게다가 계부는 훈련받은 경비원이었고, 페르버보다 훨씬 힘이 셌다. 그러므로 오랜 세월 페르버는 마음속에서 증오가 솟구칠 때마다 밖으로 뛰쳐나가 담배를 피우며 마음을 달랠 수밖에 없었다. 아니면 오랜 시간 컴퓨터 앞에 앉아 슈팅 게임에 빠져 지냈다. 그가 가장 좋아하는 게임은 온갖 무기를 통해 많은 적을 죽일 수 있는 〈콜 오브 듀티Call of Duty〉였다.

그는 이날도 〈콜 오브 듀티〉를 했다. 그러나 평소처럼 잘하지 못했고 오히려 적들에게 포위되어 사살당했다. 물론 다음 기회에서는 모든 적을 물리쳤지만, 왠지 보통 때처럼 만족스럽지 못했다. 반대로 그는 출근하는 내내 사로잡힌 야수처럼 무거운 마음을 느꼈다. 그러던 차에 빌어먹을 칼이 미끄러져 손가락을 베고 만 것이다.

머릿속에서 다시 찰칵 하는 소리가 들렸다. 누군가를 죽여라. 누구라도 상관없어! 그는 여자 탈의실 쪽으로 건너가 살며시 문을 열었다. 나디네 가스트로가 간이 옷장 앞에서 그에게 등을 돌린 채 서 있었다. 호리호리한 몸과 긴 금발이 보였다. 나디네의 키는 페르버와 거의 비슷했다. 하지만 그에게는 칼이 있었다. 또 나디네는 아직 그가 온 것을 모르고 있었다.

페르버는 가방에서 칼을 꺼냈다. 다시 머릿속에서 찰칵 하는 소리가 아주 또렷하게 들렸다.

나디네의 헤드폰에서는 핑크가 황홀한 목소리로 〈플리즈 돈 리브 미〉를 부르고 있었다. 누군가 뒤에서 자신의 목을 휘감은 순간 나디네는 탈의실에 자기만 있는 게 아니라는 사실을 깨달았다.

페르버는 뒤에서 그녀를 바닥에 쓰러트렸다. 나디네는 비명을 지르며 도움을 요청했다. 페르버는 왼쪽 주먹으로 나디네의 머리 부분과 가슴을 폭행했다. 오른손에는 여전히 칼을 쥐고 있었다. 페르버는 그녀의 발을 잡고서 여자 탈의실 안쪽의 화장실로 끌고 갔다.

처음엔 당장 그녀를 죽일 생각이었다. 그러나 왠지 결심이 서지 않았다. 물론 살인에 대한 욕망은 변함없었다. 샤워장에서 그는 칼로 헤어드라이어 2개의 선을 잘라냈다. 그는 그 선으로 나디네의 두 발을 묶었고, 두 손을 등 뒤로 돌려 남은 선으로 고정했다.

나디네가 다시 큰 소리로 구조 요청을 시도하자, 페르버는 자신의 스카프를 풀어서 재갈을 물렸다. 독일 국기 모양의 응원용 스카프에는 '도이칠란트'라는 글자가 쓰여 있었다. 페르버는 수 주 전부터 매일 이 스카프를 매고 작업을 했었다.

그는 그녀의 이마에 '내가 했어. 케빈 페르버'라고 쓰고 싶었다. 하지만 그는 글을 거의 쓸 줄 몰랐고, 아주 간단한 문장 외에는 말로도 의사 전달을 하지 못했다. 그는 학습장애 학교에 다니다가 9학년을 마치고 중퇴했다.

나디네의 머리 뒤로 스카프를 묶는 동안, 페르버는 동료 얀 프리드리히가 자신을 부르는 소리를 들었다. "어디 있는 거야, 케빈?" 프리드리히가 소리치고 있었다. "빌어먹을, 왜 또 지게차를 비웠냐고?"

페르버는 나디네를 화장실 한 칸에 밀어넣고는 문을 닫으며 협박했다. "찍소리 마!"

그는 자신의 작업장으로 달려가서 지게차에 오른 뒤 고철 압쇄기에 폐품 더미를 채워넣었다. "화장실에 다녀왔어요." 그는 다그치는 동료에게 말했다.

얀 프리드리히는 탈의실 입구 가까이 있는 쓰레기 압축 프레스로 돌아갔다. 페르버는 불안한 얼굴로 동료의 눈치를 보았다. 그는 계획을 당장 실행에 옮기지 못한 스스로에게 화가 났다. 누군가 그녀를 발견할지도 모른다고 생각하니, 곧 자제력을 잃을 것만 같았다.

오후 10시 30분이 되자, 교대조 감독이 얀 프리드리히를 불렀다. 얀은 프레스를 끄고 1번 창고로 건너갔다.

케빈은 압쇄기에 폐품 더미를 잔뜩 집어넣은 다음 재빨리 여자 탈의실로 뛰어갔다. 나디네를 어떻게 처리할지 상상하자 그는 아주 '짜릿한' 쾌감을 느꼈다. 무엇보다 간절히 필요한 찰칵 소리가 들리기를 바랐다.

화장실로 들어갔을 때 나디네는 발이 묶인 상태에서도 몸부림하며 출입구 쪽으로 다가가고 있었다. 등 뒤로 팔이 묶인 상태에서 어떻게 칸막이 문을 열었는지 알 수 없었다.

페르버는 한층 더 화가 났다. "야!" 그는 반사적으로 소리쳤다. 그녀는 자신을 보내달라고 애원했다. 그는 대답 대신 그녀의 옆구리를 발로 차고 주먹으로 머리를 때렸다. 나디네가 쓰러졌다.

페르버는 화장실 구역 맨 구석으로 그녀를 끌고 갔다. "너 휴대폰 있어?" 그는 호통치듯 물었다.

나디네가 고개를 흔들었다.

이 여자가 어떻게든 전화를 한다면, 나는 망하고 말 거야! 그는 그녀의 몸을 뒤지기로 했다.

왜 당장 찌르지 않는 거야? 그는 생각했다. 왜냐하면, 그전에 내가 하고 싶은 대로 할 수 있는 거잖아?

그는 나디네의 속옷을 벗기고 오른손에 쥔 칼을 계속 그녀에게 겨눈 채 그녀를 강간했고 그동안 스카프로 목을 세게 졸라서 그녀를 거의 질식사시킬 뻔했다. 그후 나디네를 또다시 발과 주먹으로 폭행했고 다시 한번 그녀를 강간한 후 일어섰다.

페르버는 이제 무엇을 해야 하는지 분명히 깨달았다.

여자도 이제 어떻게 될지 알겠지, 그는 생각했다. 풀어주면 분명히 감독에게 일러바치고 나를 욕하겠지. 그러니까 죽이는 거야. 그러면 아무 문제가 없을 거야.

그리고 어차피 그의 계획은 누군가를 죽이는 것이었다.

페르버는 나디네의 어깨를 거칠게 잡고, 배가 바닥으로 향하도록 했다. 칼로 찌를 때 그녀가 자신을 보는 게 내키지 않았기 때문이다.

페르버가 그녀의 등에 칼을 꽂았다. 칼은 손잡이까지 들어갔다. 치명상을 입었다는 느낌이 왔다. 그는 만일을 위해 나디네의 코 밑에 손가락을 대보았다. 더는 숨결이 느껴지지 않았다. 하지만 위험을 자초하고 싶지 않았다. 전문 킬러들은 희생자의 머리에 여러 발의 총알을 박아넣지 않던가.

페르버는 칼을 뽑았다가 다시 힘을 주고 찔렀다. 이번에는 칼날이 늑골에 부딪혔다. 그 충격으로 칼 손잡이를 잡은 손이 미끄러지면서 칼날이 그의 새끼손가락 힘줄을 갈랐다.

'이럴 수가! 또 내 몸을 베다니.' 그는 생각했다.

페르버는 침울한 눈길로 '희생양'을 내려다보았다. 그가 살인으로부터 기대했던 '찰칵' 소리와 '짜릿한 흥분'은 전혀 느낄 수가 없었다. 실망이 그의 온몸에 퍼져나갔다. 새끼손가락에 피를 흘리는 상처까지 입었으니 기분이 나아질 리 없었다.

페르버는 화장지로 손가락을 둘둘 말았다. 나디네 가스트로에 대해서는 동정도 후회도 느끼지 않았다. 상상했던 일이 일어나지 않아 짜증이 났을 뿐이다. 온통 사방에 피가 묻은 것도 불안했다. 그건 예상하지 못한 일이었다.

그는 밖으로 나가서 신선한 공기를 마셨다. 담배를 한 대 피우고, 밤 11시경 고철 압쇄기가 있는 곳으로 돌아갔다. 그의 동료인 얀 프리드리히가 지게차에 앉아 압쇄기에 폐품 더미를 채워 넣고 있었다. 얀 프리드리히가 기계의 굉음 너머로 소리를 질렀다.

"어떻게 된 거야? 어디를 싸돌아다니는 거냐고?"

"몸이 안 좋아요. 계속 토했어요."

나이 든 동료는 얼굴을 찡그리며, 반은 신경질적이고 반은 동정이 담긴 눈길로 그를 쏘아보았다. "그러면 네가 프레스를 맡아. 압쇄기를 계속 돌리지 않으면 감독이 우리를 가만 놔두지 않을 거야. 또 프레스는 화장실에서 가깝잖아."

페르버는 아무 내색도 하지 않았다. 동료의 제안은 그에게 아주 적절해 보였다. 쓰레기 압축 프레스에서는 여자 탈의실로 들어가는 입구가 보였다. 누군가 주변에 얼쩡거린다면, 적어도 그가 먼저 그 사실을 알 수 있을 터였다.

또 그 시간대에는 프레스에서 할 일이 그다지 많지 않았다. 15분 정도 지나자 그는 다시 몰래 빠져나갈 수가 있었다.

11시 15분, 페르버는 다시 3번 창고로 갔다. 그는 벽 거치대에 걸린 화염 절단기로 다가갔다. 절단기는 비닐 자루에 담겨 있었다. 그는 자루를 벗겨내면서 크기가 딱 적당하다고 생각했다.

여자 화장실에 도착한 케빈 페르버는 잠시 입구에 꼼짝하지 않은 채 서 있었다. 시신 주변은 온통 피바다였고 그 범위도 더욱 늘어나 있었다. 대체 얼마나 피를 흘린 거야! 빌어먹을, 이걸 다 어떻게 치우지?

우선 시신부터 치워야 했다. 발을 잡고 비닐 자루로 밀어 넣으려고 했지만 다리가 자꾸 밖으로 나왔다. 머리를 먼저 비닐 자루 안으로 밀자 별 어려움이 없이 몸 전체가 들어갔다. 페르버는 자루를 3번 창고 맞은편 끝에 있는 종이 컨테이너로 끌고 갔다. 컨테이너들 사이에는 판지가 산처럼 쌓여 있었다. 그 속에 비닐 자루를 파묻자 자루는 흔적도 없이 사라졌다.

아무튼 임시로 해결이 되었다. 더 좋은 방법이 생각날 때까지는.

페르버는 여자 탈의실로 돌아갔다. 그는 화장지를 통째로 들고 피를 닦았다. 펄프 재질이라 눈 깜짝할 사이에 피를 완전히 흡수했다. 그는 피가 밴 화장지 뭉치를 변기에 넣었다. 물을 내리려고 하자 변기가 막혔다. 피가 밴 화장지 뭉치와 새빨간 물이 이상한 소리를 내며 변기 안에서 휘돌았다.

빌어먹을, 왜 또 이러는 거야? 페르버는 다시 화가 났지만 이를 악물고 흔적을 지우는 작업에 매달렸다.

세면대 밑에 놓인 쓰레기통에는 비닐봉지가 씌워져 있었다. 페르버는 비닐봉지를 벗기고 그 안에 피가 밴 화장지 뭉치 나머지와 칼을 넣었다. 그는 나디네의 배낭과 운동화를 주워 모았다. 화장실 뒤쪽에 있는 창문을 열고 그것들을 밖으로 내던졌다. 그는 다시 화장실 안의 피를 닦았고, 쓰레기통에 물을 채웠다가 타일 바닥으로 쏟아냈다. 여자 탈의실과 남자 탈의실 중간에 있는 청소 도구함에서 빗자루를 꺼내 피바다가 된 바닥도 박박 문질러 닦았다.

그는 이 정도면 충분하다고 생각했다. 더 프레스를 비워놓으면 동료가 이상한 낌새를 챌 것이다.

그는 피가 밴 화장지와 범행 무기가 든 비닐봉지를 밖으로 들고 나간 다음 창고 옆의 조그만 담 뒤로 던졌다. 그 뒤에는 온갖 쓰레기가 널려 있어서 비닐봉지가 눈에 띄지 않았다.

게다가 눈이 내리기 시작했다. 휘날리는 눈발을 맞으면서 프레스로 건너가는 페르버의 기분은 한결 좋아졌다. 그는 눈이 시체를 완전히 시야에서 사라지게 해주리라 생각했다.

자정에서 30분이 지난 시각, 야간 근무조의 첫 휴식 시간이 왔다. 페르버는 동료인 얀을 비롯한 다른 재활용 센터 직원들과 함께 휴게실에 앉아 있었다. 평소 페르버는 과묵한 편이었고, 대화에도 끼지 않았다. 동료들은 그가 늘 접촉을 피하며 다른 이에게는 관심도 없다고 느꼈다.

휴식 시간이 끝나갈 무렵, 크리스타 할베르크가 휴게실로 헐레벌떡 달려왔다. 40대 초반의 크리스타는 나디네처럼 컨베이어벨트에서 분류를 담당하고 있었다.

"누가 화장실에서 엄청나게 피를 흘렸어요!" 그녀가 외쳤다.

휴게실에 있던 사람들은 크리스타에게 질문을 퍼부었다. 페르버만 아무런 관심을 보이지 않았다. 크리스타는 화장실 한 칸이 피가 밴 화장지로 막혀 있었고, 변기도 온통 피 칠갑이 되어 있다고 말했다. 사람들은 어떻게 화장실이 피바다가 된 건지 추측해보았다. 그러나 특별히 불안해하는 사람은 없었다. 적어도 윗사람들에게 알려야 한다는 결론은 나왔다. 크리스타가 파울 퀸하르트에게 전화를 걸었다.

새벽 1시가 되기 15분 전, 근무조 감독이 여자 탈의실로 왔다. 파울 퀸하르트는 재활용 센터에서 오래 근무한 직원으로, 웬만해서는 동요하지 않는 침착한 성격이었다. 그는 샤워장 및 화장실을 둘러보고, 라디에이터에 남은 혈흔도 발견했다. 화장실 창밖에 배낭과 여성용 운동화가 있다는 사실도 알아냈다.

누군가 두 사람이 싸운 거겠지, 퀸하르트는 생각했다. 둘 중 한 명은 운이 나빠 라디에이터에 머리를 찧은 것이리라. 그는 일을 처리할 방법을 바로 떠올렸다. 어쨌든 그가 볼 때, 경찰에 신고할 만한 일은 아니었다.

그가 속한 거친 사회에는 나름의 불문율이 있었다. 견해 차이는 늘 주먹으로 해결한다는 것이었다. 여자 직원들 사이에서도 몸싸움이 벌어지는 일은 흔했다. 이외에도 매일 셀 수 없이 많은 화물차 운전사가 센터에 재활용품을 싣고 와서 짐이 처리될 때까지 주위를 어슬렁거렸다. 이들 중에서는 훔칠 게 없는지 두리번거리는 자도 적지 않았다. 직원들의 간이 옷장 문은 자주 부서졌다. 지난 가을만 해도 탈의실 옷장에서 여자 속옷을 도난당했다. 이런 일은 한두 번이 아니었다. 배낭과 운동화를 창밖으로 내던진 것이 어느 놈 짓인지 알 게 뭐야! 퀸하르트는 생각했다.

그는 거기 모인 직원들을 모두 각자의 작업장으로 돌려보냈다. 또 이튿날 아침 청소부가 여자 탈의실을 특히 말끔하게 청소하도록 조치했다.

새벽 1시 15분, 센터 내 흥분은 다시 가라앉았다. 페르버는 자신을 주목하는 사람이 아무도 없다는 것을 확인하고 종이 컨테이너로 갔다. 그는 판지 더미에 파묻힌 비닐 자루를 꺼냈다.

그는 3번 창고에 있는 적하기로 시신을 끌고 가서 짐을 싣는 버킷에 내려놓았다. 그리고 운전석으로 올라가 적하기의 버킷을 최대 높이로 올리고 출발했다. 그는 센터 부지를 가로질러 옥외 구역 모퉁이에 있는 철사 컨테이너까지 갔다. 눈이 계속 내리고 있었다. 자신에게는 아주 유리한 상황이라고, 페르버는 생각했다.

철사 컨테이너는 언제나 금요일에 처리된다. 그때까지 사흘이 남았다. 만일 계속 눈이 내린다면 컨테이너 안에 철사 쓰레기만 있는 게 아니라는 사실을 누구도 눈치채지 못할 것이다. 그 속에 들어 있는 비닐 자루, 페르버는 그 안에 있는 것을 더는 생각하고 싶지 않았다. 그는 마음속으로 내용물을 단순히 '비닐 자루'나 '그것'으로 불렀다. 비닐 자루를 옮겨야 한다! 내가 하는 바로 이 일 말이다!

그가 이동하던 중에 창고 사이에서 눈을 치우던 동료 스키 크라포트케가 찻길을 지나가는 그를 목격했다. 동료는 적하기를 몰고 지나가는 페르버를 놀란 눈으로 빤히 쳐다보았다. 페르버는 이에 대비해서 버킷을 높이 올려놓았고, 때문에 누구도 그가 무엇을 싣고 가는지 볼 수 없었다.

컨테이너에 도착한 페르버는 버킷을 낮추고 컨테이너 안으로 비닐 자루를 쿵 소리 나게 던졌다. 자루는 눈과 철사 뭉치가 뒤섞인 쓰레기 더미 속으로 반쯤 파묻혔다. 눈은 여전히 펑펑 내렸다. 페르버는 길어도 한 시간이면 '그것'이 완전히 눈으로 뒤덮이리라 생각했다.

그는 주말마다 철사 컨테이너를 어디로 가져가는지는 확실히 알지 못했다. 다만 컨테이너의 짐을 금속 혹은 고철 프레스에 내리고 다루기 쉬운 정육면체로 압착할 것이라고 추측했다.

그는 3번 창고로 돌아가 적하기를 세우고 다시 프레스로 갔다.

야간조의 다음 휴식 시간은 3시부터 시작되었다. 페르버는 다른 동료들과 함께 휴게실에 앉아 있었다. 그는 평소처럼 대화에 끼지 않았다. 수상한 낌새를 알아챈 사람은 아무도 없었다.

야간조의 근무는 아침 7시에 끝났다. 페르버는 버스를 타고 집으로 갔다.

그는 베를린 마르찬에서 엄마, 계부와 함께 다락방을 낀 이층집에 살았다. 페르버는 1층을 사용했고 나머지 가족이 2층과 다락방을 썼다. 그는 엄마가 1층에 드나들지 못하게 했다. 계부가 집에 없을 때는

2층에서 엄마와 두 동생과 식사했다. 빨래도 엄마가 해주었지만 자신의 공간만은 스스로 정리했다.

그는 오래전부터 욕실과 주방 청소, 쓰레기를 내버리는 일을 맡았다. 그 일을 할 때마다 하치장 같은 냄새를 맡아야 했지만, 페르버는 별로 의식하지 못했다. 직장의 악취에 익숙해져 있었기 때문이다.

페르버는 침대로 가서 비로소 몸을 뉘었다. 그는 여러 번 잠에서 깨어났다. 불안한 눈으로 자신을 보는 나디네 가스트로의 모습이 어른거렸다. 나디네가 죽은 걸 알면 그 부모는 슬퍼하겠지. 그는 생각했다. 그는 모든 생각을 떨쳐내고 잠이 들었다.

다음 교대조인 저녁반 감독, 토르스텐 멜러는 불안해하고 있었다. 벌써 오후 3시가 가까워가는데 나디네가 출근하지 않았다. 나디네가 한 시간씩이나 지각하는 일은 전혀 없었다. 나디네는 시간을 정확하게 지키는 사람이었다. 더구나 정규직 계약을 앞둔 때 게으름을 부릴 리가 없었다.

근무 교대 때 오전 근무조 감독은 간밤에 여자 탈의실에서 돌발 사고가 있었다는 말을 전해주었다. 피가 낭자한 흔적이 있었다고 했다.

토르스텐 멜러는 혹시 나디네 가스트로가 이 일과 관련이 있는 것인지도 모른다고 생각했다. 나디네는 젊고 예뻤다. 남자 동료들은 정도의 차이만 있을 뿐 누구나 그녀에게 치근댔다. 쓰레기차 운전사들은 그녀의 뒤에서 휘파람을 불며 노골적으로 유혹했다.

멜러는 탈의실의 혈흔을 생각하며 전화기를 들었다. 먼저 그는 나디네 가스트로의 집주인에게 전화했다. 나디네에게 방을 재임대한 노부인은 전화를 받자마자 어젯밤 나디네가 집에 들어오지 않았다고 말했다. "이런 일은 한 번도 없었어요! 걱정이에요." 부인은 자신이 직접 나디네 가스트로의 친구에게 전화해서 확인했다고 했다. 세입자에게 비상 연락용으로 받아놓은 번호였는데, 그 친구도 나디네의 행적을 모른다는 것이었다. 친구인 글라비히는 나디네와 전날 밤에 만나기로 약속했는데 어제 그녀가 나타나지 않았다고 했다.

멜러는 이제 본격적으로 불안해졌다. 그는 나디네의 다른 친구에게도 전화를 했지만 집주인 여자에게 들은 얘기를 확인하는 데 그쳤다. 몇 분 동안 그는 이모저모 생각을 해보았다.

파울 퀸하르트가 즉시 경찰에 신고하지 않은 건 얼마든지 이해할 수 있었다. 근무조 감독이라면 번거로운 일은 마지막에나 고려하기 마련이다. 경찰과 관계될 일이라거나, 근무 중단이나 이미지 손상으로 인해 경영진과 부딪치게 될 일을 피하는 것이다. 하지만 이리저리 추정해봐도 딱히 짚이는 것이 없었다. 그는 다시 전화기를 집어 들었다. 이번에는 110번을 눌렀다.

늦은 오후, 순찰차 한 대와 따로 표식이 없는 차 한 대가 재활용 센터에 도착했다. 경찰관들은 여자 탈의실과 화장실을 검사하고 실종 신고서를 기록했다. 아침에 전부 깨끗이 청소했다고는 하지만, 노련한 경찰관들은 라디에이터와 타일 벽을 포함한 몇 군데에서 즉시 혈흔을 발견했다.

그들은 화장실 창문 앞에서 배낭 하나를 확보했다. 그 안에서 나디네 가스트로의 신분증이 들어 있는 지갑이 나왔다. 직후 그들은 작은 담장 밖에서 비닐 자루를 찾아냈는데, 피 묻은 화장지 뭉치와 칼 하나가 들어 있었다. 그들은 사건을 비상 대기조 수사관들에게 인계했다. 모든 정황이 나디네 가스트로가 탈의실에서 폭력 범죄의 피해자가 되었음을 말해주고 있었다.

오후 5시경, 스벤 페터스 경감이 도착했다. 그가 나디네 가스트로 수색 작업을 지휘했다. 비상 대기조와 소방대 병력 40명이 크고 작은 수많은 창고와 컨테이너를 포함한 재활용 센터의 넓은 부지를 샅샅이 수색했다.

"우리는 나디네 가스트로가 아직 경내에 있다고 추정합니다." 페터스는 짤막한 인사를 하면서 설명했다. "어쩌면 중상을 입었을 가능성도 있습니다. 한시가 급합니다."

수색 작업은 추위와 펑펑 쏟아지는 눈으로 인해 힘겹게 진행되었다. 이틀 동안 수색대는 돌멩이 하나하나를 들춰보고 각 컨테이너를 비워가며 산처럼 쌓인 판지와 넝마, 비닐 더미까지 막대기로 쑤셨다.

스벤 페터스 경감은 계속 현장을 지키며 부하들의 수색을 독려했다. 30대 중반의 경감은 동료들 사이에서 '단서를 잘 잡기로' 유명한 사람이었다. 그는 처음부터 실종자가 재활용품 처리 센터 구역 내 어딘가에 있으리라고 확신했다. 설사 나디네가 여자 탈의실에서 공격을 받았을 때 목숨이 위험할 정도로 부상을 입지 않았으며 넓은 부지 어딘가에 '단지' 사로잡혀 있다고 해도 매서운 한파 속에서 생존해 있을 가능성은 거의 없었다.

1월 9일, 나디네가 실종된 지 사흘이 지났다. 철사 폐품이 담긴 컨테이너에서 긴 비닐 자루가 발견됐다. 페터스는 컨테이너의 짐을 하나하나 조심스럽게 비우도록 지시했다. 소방대의 기술자들이 화염 절단기로 어지럽게 쌓여 있는 철사와 금속 막대를 절단해가며 비닐 자루를 꺼냈다.

마침내 시신이 밖으로 나왔다. 스벤 페터스와 현장의 수색대원들은 숨이 멎을 듯한 느낌에 사로잡혔다. 시신의 모습은 너무나 처참했다. 머리와 몸통이 비닐에 쌓인 채 꽁꽁 얼어 있었다. 등 뒤로 묶인 손, 갈기갈기 찢어진 채 피 칠갑이 된 겉옷과 벗겨진 속옷, 여전히 복사뼈에 걸친 상태로 있는 스타킹이 모든 것을 분명히 말해주고 있었다. 나디네 가스트로는 잔인한 강간살인의 희생자였다.

오후 3시 정각, 얀 드렉슬러 경정이 재활용 센터에 도착했다. 시신을 훑어본 그는 우리 법의학 연구소로 전화해 담당 법의학자를 현장으로 파견해달라고 요청했다.

"시신이 얼어서 일단 녹은 다음에 부검할 수 있을 겁니다. 시간이 걸리겠죠. 하지만 그때까지 기다릴 수는 없어요. 가능하면 빨리 단서를 확보해야 해요."

이보네 핑스트 박사가 재활용 센터로 출발했다. 시신은 얼어붙은 머리와 상체를 감싼 비닐 자루와 함께 가까운 창고로 옮겨져 있었다. 핑스트의 입회하에 시신의 옷을 벗겼다. 박사는 먼저 외형적인 검안을 했다.

피살자의 옷은 추가 조사를 위한 증거로 채택되었다. 핑스트는 DNA 검사와 정액 증명을 위해 시신의 조직을 채취했다. 시신이 얼어붙은 상태에서도 가능한 작업이었다. 경찰 쪽 촬영자가 모든 절차를 사진과 영상으로 담았다. 시신은 법의학 연구소로 이송됐고, 부검을 위해 완전히 녹을 때까지 기다리기로 했다.

핑스트는 1차 외형 검안을 마친 후 나디네가 등을 찔리기 전 강간당했을 가능성이 아주 높다고 경찰관들에게 알렸다. 범행 시간은 어림짐작으로 밤 10시에서 12시 30분 사이, 즉 야간조의 근무가 끝나는 시간과 크리스타 할베르크가 혈흔을 발견한 시간 사이로 추정되었다.

이튿날 재활용 센터의 전체 직원이 수사관들의 신문을 받았다. 수사관들은 그들 중 1월 7일 저녁에 여자 탈의실 부근에서 어슬렁거리는 외부인을 본 사람이 있는지, 일상적인 근무 환경에서 벗어난 특이점이 있었는지 물었다.

수사관들은 재활용 센터의 경영진으로부터 사건 당일 경내로 들어온 화물차 운전사들의 명단을 확보했다. 나디네의 남성 동료들도 일단 범인으로 상정하고 신문했다. 다만 구체적인 혐의가 드러나지 않는 한 그저 잠재적인 증인 신문에서 끝냈다.

케빈 페르버는 비교적 빠르게 수사관들의 주목을 끌었다. 스벤 페터스 경감은 이 젊은 지게차 운전자가 뭔가 숨기고 있음을 즉시 눈치챘다. 그의 대답은 분명치 않았으며, 무엇보다 말하는 내용이 다른 동료들의 진술과 일치하지 않았다.

처음에 페르버는 문제가 되는 시간에 여자 탈의실 부근에는 얼씬도 하지 않았다고 주장했다. 페터스 경감은 페르버가 여러 번 작업 장소를 이탈했으며 구토가 일어서 화장실에 다녀왔다고 말한 얀 프리드리히의 진술을 들어 그를 추궁했다.

"네, 맞아요." 케빈 페르버는 어깨를 으쓱해 보이며 말했다. 하지만 그래도 여자 탈의실에는 가지 않았다고 했다.

이튿날 그는 다시 신문을 받았다. "1월 7일에서 8일로 넘어가는 밤, 1시부터 2시 사이에 어디 있었죠?" 페터스가 그에게 물었다.

"그때는 계속 프레스에 있었습니다." 페르버는 대답했다.

페터스 경감은 스키 크라포트케의 진술에서 발췌한 내용을 읽어주었다.

"1시 30분에 눈보라가 휘날리는 바깥에서 적하기를 몰고 철사 컨테이너 쪽으로 가는 케빈 페르버를 보고 깜짝 놀랐습니다. 짐받이 버킷이 수직 방향으로 올라가 있었기 때문에 그 안에 무엇이 들었는지는 확인할 수 없었어요."

페르버의 표정에는 불안한 기색이 역력했다. 페터스가 물었다.

"버킷에 무엇을 실었나요? 아니면 누구를 태웠냐고 물어야 하나?"

남자는 말을 더듬기 시작했다. 그는 적하기가 '멋진 기계'라서 '그냥' 경내를 몰고 돌아본 것이라고 했다. 그는 말하면서 몸을 이리저리 뒤틀었다.

경감은 앞에 있는 남자가 범인임을 거의 확신했다. 그는 임시 신문실에 제복 경찰 두 명을 배치하고 페르버를 감시하도록 한 다음 상급자인 얀 드렉슬러와 의논했다.

그동안 수사관들은 재활용 센터의 나머지 직원에 대한 신문을 마쳤지만 용의자는 찾을 수 없었다. 수사관들은 화물차 운전사들의 명단을 대조해가며 조사를 벌였지만 모두 범행 시간의 알리바이가 확인되었다.

반대로 케빈 페르버는 범행 시간에 여러 번 탈의실과 화장실 구역에 머물렀고, 하필 사체가 발견된 컨테이너로 적하기를 몰고 갔다. 이런 의심스러운 행동에 대한 해명은 비록 그의 언어능력이 매우 제한되었다는 점을 고려해도 몹시 궁색한 것이었다.

두 수사관은 페르버를 다시 신문하기 전 먼저 부검 결과를 기다려보기로 했다. 단 이제는 목격자가 아니라 공식적인 범행 용의자로 신문할 참이었다.

이튿날 나와 핑스트가 공동으로 부검을 진행했다. 그간 녹은 시신의 외형적인 검안에서 이미 범인이 극도로 잔인하게 범행을 저질렀다는 사실이 입증됐다. 눈꺼풀 및 결막의 점 모양 내출혈은 포악한 교살을 가리키는 명백한 표식이었다. 왼쪽 목 부위에 빨갛게 긁힌 상처도 마찬가지였다. 나디네 가스트로의 목은 철사 컨테이너에서 발견되었을 때도 응원용 스카프에 묶여 있었다. 그녀는 그 독일 국기 스카프에 목이 졸린 것으로 추정됐다.

무수한 내출혈은 그녀가 죽기 전까지 엄청난 고통을 당했으리라는 사실을 보여주었다. 우리는 얼굴과 턱, 양쪽 쇄골과 가슴, 늑골궁, 양팔과 다리에서 새로 생긴 혈종을 발견했다. 범인은 아주 강하게 피해자를 반복하여 주먹으로 가격하고 발로 걷어찬 것이 분명했다.

계속 부검을 진행하면서 우리는 나디네 가스트로의 목이 졸렸다는 추가 근거를 발견했다. 목뿔뼈 왼쪽 부분이 부러졌고 가관절증〔뼈가 부러진 후 그 부위가 잘 붙지 않아 마치 관절처럼 움직이는 것〕부위에는 심한 피하 출혈이 있었다. 후두 근육 부위에서도 내출혈이 있었음을 확인했다.

질과 항문에서 강간의 명백한 흔적 역시 찾아냈다. 질 자체의 점막뿐 아니라, 뒤쪽 횡격막과 앞쪽 장벽 사이의 연조직에서도 치골 위 피하 지방 조직과 똑같이 내출혈이 있었다.

자궁구 주변과 뒤쪽 질의 둥근 천장(질 원개)에 보이는 흰색 분비물은 범인이 질 내부에 사정했다는 사실을 드러냈다(이후 진행된 실험실 분석에서 확인됐다). 직장 속의 변이 심하게 위로 밀린 형태는 강제로 항문 성교가 벌어졌다는 분명한 증거였다.

질 분비물 및 항문 조직에 대한 정액흔 검사에서는 양성 반응이 나왔다. 이 검사에서 검출된 산성 포스파타아제는 정액 속에 들어 있는 성분이다. 양성 반응은 나디네가 죽기 전에 성행위가 있었음을 확인해주었다. 이것이 강제적으로 진행됐다는 사실은 성기 부위의 엄청난 부상이 말해주고 있었다.

우리는 나디네 가스트로의 사인이 극심한 폭력 행사에 따른 출혈임을 확인했다. 범인은 나디네의 등을 칼로 두 번이나 찔렀다. 첫 번째 공격에서 이미 심막이 부상당했고, 칼날이 우심방까지 파고 들어갔다. 상처에서 급격히 많은 피를 쏟았으니 죽음으로 이어질 수밖에 없었다. 두 번째 칼날은 등 근육을 파고들어 척추 옆의 여덟 번째 늑골에서 멈췄다. 나디네 가스트로는 첫 번째 칼날에 찔린 뒤 과다출혈로 불과 1~2분 안에 숨졌을 것이다.

살인전담반 수사관들은 부검을 곁에서 지켜보았다. 그들은 이날 중 다시 케빈 페르버를 불러 신문했다.

얀 드렉슬러 경정과 스벤 페터스 경감은 페르버의 진술과 다른 동료들의 진술이 일치하지 않는 것에 대해 추궁했다. 수사관들은 과학수사팀이 여자 탈의실 안 화장실의 혈흔을 전반적으로 재구성했다고 설명했다. 시신에 대한 부검도 완료해서 충분한 단서가 확보되었음을 알렸다. 경정이 말했다.

"우린 밤 10시 30분에서 자정 사이에 무슨 일이 일어났는지 아주 정확하게 알고 있어요. 범인은 간이 옷장에 서 있는 나디네 가스트로를 습격하고 화장실로 끌고 갔어요. 거기서 여자를 때리고 목 조르고, 칼로 찌르기 전에 강간한 거지. 페르버 씨, 모든 정황이 당신이 범인이라는 걸 말해주고 있단 말이오."

페르버는 의자 위에서 몸을 뒤척였지만, 표정은 태연했다. 그는 그저 "내가 한 짓이 아니에요"라고만 말했다.

"그러면 나디네의 목에서 응원용 스카프가 발견된 것을 어떻게 설명할 거요? 스카프가 여자의 목을 단단히 묶고 있었죠. 모든 정황상 그걸로 목이 졸린 게 분명한데, 동료들은 이구동성으로 당신이 매일 그 스카프를 두르고 다녔다고 진술했다고!"

페르버는 어깨를 으쓱해 보였다. "축구 팬이라면 누구나 그 스카프를 매고 다녀요."

"그럼 당신 스카프는 어디 있죠?" 페터스가 물었다.

그는 1분 정도 물끄러미 앞만 바라보았다. "모릅니다. 집에 있겠죠. 아니면 잃어버렸는지도 몰라요."

"말도 안 되는 거짓말! 당신은 나디네 가스트로의 목을 스카프로 조르고 강간한 다음 칼로 찔러 죽였어요. 그러고 나서 쓰레기처럼 버린 거라고!" 드렉슬러 경정이 청년을 꾸짖었다.

페르버는 드렉슬러를 빤히 쳐다보았다. 그의 얼굴이 분노로 씰룩거렸다. 경정의 목도 힘껏 조르고 싶은 것처럼 보였다. 이어 페르버는 시선을 거두더니 담배를 피워 물었다. 그는 연기를 깊이 들이마시고 다시 내뿜었다. 몇 차례 같은 동작을 반복한 다음 다시 자제력을 되찾았다.

"나는 그 여자를 강간하지 않았어요." 그는 침착한 목소리로 말했다.

"피살자의 질 속에 정액이 남아 있어요. DNA 검사를 하면 그게 당신 정액이라는 것을 증명하는 데 며칠도 안 걸려요. 당신도 분명히 알 거요!"

페르버는 담배를 눌러 끄고는 다시 앞을 보았다. 경정은 페르버가 이런 설명을 이해할 수 있는지 의문이 들었다. 이 청년이 별로 똑똑하지 않다는 사실은 분명했다. 어쩌면 부검이나 DNA 검사라는 단어를 이해하지 못할 수도 있었다.

"나는 그 여자를 강간하지 않았어요." 페르버는 같은 말을 반복했다. "그럴 필요가 없었다고요."

수사관들은 시선을 교환했다.

"그러니까 여자를 죽이기는 했지만, 강간은 하지 않았다는 거요?" 페터스 경감이 물었다.

페르버는 고개를 가로저었다.

수사관들은 범행 자백이 가까워졌다고 느꼈다. 그러나 페르버의 자백은 간단히 나오지 않았다. 이후로도 여러 시간 신문이 이어졌다.

페르버가 의자에 길게 등을 기댔을 때는 자정이 훌쩍 넘은 시각이었다. 그는 신경이 날카로워진 눈으로 드렉슬러 경정을 응시했다. 귀찮게 달라붙는 문제를 떨쳐버리려는 사람 같았다.

"좋아요, 내가 그랬어요. 내가 그년을 찌르고 철사 컨테이너에 갖다 버렸어요. 하지만 강간은…… 아닙니다. 나는 하지 않았다고요."

그의 어조와 표정에는 감정이 거의 실려 있지 않았다. 경찰 앞에서 표정을 연기한다는 느낌도 들지 않았다. 그는 살인범으로 여생을 철 창에서 보내야 하는 사실에는 아무런 관심이 없는 게 분명했다. 그저 강간범으로 다뤄지는 것만은 무조건 피하고 싶은 듯했다.

"그러면 그 정액이 어디서 나왔단 말이오?" 페터스 경감이 물었다.

페르버의 반응은 두 수사관을 깜짝 놀라게 했다. 그가 갑자기 어느 정도 조리 있는 문장으로 말하기 시작한 것이다. 설명도 얼추 그럴듯 하게 들렸다.

"여자가 내 걸 빨아줬어요. 나는 손가락을 여자 안에 넣었고요. 모 두 여자가 시작한 일이라고요. 나는 변기 위에 앉았고, 여자가 내 위 에 걸터앉았어요. 여자가 내 손가락을 자기 몸으로 찔러 넣은 거예요. 그때 정액이 그 속으로 들어간 게 틀림없습니다."

드렉슬러 경정은 의심스러운 눈으로 그를 응시했다. "그러니까 나 디네 가스트로와 합의하에 성관계를 했다는 말이오? 하지만 당신이 말한 방법은 일어날 수가 없어. 그렇다면 부검할 때 어떻게 피살자의 항문에서도 정액이 발견되었지?"

용의자는 다시 말을 이해하지 못했다. 한참 시간이 흐른 뒤에야 그 는 질문을 알아들었다. 그러나 그가 답변을 꾸며내기 위해 더 멍청한 척 연기한 것일 수도 있었다.

"내가 사정하기 바로 전에 나디네가 등을 돌렸어요. 그래서 내 정

액이 여자의 등과 항문에 뿌려진 거죠.“

드렉슬러는 경감에게 눈짓으로 신문을 계속하라는 신호를 보냈다.

“페르버 씨, 법의학 조사에서 가스트로 씨가 지극히 잔인하게 강간 당했다는 사실이 명백하게 드러났어요. 그런데 당신 말대로 여자의 주도로 관계가 이뤄진 거라면 왜 당신은 칼로 여자를 찔렀나요?”

페르버는 다시 담배에 불을 붙였다.

“우리는 싸웠어요. 그 여자는 우리가 한 짓을 아무에게도 말하면 안 된다고 말했어요. 나는 화가 났죠. ‘왜 아무도 알아서는 안 되지?’ 내가 물었어요. ‘내가 너에게 모자란다는 거야?’ 여자는 나를 조롱했어요. 내가 흥분했을 수도 있죠. 하지만 이젠 기억이 잘 안 나요.”

그는 입을 다물고 앞을 뚫어지게 바라보았다.

두 수사관도 신문이 충분히 이뤄졌다고 느꼈다. 경정은 그에게 나디네 가스트로를 강간하고 살해한 혐의로 그를 일시적으로 체포한다고 설명했다.

케빈 페르버는 JVA 모아비트 구치소에서 예비 구금 상태에 들어갔다. 그는 여전히 불안해 보였지만, 당황해하는 것 같지는 않았다.

수사관들은 판사의 수색 영장을 발부받은 이튿날 케빈 페르버의 집을 수색했다. 그의 어머니와 계부 소유인 베를린 마르찬의 낡은 주택 1층이었다. 1층은 쓰레기로 가득했다. 무척 불결한 공간이었다. 앞에 딸린 작은 방에는 개똥이 어지럽게 널려 있었다. 주방 싱크대에는 곰팡이가 폈고 쓰레기통에는 구더기가 우글거렸다. 곳곳에 빈 일회용 유리병과 패스트푸드 포장지가 널려 있었다. 이 더러운 방에서 어느 정도 정리된 인상을 주는 유일한 물건은 불안정하게 흔들리는 컴퓨터 책상뿐이었다. 그 위에는 엄청나게 낡은 컴퓨터가 대기 상태로 놓여 있었다. 페터스 경감이 자판 하나를 치자 화면이 밝아지면서 컴퓨터가 윙 소리를 냈다. 모니터에 '콜 오브 듀티'라는 글자가 나타났다. 페터스가 경정에게 말했다.

"여기 좀 봐요. 케빈은 슈팅 게임 광팬이네요."

책상 주변에는 갖가지 컴퓨터 게임의 포장 상자가 널려 있었다. 포장지를 보니 모두 슈팅 게임인 게 분명했다.

페터스나 드렉슬러는 별로 놀라지 않았다. 다만 침실에서 발견한 물건들은 베테랑 경정의 말문조차 순간적으로 막히게 했다.

페르버는 여자들이 입던 팬티를 잔뜩 수집해놓았다. 갖가지 색깔과 치수, 디자인의 팬티가 수도 없이 쌓여 있었다. 브래지어는 한 다스가 넘었고 여자 스타킹은 더 많았다.

"아니, 거기다 페티시즘이 있단 말이야? 아주 무식한 것처럼 보여도, 교활한 녀석이에요!" 페터스 경감이 소리쳤다.

드렉슬러 경정은 젊은 동료가 무슨 말을 하려는 건지 알았다. 속옷들을 발견한 순간, 그 역시 연쇄 강간살인범에 대한 단서를 잡은 것이 아닌가 생각했기 때문이다. 페르버는 범행을 저지를 때마다 피해자의 속옷을 가져오는 범죄자일지도 몰랐다. 이런 행동은 페티시즘 성향을 지닌 연쇄 강간살인범의 전형적인 특징이라고 볼 수 있기 때문이다. 그러나 페르버는 이런 범인 유형의 특징이라고 할 수 있는 지능이나 냉혹함, 멀리 내다보는 안목 등에서 한참 모자라는 인물이었다.

수사관들은 재활용 센터 직원들을 신문하면서 탈의실에 도난 사고가 있었다는 사실을 들었다. 돈과 장신구 외에도 직원의 간이 옷장에서 여자 속옷을 여러 번 도난당했다는 것이다. 드렉슬러는 이런 식의 범행 방식이 현재 용의자의 행동 수준에 딱 들어맞는다고 생각했다.

페르버는 오래전부터 다양한 절도 행각으로 경찰이나 사법 당국에 알려져 있었다. 그는 두 건의 중절도죄로 8개월의 소년형을 선고받고 3년 전에 베를린 플뢰첸제 교도소에서 복역했다.

"재활용 센터의 간이 옷장 도난 사건도 페르버 짓일 가능성이 충분해. 눈길을 끄는 속옷들을 훔쳐서 모았을 거야. 하지만 강간 및 모살 혐의로 유죄 선고를 받는다면야 훔친 속옷 따위는 별 의미가 없겠지."

경찰 집계에 따르면 도난품은 팬티 162장, 브래지어 92개, 스타킹 36켤레에 이르는 엄청난 물량이었다. 계속된 신문에서 페르버는 속옷은 그가 재활용 센터의 쓰레기 컨테이너에서 발견한 것으로, 이베이에 팔려고 가져온 것이라고 주장했다.

용의자는 JVA 모아비트 구치소에서 내 동료인 한스 호페달 박사의 법의학 검사를 받았다. 절차가 진행되는 동안 그는 고분고분 협조적인 태도를 보였다.

호페달 박사는 페르버의 얼굴이나 몸 표면에 외부 부상은 발생하지 않았다고 확인했다. 다만 무릎을 꿇을 때 발생하는 표피 박리와 충혈이 무릎에서 발견되었다고 했다.

페르버는 오른손잡이였다. 그의 진술에 따르면 오른손 중지의 부상은 범행이 있던 날 지게차 바퀴에 걸린 철사를 빼내려다가 생긴 것이었다.

그의 오른손 새끼손가락에도 베인 상처가 있었다. 박사의 소견에 따르면 이 부상은 "칼로 찌르면서 손잡이가 미끄러질 때, 특히 칼날이 단단한 대상에 부딪힐 때 전형적으로 나타나는" 현상이었다. 여기서 단단한 대상은 척추 바로 옆에 있는 여덟 번째 늑골을 뜻했다. 페르버가 피해자를 두 번째 찔렀을 때 칼이 여기에 부딪힌 것이다.

박사는 케빈 페르버의 요도와 음경 포피에 난 주름에서도 조직을 채취했다. 박사가 이 조직을 어디에 쓸 건지 아느냐고 묻자, 용의자는 다 알고 있다는 반응을 보였다.

"그럴 필요 없을 텐데요. 내가 어떻게 나디네의 몸에 정액을 넣었는지는 벌써 말했단 말이에요."

수사관들은 다음 신문에서 용의자의 진술과 그간 드러난 사실과의 모순점을 추궁했다.

"당신 말대로 가스트로와 싸우다가 칼로 찌른 거라면, 언제, 또 왜 그녀를 묶었죠?" 페터스 경감이 물었다.

페르버는 적어도 30초 동안 앞만 쳐다보았다. 이윽고 그는 말했다. "나는 그 여자가 죽고 난 뒤에 묶었어요. 비닐 자루에 쉽게 담을 수 있게 말입니다."

드렉슬러 경정은 머리를 흔들면서 경고 조로 말했다.

"이제 그만 자백해요, 페르버 씨! 그렇게 터무니없는 거짓말을 했다가는 법정에서 당신만 손해 봐요. 그러니 사실대로 털어놔요! 이제라도 자백하면 감형 혜택을 볼 수 있어요."

페르버는 또 앞을 응시했다. 그의 얼굴이 씰룩거렸다. 그는 두 손으로 깍지를 끼고 비볐다. 담배를 피우려고 꺼냈지만, 심하게 떠는 손가락 사이에서 담배는 부러지고 말았다. 드렉슬러 경정은 의미심장한 눈빛으로 경감을 바라보았다. 경감이 고개를 끄덕였다.

페르버가 고심 끝에 추가 자백을 하기로 마음먹기까지는 하룻밤의 반도 더 걸리지 않았다.

"당신은 나디네 가스트로와 합의하에 관계한 게 아니요." 페터스가 쏘아붙였다. "당신은 탈의실에서 그녀를 습격하고 나서 강간하기 위해 몸을 묶은 거요. 우리는 그걸 증명할 수 있어요! 그러니 이제 털어놔요!" 경감이 목청을 높이며 호통쳤다.

"아니에요, 안 그랬어요!" 페르버가 부인했다.

"그게 아니면 어떻게 했다는 거죠?" 드렉슬러가 물었다.

페르버는 왼손에 들고 있던 속이 빈 담배 종이를 확 구겨버렸다.

"교대 근무를 시작하자마자 바로 가운뎃손가락을 베였단 말이에요!" 그는 소리치며 항의하듯 오른손을 높이 치켜올렸다. 얼굴은 갑자기 분노로 일그러졌다. "그때 누가 나를 위해 대가를 치러야 한다는 생각이 떠올랐어요. 누구라도 상관없다! 아무나 죽여라! 나는 속으로 외쳤어요. 머릿속에서는 찰칵 소리가 크게 들렸죠. 찰칵! 찰칵! 찰칵! 아무나 죽여라! 그러면 너는 운이 트일 것이다! 이런 식으로 말이에요!"

그는 조금 더 유창한 어조로, 적당한 사냥감을 찾아서 먼저 3번 창고로 갔고 그다음에는 남자 탈의실로 갔다고 말했다. 거기서 아무도 만나지 못하자 여자 탈의실로 향했다는 것이다.

그는 나디네 가스트로를 덮치고 몸을 묶은 과정을 묘사했다. 동료

얀 프리드리히가 자신을 부르는 바람에 그녀를 화장실 칸에 숨겼다는 것과 다시 현장으로 돌아가 그녀의 등을 두 번 찌른 것, 판지 더미 속에 시신을 묻고 나서 범행 현장을 청소한 과정 등을 설명했다. 한밤중에 시신을 적하기에 싣고 철사 컨테이너로 가져가 안 보이게 감췄다는 말도 했다. 조용히 듣던 드렉슬러가 말했다.

"자백에서 딱 한 가지가 빠졌어요. 당신이 나디네를 묶은 다음에, 그리고 찔러 죽이기 전에 여러 번 강간했다는 것 말이오!"

페르버는 고개를 저었다. "몇 번이나 말해야 해요? 그 여자를 강간하지 않았다니까요! 그럴 필요가 없었어요!"

경정은 한숨을 내쉬었다. "나 좀 봐요, 페르버 씨! 당신은 우리에게 나디네와 합의하에 성관계를 했다고 설명했어요. 그럼 대체 언제 그랬다는 건가요? 당신이 진술한 범행 과정을 보면 합의하의 성관계는 있을 수가 없단 말이오. 부검 결과도 나디네 가스트로가 잔인하게 강간당했다는 사실을 명백하게 증명하고 있어요. 당신이 우리한테 말한 것처럼 손가락으로 만족한 상황이 아니란 거요!"

케빈 페르버는 어깨를 으쓱해 보였다. "내 말을 못 알아듣는군요. 나는 누군가를 죽이려고 했기 때문에 그 여자를 찔렀고 컨테이너에 버렸어요. 하지만 강간하지는 않았습니다."

강간 부분을 아무리 부인한다고 해도 증거는 뚜렷했다. 페르버가 강간 혐의에서도 유죄 판결을 받을 가능성은 아주 컸다. 하지만 계속 부인하도록 방치할 수는 없었다.

그는 예비 구금 기간에 정신과 전문의 로렌츠 횔러 박사의 진단을 받았다. 나흘에 걸쳐 거의 여덟 시간 동안 진행된 대화에서 페르버는 자신을 개방하면서 정신 상태와 과거나 범행 동기 등을 깊이 들여다보도록 허용했다.

케빈 페르버는 네 살까지 친부모 슬하에서 자랐다. 알코올 의존증이 있던 그의 아버지는 어머니와 페르버의 두 동생을 학대했다. 마침내 어머니는 남편과 이혼했고 새 남편을 만났다. 처음에는 페르버와 계부의 관계에 문제가 없었지만, 페르버가 학교에 입학하고 학습능력이 부족하다는 사실이 드러나면서 상황이 변했다. 그는 3학년부터 낙제를 해서 유급되었다. 5학년부터는 학습 장애아를 위한 학교에 다녔지만 9학년을 마친 다음에 여기도 중퇴하고 말았다.

페르버가 학교에 적응하지 못하자 계부는 크게 실망했다. 그 자신도 기술학교밖에 졸업하지 못했기 때문이다. 가족이 브란덴부르크 지방에서 수도로 이사를 한 뒤 계부는 경비 대행 회사에서 일했다.

3학년에서 유급된 뒤 페르버는 계부에게 규칙적으로 매를 맞았다. 동생들이 게으르고 말을 안 들을 때도 그가 맞아야 했다. 그는 점점 더 자신을 외부인으로 인식하고, 아무도 자신에게 호의를 베풀지 않는다고 생각했다. 그러면서 바깥세계에 대해 스스로 차단 벽을 쳤다. 그는 누구에게도 자신의 감정을 말하지 않았다. 어머니에게도 마찬가지였다. 적대적인 냉기가 가정을 지배했다. 집에서는 대화가 오가지 않았다. 어쩌다 말이 나와도 한 사람이 다른 사람을 헐뜯는 게 전부였다.

해를 거듭할수록 페르버의 마음속에서는 계부에 대한 증오심이 자라났다. 그는 계부를 총으로 쏴 죽이는 상상을 했다. 이런 상상은 조심스레 숨겨야 했다. 계부가 그보다 훨씬 힘이 셌기 때문이다. 그는 공격적인 충동을 다스리고 외부세계로부터 숨는 법을 배웠다. 그는 오랜 시간 〈콜 오브 듀티〉 같은 슈팅 게임으로 자신을 진정시켰다.

학습장애 학교를 중퇴한 뒤 페르버는 어머니가 근무하던 통조림 공장에서 포장공으로 일했다. 두 달 뒤, 그는 사전 경고 없이 바로 해고당했다. 동료 직원들이 그가 물건을 훔쳤다고 고발했기 때문이다. 그것은 페르버가 바라던 바였다. 어차피 그 일은 그의 마음에 들지 않았다. 그러나 그가 도둑질을 했다는 것을 안 계부는 평소보다 더 잔인하게 그를 때렸다.

페르버는 달아났다. 수 주 동안 그는 거리에서 살았다. 그러다가 한 청소년 센터가 이 열일곱 살짜리 소년을 데리고 갔다. 그들은 케빈이 몇 달간 노숙 청소년을 위한 수용 시설에 머물도록 해주었다. 그는 성년이 되자마자 사회복지국의 재정 후원으로 방 두 칸짜리 주택에 들어갔다. 여기서 그는 청소년 수용 시설에서 사귄 여자와 함께 살았다.

여자의 이름은 초에 폴타우로, 페르버보다 두 살이 더 많았다. 여자가 청소부로 일하는 시간에 페르버는 집에서 빈둥거리며 컴퓨터 게임으로 시간을 보냈다. 때때로 집 밖으로 나가기도 했다. 도둑질로 용돈을 벌기 위해서였다. 이때 이용한 지식은 그가 전에 보안 순찰을 하던 계부를 따라다니며 주워들은 것이었다.

그의 절도 사실을 알게 된 초에는 처음으로 그와 헤어지겠다고 위협했다. 페르버는 어깨를 으쓱한 뒤 컴퓨터 게임에만 몰두했다. 초에가 임신하고 오래지 않아 그들은 파국을 맞았다. 초에는 자신이 임신한 사실에 관심을 보이지 않는 절도범과 함께 살 수 없다고 했다. "그럼 헤어져." 페르버는 말했다.

그는 사회복지국에서 받는 보조금을 정크 푸드와 신종 게임에 모두 써버렸다. 연속해서 3개월이나 월세가 밀렸을 때 그는 집에서 내쫓겨 다시 본가로 들어가야만 했다. 어머니와 계부가 내준 1층 공간은 수사팀이 가택 수색 이후 작성한 기록에 따르면 '전통적인 기준으로는 주택으로 사용할 수 없는' 곳이었다. 난방은 아예 되지 않았고 방 세 개 중 두 개는 조명 시설도 갖추지 못했다.

페르버의 모친은 그에게 재활용품 처리 센터에서 폐품을 분류하거나 지게차를 운전하는 일자리를 마련해주었다. 여기서 페르버는 자신이 신뢰할 수 있는 사람이란 인상을 주는 데 성공했다. 그러나 그는 틈틈이 도둑질을 계속했고, 여러 번 적발된 끝에 약식 절차로 8개월의 금고형을 선고받아 소년원에 구금되었다. 그중 5개월은 개방형 교도소(더 많은 자유가 허용되는 교도소)에서 지냈다.

플뢰첸제 교도소의 복역 기간은 그가 유일하게 지옥을 체험했던 시기였다. 교도소에서 가장 체구가 작고 허약했던 페르버는 끊임없이 괴롭힘을 당했다. 그는 공동 시설의 화장실을 청소했고 동료 재소자 한 명에게 "매일 여러 시간 안마를" 해줘야 했다. 그러는 동안에는 적어도 더 이상의 수모는 당하지 않았다. 그러다가 개방형 교도소에서 지내게 되면서, 다시 재활용 센터에서 일할 수 있게 되었다.

정신과 진단을 받을 때 그는 매일 네 시간 이상을 자본 적이 없다고 털어놓았다. 동료나 그 밖의 주변 사람들에게 아무 관심이 없다는 말도 했다. 사랑이나 정 같은 것에는 거의 욕구를 느껴본 적이 없었다. 그는 그런 것을 하찮게 여겼다. 설사 일시적으로 그런 기분이 들어도 쉽게 잊어버렸다. 그는 아무도 필요하지 않았다는 것이다.

휠러 박사는 이 청년의 진짜 모습을 전하면서 그는 하루에 여러 시간 컴퓨터 게임에 매달리면서도 자신은 중독되지 않았다고 생각하는 사람이라고 했다. 소견서에 따르면 페르버는 게임의 세계와 현실이 같지 않다는 사실을 분명히 알았다. 바로 그래서 기회가 있을 때마다 〈콜 오브 듀티〉 게임을 했노라고 강조했다.

"실제의 계부보다 이 게임에서 그런 인간을 쏘는 것이 더 쉬워요. 나디네를 죽인 것도 마찬가지예요." 마침내 그는 휠러 박사에게 털어놓았다. "집에 있는 꼰대를 죽이려고 한 거예요. 내 계부, 그 개자식 말입니다. 그놈이 날마다 나를 마구 때렸거든요. 나는 누군가를 죽이려고 한 게 아닙니다. 경찰관들에게도 이렇게 말했죠. 내 계부를 죽이고 싶었지만 자신이 없었어요. 그래서 대신 나디네를 죽인 거라고요."

'케빈 페르버는 편집증 및 반사회적 특징을 수반한 정신분열적 성격장애를 앓고 있다.' 휠러 박사는 진단 소견서에 썼다. '이런 증상은 일반적인 정서적 냉담, 별로 두드러지지 않아 잘 구분되지 않는 감정, 불신으로 거리를 두는 태도와 주변 사람의 평가에 대한 무관심으로 나타나고 있다.' 하지만 '페르버 씨의 통제력 및 통찰력이 기소된 범행 시점에 유난히 침해받거나 빈약했다고 볼 수는 없다'라고도 했다. 또 페르버는 지적 장애가 있는 것도 아니라고 했다. 비록 그의 종합 지능지수IQ는 71밖에 되지 않지만(66에 불과한 그의 언어 지능은 선천적인 지능 발달의 지연으로 설명된다고 했다) 페르버의 동작 지능은 81로

정상 범위에 들었다.

페르버에게 횔러 박사는 자신을 개방하고 솔직하게 털어놓은 최초의 상대였을 가능성이 아주 컸다. 그는 마침내 강간도 시인했다. 단지 항문 강간에 대해서만은 계속 기억나지 않는다고 했다.

배심 재판이 선고를 내리기까지는 네 차례의 공판이 필요했다. 재판장은 자백과 마찬가지로, 케빈 페르버가 성장한 환경 역시 피고의 입장에서 고려했다.

재판정에서 케빈 페르버는 서툰 언어로 쓴 편지를 낭독했다. "나디네 부모님께, 제가 한 짓은 정말 죄송합니다." 하지만 후회하기에는 너무 늦었다. 나디네 가스트로를 위해서는 물론이고, 본인을 위해서도.

페르버는 중대한 강간과의 상상적 경합(하나의 행위가 여러 개의 죄에 해당하는 경우)으로, 또 비열한 동기에서 흉계에 의한 모살을 저지른 죄로 종신형 선고를 받았다. 법정은 그 밖에도 죄가 유난히 중대하다는 점을 확인했다.

재판장은 케빈 페르버가 15년을 복역한 뒤 바람직한 예후가 나타난다 해도 어째서 그를 석방해서는 안 되는지를 상세하게 적시했다. 그는 악의적인 동기와 흉계를 품고 모살을 했다. 또 범행이 지속되는 30분 동안, 피해자는 죽음의 공포에 시달렸다.

케빈 페르버는 마치 생전 처음으로 무슨 느낌을 받는 듯 주의 깊게 판결 이유를 들었다.

분노나 증오와는 뭔가 다른 느낌이었다.

9장

남은 것

깊이를 알 수 없는 사람의 영혼만큼 인간을 매혹하는 것도 없다. 많은 현대인이 내포한 잔인성, 또 일부 범인이 범행 과정에서 보이는 냉혹함은 여러 사람에게 마술적인 효과를 불러일으킨다. 사회의 법과 기준을 엄격하게 지키는 사람들이 어떤 규칙도 통하지 않는 듯한 이들의 심리와 행위에 매료되는 것이다. 이것이야말로 우리 사이에서 회오리바람처럼 일어나는 악과 범죄가 사람들을 현혹하는 모습이다.

법의학은 언론이 항상 우려먹는 '눈이 번쩍 뜨이는 살인 이야기'에만 매달리지 않는다. 나는 일반 대중 대부분이 모르고 지나가는 조용한 비극도 자주 접한다. 이런 비극들은 기억에 오래 남는다. 그중 많은 사건은 아마 평생 잊지 못할 것이다. 가령 아이들이 부검 테이블에 누워 있을 때는 (치명적인 신체 학대나 교통사고, 중병 등을 막론하고) 오랜 경험이 쌓인 법의학자라도 태연함을 유지할 수 없다.

아이가 비자연사로 목숨을 잃었다면, 그것은 어디까지나 성인의 책임이다. 아이들은 본래 의욕적이며, 모든 지형과 상황을 놀이의 동기로 삼으며 호기심을 마음껏 발산한다. 아이들은 어디에 위험이 도사리고 있는지 모른다. 그러므로 우리는 성인으로서 위험을 (높은 곳이나 물, 찻길, 전기 콘센트, 불 등 그 어떤 위험이든) 아이들에게 알려주고 사전에 주의하도록 보호할 의무가 있다. 유감스럽게도 나와 동료들은 이 단순한 의무가 지켜지지 않는다는 사실을 뼈저리게 깨달을 때가 많다. 이 깨달음의 순간은 늘 너무 늦게 찾아온다.

현실에서의 법의학은 범죄 소설 작가의 상상력보다 훨씬 더 다양한 모습을 보여준다. 물론 나 역시도 텔레비전 시청자와 범죄 소설 독자가 법의학에 매혹되는 일에 얼마든지 공감할 수 있다. 이곳에 속한 나 또한 의학과 기술, 실험실, 건강한 인간의 오성五性이 보여주는 인식에, 또 사인을 조사하는 과정에서 발생하는 예기치 못한 반전에 매일 새롭게 전율하곤 한다.

법의학자에게는 유익할 뿐 아니라 필수 불가결한 성격적 특성이 몇 가지 있다. 일단 우리는 선입견 없이 유연하게 사고해야 한다. 편견이나 다른 사람의 의견에 기대서는 안 되고, 완전히 선입견을 배제한 상태에서 사망 사건을 대할 자세를 갖춰야 한다.

나와 친하게 지내는 변호사가 종일 내 곁에서 근무를 지켜본 적이 있다. 공교롭게도 그가 부검 테이블에서 처음 본 사체는 젖먹이였다. 그가 받은 충격에는 "부검 테이블은 어린애가 있을 자리가 아니라는 생각에서 오는 분노와 노여움"이 뒤섞여 있었다. 그는 내게 이 죽음의 책임이 누구에게 있느냐고 물었다.

아기는 생후 6개월이었고, 죽음은 밤중에 발생했다. 아이 엄마의 진술에 따라 별거하는 아이 아빠가 수사팀의 주목을 받았다. 그가 저녁 중 몇 시간을 아이와 함께 보냈다는 이유에서였다. 흔들린아이증후군에 따른 죽음이 아니냐는 의문이 제기되었다.

"아빠가 왜 그런 짓을 했을까?" 변호사 친구가 물었다.

우리는 그날 마주한 사망 사건, 그리고 법의학에 대한 친구의 경험에 대해 함께 이야기했다. 친구는 죽은 젖먹이 앞에서 '법의학자의 객관주의를 빼앗고 싶은 본능적인 감정'을 억누를 수 없었다고 했다.

그러나 부검실에서, 그리고 보통 법의학에서는 감정을 내세우지 말아야 한다. 친구는 자신이 만약 내 입장이었다면 아이 아빠가 아기를 흔들어 죽음에 이르게 했음을 증명하려 노력했으리라고 말했다. 그러나 결국 아기는 외부 폭력이 아닌 유아 돌연사로 사망했다는 사실이 드러났다.

법의학자는 편견을 경계해야 하며, 사건이나 사인을 조사하는 매 순간 범행 과정과 관련한 새로운 접근 방식을 허용할 수 있어야 한다. 법의학자로서의 나는 의사이자 자연과학자이지만, 동시에 탐정으로서의 육감도 길러야 한다. 이때 흔히 말하는 '직감'이 큰 도움이 된다. 이것은 단순한 감정이나 우연한 직관이 아니라, 무의식 속에 저장된 체험의 합을 말하는 것이다. 이런 점에서 직업상의 개인 능력은 (법의학뿐 아니라 다른 분야에서도) 직업적인 경험과 큰 관계가 있다. 비단 직업에 종사한 세월뿐 아니라 개인적으로 성공을 거둔 작업량에도 크게 좌우될 것이다.

나는 때때로 법의학이라는 분야가 100년 후에 어떤 모습일지 생각해본다. 미래의 부검실은 어떻게 변할까?

'사후 다층 CT 촬영' 다음에는 무엇이 올까? 칼과 가위, 띠톱이 없는 '순수한' 가상 부검을 위한 동작 제어 기능이 포함된 디스플레이 안경은 어떤 기능을 할까? 신체를 절개하지 않는 화학-독물학 분석은 어떨까? 그걸 통해서 체액의 농도 차이를 확인하고, 약물과 알코올 혹은 의약 등 작용 물질의 내용을 컴퓨터로 계산할 수 있을까?

가까운 미래는 어떤 모습일까? 우리는 DNA 분석을 통하여 세포 하나하나에서 미확인 시신이나 용의자의 몽타주를 재구성하고, 가상 공간 속에 내보일 수 있을지도 모른다. 이에 해당하는 1차 연구 결과는 (비록 초보적인 단계이기는 하지) 전망이 밝은 듯 보인다.

현재 개발 단계에 있는 '생체공학적 코'에 대해서도 얘기해보자. 이 기술은 신체의 냄새를 통해 그의 정체를 확인해준다. '땀의 정체성'은 사람의 지문과 마찬가지로 저마다 다르며, 이 기술은 앞으로 범인이 현장에 지문이나 DNA, 섬유소 따위의 흔적을 남기지 않았을 때 투입될 수 있을 것이다.

앞으로 범죄 수사의 방법에서 어떤 양자적 도약이 우리 앞에 닥칠까? 미래가 무엇을 가져다줄지는 나도 모른다. 다만 당신에게 그것을 계속 알려주겠노라는 약속은 할 수 있다. 이유는 하나다. 이곳이 언제나 흥미진진하기 때문이다!

감사의 말

범죄 사건을 해결해주는 법의학적 인식은 언제나 협업의 결과다.

이 책에 묘사된 조사와 설명에 직간접적으로 참여한 분들을 소개한다. 그들이 건네준 소중한 제안과 적극적인 지원, 그리고 최고의 직업세계에서 공동으로 맛본 흥미진진한 경험에 감사를 표한다.

요제프 안트링거 검사, 베를린 검찰청

클라스 T. 부슈만 박사, 베를린 샤리테 법의학 연구소

안드레아스 코렌스 박사, 베를린 샤리테 법의학 연구소

클라우스 돌링거, 베를린 샤리테 법의학 연구소

데니제 뒴펠만 박사, 베를린 샤리테 법의학 연구소

에드빈 에를리히 박사, 베를린 법의학 및 사회의학 주립연구소

홀거 펜스케 경무관, 이체회 지구 범죄수사대

자스키아 S. 구다트 박사, 베를린 샤리테 법의학 연구소

안드레아 한트, 베를린 샤리테 법의학 연구소

스벤 하르트비히 박사, 베를린 샤리테 법의학 연구소

사라 하인체 박사, 알트리프

프랑크 헤프너 박사, 베를린 샤리테 신경병리학 연구소

지글린데 헤레 박사, 베를린 샤리테 법의학 연구소

야나 호프만, 베를린 샤리테 법의학 연구소

디르크 클뢰퍼피퍼 검사장, 베를린 검찰청

크리스타 코르슈노, 베를린 샤리테 법의학 연구소

클라우스 크로커 박사, 베를린 법의학 및 사회의학 주립연구소

신디 리히텐슈타인, 베를린 샤리테 법의학 연구소

코르넬리아 마르티우스, 베를린 법의학 및 사회의학 주립연구소

드라가나 마테이츠 박사, 베를린 법의학 및 사회의학 주립연구소

엘비스 미트로비츠, 베를린 샤리테 법의학 연구소

마리온 나기 박사, 베를린 샤리테 법의학 연구소

라르스 외스터헬베크 박사, 베를린 샤리테 법의학 연구소

마티아스 오가이트 경감, 베를린 주 범죄수사청, 제8살인전담반

베노 리셸만 박사, 베를린 법의학 및 사회의학 주립연구소

미르코 뢰더 변호사, 베를린

루츠 뢰버 박사, 베를린 샤리테 법의학 연구소

프랑크 로젠바움 박사, 베를린 법의학 및 사회의학 주립연구소

레나테 루돌프, 베를린 샤리테 법의학 연구소

율리아 자우터 박사, 베를린 샤리테 법의학 연구소

마리온 웅거 박사, 쇠나이헤

초에 포크트, 베를린 법의학 및 사회의학 주립연구소

전문적인 자문과 지원에 대해서는 저작권 대리인인 '뮌헨 AVA 인터내셔널'의 로만 호케에게 감사를 전한다.

이 책이 훌륭하게 출간되도록 적극적으로 참여해준 드뢰머 크나우르의 마르기트 케테를레 대표와 편집자 토마스 틸허 박사에게도 진심으로 감사드린다.

또한 자연과학에 대한 내 관심을 일깨워주시고, 늘 함께 먹을 요리를 해주시며, 내가 누구에게든 모든 것을 새롭게 질문할 수 있도록 끊임없이 격려해주신 어머니, 에르트무테 초코스 자이페르트 의학박사께 감사드린다. 아울러 제가 대학 교육까지 받을 수 있게 해주신 데 대해서도 감사의 말씀을 전한다.

아냐! 지난 세월 우리가 함께 이룬 것에 대해 감사하고 싶어요. 내 아내로서, 당신과 우리 아이들과 함께 경험할 수 있었던 모든 순간에 대해 고마워요.

옮긴이의 말

'의학의 어떤 분야도 이만큼 다양하고 미묘한 차이를 통해 인간의 타락과 비극을 깊이 들여다보게 해주지 않는다.'

저자가 법의학의 단적인 특징을 한마디로 요약한 말이다.

이 책은 잔인하고 냉혹한 사건을 법의학을 통해 추적하고 그 과정을 재구성한 다큐멘터리다. 다만 그 내용은 학술적인 이론보다는 드라마나 소설보다 더 극적이고 반전으로 가득한 현실세계의 기록에 집중하고 있다.

이른바 '퍼즐 살인범', 자기 환상에 빠져 수사진을 속이는 망상증 환자, 자해를 한 뒤 피습을 주장하는 가짜 피해자, 아이의 목숨을 위협하는 친모, 오늘날에도 흔하게 발생하는 일산화탄소 중독사, 인터넷 연애에 뒤따른 비극, 잔인한 강간살인 등등…… 이 책에는 다양한 죽음의 형태가 소개된다. 여기서 묘사되는 이야기는 〈CSI: 마이애미〉처럼 시청자의 인기를 끄는 TV 과학수사물이나 작가의 상상력에 의한 범죄 추리소설이 아니라 저자 자신이 직접 경험한 생생한 현장에서 선별한 것들이다.

법의학의 현실은 픽션보다 훨씬 다양하고 복잡하다. 타살이냐, 자살이냐? 비열한 동기와 흉계에 의한 모살이냐, 충동적이고 우발적인 고살이냐? 아니면 사고사냐? 성폭행은 있었는가, 없었는가? 여기서 자연사는 제외되고 오로지 비자연사와 사인 불명의 사건만 집중적인 조명을 받는다. 세계적으로 유명한 법의학자 미하엘 초코스는 수사 당국이 수수께끼 같은 사건으로 인해 난관에 빠지고 진실 규명에 진척이 없을 때마다 법의학적 소견에 대한 의뢰를 받고 사건의 실체를 해부한다.

법의학의 매력은 흉악한 범죄와 잔인한 폭력으로 가득 찬 세계를 추적할 수 있는 과학의 힘과 그 신비로운 능력에서 나온다. 이곳이 조사와 분석의 과정에서 놀라운 반전이 나타나는 세계라는 사실 역시 우리를 매혹시킨다. 법의학적 단서라는 측면에서 볼 때, '존재할 수 없는 것은 존재하지 않는다'는 확신은 왜 법의학이 정상적인 국가 질서를 위해 필수 불가결한 도구인지를 말해준다.

법의학 분야는 오늘날 독일이 미국보다 앞서가는 많지 않은 분야 중 하나다. 역사적으로나 현실적으로나, 독일은 법의학에서만은 세계 최고의 수준을 자랑한다. 20세기 초 이미 독일 대학의 의학부에는 법의학과 교수직이 설치되었다. 법의병리학, 법의영상학, 법의독물학, 법의유전학, 병상법의학 등 법의학이 다양하게 발달해 있기도 하다.

이 분야에 몸담은 저자는 놀라운 기술을 줄지어 소개한다. 부검하기 전 직접 해부하지 않고도 사체를 3차원 입체 그래픽으로 들여다

보며 가상의 뼈와 근육을 제거하는 '사후 다층 CT 촬영'의 검안 기술, 나노그램 단위에서 중독을 증명해주는 최신의 화학-독물학 연구 방법은 물론이고 (현장에 범인의 지문이나 DNA, 섬유소 등의 단서가 발견되지 않을 때) 지문처럼 사람마다 다른 신체의 냄새, 즉 '땀의 정체성'을 내다보는 미래의 '생체공학적 코', 낱개의 세포에서 몽타주 작성의 가능성을 바라보는 기술에 이르기까지. 저자는 미래의 법의학에 대해서도 말하고 있다. 일체 선입견과 편견을 배제하는 법의학의 세계, 그 과학세계의 매력에 독자는 푹 빠지게 될 것이다.

악과 범죄가 현대인을 현혹하는 잔인하고 비열한 현실의 세계, 그 어둠의 실체를 추적하고 파헤치는 법의학의 힘은 어디서 나오는 걸까?

피해자들이 최후에 겪었던 고통을 대신 말해줄 수 있다는 점에서 법의학의 매력은 어린아이와 소외된 계층의 죽음도 놓치지 않는 그것의 휴머니즘에 있다. 생전에 누구에게도 관심받지 못한 사람이라고 해도 최후에 어떤 종말을 맞았는지 밝혀 한 생명으로서 대접해주는 세계가 바로 법의학의 세계다. 이 책은 법의학의 놀라운 세계를 현장에서 생생하게 조명하면서, 다큐멘터리가 소설 이상의 흥미와 전율을 경험하게 해준다는 것을 보여준다.

죽음의 키보드

법의학의 성지, 독일 최고의 전문가가 들려주는 강력범죄의 세계

초판인쇄 2023년 1월 9일
초판발행 2023년 1월 23일

지은이   미하엘 초코스
옮긴이   박병화
펴낸이   강성민
편집장   이은혜
편집   함윤이 김지수
제작   강신은 김동욱 임현식
마케팅   정민호 이숙재 김도윤 한민아 정진아 이민경 정유선 김수인
브랜딩   함유지 함근아 김희숙 고보미 박민재 박진희 정승민

펴낸곳   (주)글항아리 | 출판등록 2009년 1월 19일 제406-2009-000002호

주소   10881 경기도 파주시 회동길 210
전자우편 bookpot@hanmail.net
전화번호 031-955-2696(마케팅) 031-955-1903(편집부)
팩스   031-955-2557

ISBN   979-11-6909-068-1 03300

에쎄는 (주)글항아리의 브랜드입니다.
잘못된 책은 구입하신 서점에서 교환해드립니다.
기타 교환 문의 031-955-2661, 3580

www.geulhangari.com